华为
生存密码

唐岛渔夫

著

中国致公出版社

图书在版编目（CIP）数据

华为生存密码 / 唐岛渔夫著. –– 北京 : 中国致公

出版社 , 2020

ISBN 978-7-5145-1684-5

Ⅰ . ①华… Ⅱ . ①唐… Ⅲ . ①通信企业 – 企业文化 –

研究 – 深圳 Ⅳ . ① F632.765.3

中国版本图书馆 CIP 数据核字（2020）第 119839 号

华为生存密码 / 唐岛渔夫 著

出　　版	中国致公出版社	
	（北京市朝阳区八里庄西里 100 号住邦 2000 大厦 1 号楼	
	西区 21 层）	
发　　行	中国致公出版社（010-66121708）	
责任编辑	方　莹　许子楷	
特约编辑	唐鲁利	
装帧设计	主语设计	
印　　刷	天津光之彩印刷有限公司	
版　　次	2020 年 9 月第 1 版	
印　　次	2020 年 9 月第 1 次印刷	
开　　本	710mm×1000mm　1 / 16	
印　　张	20	
字　　数	300 千字	
书　　号	ISBN 978-7-5145-1684-5	
定　　价	59.80 元	

引言

离开华为有些日子了，一直都记得曾经在华为拼搏的那些岁月。作为一名一毕业就进入华为的华为文化传承者，为了曾经奋斗过的华为，也为今天众多借鉴华为的企业，渔夫始终觉得应该写点什么，以此帮大家打开了解华为的一扇窗户。

华为这些年来在中国的知名度迅速提升，几乎到了家喻户晓的程度。尤其是2010年之后，华为的广告铺天盖地，其接二连三地被卷入国际政治斗争的局面，更是增大了华为的曝光度。

一时间，华为迅速被媒体和流量推到台前，很多人对华为也产生了各种误解。

首先，华为是靠手机声名鹊起的，但华为的成名之作并非手机。进一步讲，华为的核心竞争力，远非一个手机能够涵盖。

所谓通信行业，大家不必把它想得多么高深，其实从本质上说，通信只不过是实现了人们远距离沟通的需求，这也正贴合了华为那个耳熟能详的企业愿景——丰富人们的沟通与生活。只不过，平民百姓所关心的，无非就是买一个手机，开通一个卡号，可以打电话就行。而通信业的从业者们，则必须从基础设备端的部署开始做起，研究如何实现大家的信息交互。如此一来，我们日常肉眼所看到的通信，比如手机或者固话，只是通信产业的冰山一角，在通信终端背后，分布着庞大的通信设备群，以及极其复杂的信息通讯网，而这些背后看不见的设备，才是电信行业需要解决的核心问题。

和我们今天看到的手机大行其道截然不同，当年的通信还是以固话为主。固话在中国经历了接线电话、手摇电话、拨号盘电话等形态，一直到20世纪70年代，中国还流行着那种手摇的自带干电池电话。这样的电话形象，一定还长久地保留在老一辈中国人的记忆中。当然，在物质极其匮乏的时代，普通老百姓可能终其一生都没有见过当年这些所谓的高科技。

通信行业在中国的跨越式革命，发生在1982年，当年中国从国外引进了程控电话技术。所谓程控电话，就是一种用电子计算机程序控制的电话技术，华为恰恰赶上了这个时代，于1988年进入大众的视野之中。

程控电话刚刚出现的那段日子，几乎所有的通信设备都被外国厂家垄断。在程控电话最初进入中国的日子里，那些如雷贯耳的贝尔、朗讯、北电、西门子等厂家，就像是生活在云端的仙女。普通人家要想装一部电话，初装费动辄就要几千块钱，还不能立刻安装，需要排队。中国电信当时也是冤大头，自己明明是甲方，却还得求着乙方早点发货，早点安装调试，作为甲方请国外厂家吃饭的事情也是屡见不鲜。

在当时通信厂家"七国八制"的混乱局面中，由巨龙、大唐、中兴、华为组成的"巨大中华"组合横空出世，成了国内厂家挑战外国厂家的第一梯队。然而谁都没有想到的是，当年排名末尾的华为，多年以后居然成了行业内的一条"鲶鱼"。在华为的带领之下，国产万门机、国产128模交换机被连续投放到市场。获益最大的就是中国老百姓，安装电话的成本直线下降，程控电话从奢侈品，一举成为国民家庭中的普通家电之一。而中国电信也长舒了一口气，安安心心地过上了被厂家轮流侍奉的甲方生活。

以CC08这个交换机产品为契机，华为正式开始书写自己的传奇。此后的华为又先后将自己的触角伸到了数通、传输等领域，到20世纪90年代末，一举成为国内通信设备领域的巨头。然而就是如此低调的一个华为，却长期不为中国老百姓所知，渔夫至今记得当年签约华为公司之前的情景。当时我连夜用IP电话卡给父亲打了一个电话，父亲语重心长地提醒我，千万别被骗了，这样的皮包公司南方有很多。

所以，如果今天提起华为就只能想到手机，那只能说明我们对华为的了解还停留在最初阶段。对于想学习华为的公司来讲，也千万不要以为学习华为就是学习一个手机公司，否则，实在是一叶障目，不见泰山了。

当然，对于想学习借鉴华为的企业来讲，还有一个非常严重的误区。

今天众多的中小企业，学习华为的参照物就是他们今天看到的华为。

实际上，今天的华为是一个发展多年之后的工业制成品，并非原始的那个欣欣向荣、无往不利的华为。华为在成为特大型公司之后，制定了很多规章制度，其各种工具模块之繁多，内部电子流之复杂，内部部门间沟通之频繁，并非一个小公司所能够搞清楚的。面对如此庞大的一个华为，很多小企业只能是老虎吃天，或者盲人摸象。

最后，便宜了挂着各种名头的咨询公司——那些打着华为高管或华为资深HR噱头搞起来的咨询机构。他们用从多方渠道拷贝或者复印出来的资料，给中小企业高管进行填鸭式灌输。

当然，也有一些中小企业直接走了"捷径"——从华为公司直接定向挖团队，又或者在招聘启事中直接点名找有华为X年工作经验的老员工加盟。然而，这样的操作只能批量地得到庞大的华为体系里的零件甚至螺丝钉，结果，又是水土不服，事与愿违。

那么，错在哪里呢？

错在刻舟求剑。

一句话，你学到的可能是一个"假华为"。

今天快速发展的企业所应该学习的华为，并非当下的华为，而应是那个野蛮生长期的华为。而且，最关键的，华为的很多文化不是写出来给大家看的那种"文化"，否则，中国应该能复制出很多"华为"才对。华为发展到今天的成功，任正非的个人魅力首当其冲，而他在华为不同历史发展阶段的若干"临时起意"，往往是华为文化最精华、最接地气的部分。这样的历史进程，其他公司几乎不可复制。

当然，除了任正非的个人魅力，长期以来华为的内部股票和激励制度，让大批的华为骨干员工历经岁月蹉跎，最终沉淀在了核心团队之中。在此过程中，那些不适应华为发展的员工，则在大浪淘沙中被淘掉了。所以到今天为止，华为的老员工带新员工的发展模式非常成熟，这也使得华为文化薪火相传。

这样的独特发展路径，今天的企业更是无从学起。

如此一来，就非常有必要研究当年那个野蛮生长期的华为。野蛮生长期的华为，渔夫有幸亲历过。

我在本书写的文字，就是通过一个普通员工的笔触，写一个特定历史阶段，野蛮生长期的特定的华为。而那些只可意会不可言传的现在的、曾经的华为文化，也会随着渔夫的文字流淌，慢慢呈现在大家面前。

简单谈谈本文的写作顺序。

中国职场的很多人都在谈华为文化，这里面有老板、HR，也有职业经理人。但是华为文化是个非常宽泛的概念，当我们用十分审慎而细致的工匠精神来研究华为文化的时候，会发现华为文化可以被细分成更多的子文化。

接下来，渔夫将会把华为文化拆分成九个部分，每个部分之下再写子文化。这样算下来的话，九个部分之下，还有九十四个子文化。

九个子文化，是从一个普通华为应届新员工的视角，从入职开始到在华为内部成长，按照时间先后顺序划分的，包括管理文化、代表处文化、客户文化、竞争文化、海外文化、干部文化、收入文化、沟通文化，以及关系文化。前八个文化，曾在华为供职八年的渔夫，可以说是长期浸淫其中的。而第九个文化，实际上只有那些在华为待了一辈子，并且在华为内部职场上如鱼得水的老员工，才更有发言权。在此，我们仅作探讨。

我将按照这个认知上的时间顺序，为您一一道来。

目 录
Contents

第一章

管理文化：服从

很多人，尤其是应届毕业生，在入职华为之前，都是抱着非常激动而又憧憬的心情去的。

由应届生转型为华为职业经理人的第一课，就是华为入职培训。

入职培训文化：华为成人礼

如今，入职培训对于很多公司来说，尤其是南方的很多企业，并不算是一个新鲜事物。

拿华为入职培训的第一课，大概持续十天的大队培训来说。

早晨，参加入职培训的应届生天不亮就得起来跑圈，等他们累得七荤八素，再进行紧张的培训。课前要唱歌，点名答到声音要大，培训期间不准打盹儿，坐沙发也只能坐在前三分之一处。白天被折腾，晚上的日程也安排得满满当当，白天的知识到了晚上就成了大家的分享、输出与辩论的主题。在争强好胜的应届毕业生较多的情况下，遇到时间紧任务急的情况，应届生为了圆满完成当天的工作项目，就要挑灯夜战。于是，晚上睡不好，次日又是从出早操开始新的一天，如此循环。

这种劳其筋骨、苦其心志之后的知识灌输，其实是十分有成效的。

在大部分情况下，大队培训个十天半月，企业文化都深入灌输到新员工脑中。这样的企业文化学习方式，也影响了后来的各行各业。如今很多公司的大队培训制度，最早都是从深圳这边学到的精髓，而深圳诸多企业的大队培训，一般都是从华为这取到的真经。

然而，华为的大队培训有自己的独到之处，很多企业只是学到了皮毛。

华为的大队培训，其实从某种意义上讲并非只是对新员工灌输企业文化，而是让刚刚进入华为的新员工们形成一种工作习惯。这种习惯一旦形成，就会成为员工在华为期间，甚至于整个职业生涯的心理定式。

换个角度来说，进入大队培训的华为人只算是进入了一个有多个分流的漏斗。十几天的大队培训结业后，就要被分配到不同的部门。但无论被分配到哪个岗位，华为人都还会严格按照大队培训期间的条条框框来严格约束自己。这样日复一日、年复一年下来，全世界的华为人几乎呈现出一种趋同的行为方式，甚至逻辑思维方式。

如此看来，华为的大队培训，基本等同于一个工作标准化的总纲领。

拿仪容仪表方面来说。

其实，自明清以降，在穿衣戴帽方面咱们中国人已经没那么多讲究了，而且大家谁也别嫌谁，反正都是这个随性劲儿，要的就是一个洒脱。比如该是休闲时穿的衣服，也能穿到正式场合；该是正式场合的衬衫皮鞋，穿着就去运动了；而身着运动装的人，还能自顾自地到商场逛街。

不过，这种情况到了华为大队培训期间，就被统一——所有人必须穿正装。

所谓正装，在华为的标准化要求之下，必须是深色西装、浅色衬衫，必须打领带。西装要求必须是商务正装，不允许有休闲类色彩出现。比如，袖口上的扣子最好是一排四颗，而这四颗扣子，必须是紧紧挨在一起的，而不是松松垮垮的，更不允许是花里胡哨的。除此之外，西装必须合身，必须和衬衫相匹配。比如，衬衫的袖口一般要稍微长于西装袖口一到两厘米，在伸胳膊的时候必须不能超过西装袖口的一拳距离。衬衫太短了不行，太长了也不行。

这样严谨的要求一提出，很多人的精神面貌就被强制改良了。如果你不会穿衣服，那么索性按华为的要求来，不用考虑穿什么衣服，天天穿西装你总学得会吧？

关于整个职业生涯的影响要素，类似着装这样的还有很多。比如，工卡的严格佩戴、听课纪律的严格要求、上班时间以及用餐时间的严格管控。最重要的，还有熬夜与加班习惯的初步养成。

讲到这里，我们要跳出圈子来看这个问题。或许，我们都被华为大队培训的表象给迷惑了。

大队培训是一个总纲不假，它直接影响了很多华为人的职业生涯也不假，但大队培训带给华为人更多的并非物化的东西，而是一种强化服从本能。

服从，作为华为大队培训的精神内核，它从一开始就悄悄存在，贯穿始终。

来华为报到的第一天，也就是大队培训的前夜，全体新员工集合的时候，第一个出现在你面前的华为员工，就是一个军训教官。这军训教官，据说很多都是国旗护卫队或者中央警卫团的退役人员。

如学生时代军训时的教官那样大声呵斥、不怒自威的形象，从培训的前一天晚上开始，就已经全部体现在了这位大队培训教官身上。尤其是这些教官往往身高马大，天生带有军人的那股正气凛然与神圣不可侵犯感，很多从大学校园出来的应届毕业生，刚从机场、火车站匆匆赶到华为百草园（早期华为员工宿舍区），就感受到这样一个下马威。从这一刻开始，应届生就对华为文化有了一个初步认识。

在接下来的十天中，军训的氛围被教官拿捏得恰到好处。比如在点名答到的时候，你的声音必须洪亮，必须声震四座才可以。又比如在培训期间，出现了走神或者打盹儿的情况，教官顷刻间就会来到你面前。这样的心理压力，是当时很多华为应届毕业生的群体记忆之一。

所以，华为大队培训的真正目的是要让员工有军营式的服从意识。

这种服从，植根于华为创始人任正非的个人军营经历，在华为大队培训中被发扬光大。这种服从，并非普通公司企业文化的简单灌输，而是一种真正贯穿于华为职业生涯始终的服从。

华为的服从精神，也延续到了接下来的各培训流程模块。

大队培训之后，要对员工进行分流，分流的具体流向，是一营、二营、三营这样的流程模块。所谓一营，是指技术服务岗位的专业岗前培训，需要熟悉所在产品线的售后调试、故障排查等工作。二营是专门的市场销售类培训，而三营则是研发测试类培训。一营、二营、三营的培训，曾经也被誉为魔鬼培训营。也就是说，如果你觉得大队培训累，那就更不要小瞧了一营、二营、三营的辛苦。

拿渔夫比较熟悉的一营培训举例子。

渔夫本人的工作是销售岗位，但是销售类岗位的应届毕业生，一般也要先被送到一营培训，顺利出营之后，才可以继续进行二营培训。否则，可能回炉再造。如果是市场类岗位的社招生，则在大队培训后直接进入二营培训模块。

一营的课程设置包括理论培训三个月及代表处实习三个月，前三个月的理论培训非常辛苦。大队培训之后流向相同产品线的新同事们被统一编进了同一个班级，这个时候一个新的机构就出现了——华为大学，由华为大学统一分配带班班主任和各个产品的主讲讲师，这样一来，很多应届毕业生就会感觉到又一次回到了自己的学生时代。

其实，这样的安排是其独特考量的。

因为华为招人往往不会找名牌高校毕业生，一般会在211和985院校里中等偏上的范围内挑选，喜欢找那些出身贫寒、能够吃苦耐劳的工科毕业生。尤其是早期的"两电"和"两邮"，即成电西电、南邮北邮。至于说再往上，学校门槛相对比较高的，就是盛产华为高管的华中科技大学了。

这些被华为HR严格挑选出来的毕业生，身上有着很多不同于其他人的地方。比如他们在学校的时候一般都是好学生，不说品学兼优，至少也是刻苦勤奋。此外他们的出身一般不是"官二代""富二代""拆二代"，所以这些学生身上通常有着改变自己甚至改变自己家庭阶级属性的神圣使命感。更加重要的是他们身上还具有我们之前谈到的那个重要属性——服从。服从性的表现，就是在学校的时候立志做个好学生，在公司立志做个好员工。以前挑灯夜战以求考一个好分数，现在则艰苦奋斗争取一个好绩效。

所以说，进入一营之后的分班，在逻辑层面上延续了应届毕业生学生时代的心理。而且华为的管理机制确实是跟学校的做法如出一辙，三天一小考、五天一大考就不用说了，课前还要点名，或者唱歌，此外还有英语兴趣班、演讲班等。而且这些来自高校校园的年轻人，也很容易自发形成一种同窗之谊，业余会结伴出游，会推杯换盏，还有那些记录革命友谊的合伙翘课等。当然，更不用说青年男女之间的互相倾慕了。

这样的三个月下来，很多人还不能算是华为的正式员工，但是却对这个集体充满了感情，而且在潜移默化之中，在内心深处对华为文化进行接受并吸收。

关键是，这样的接受和吸收，是非常深刻的，是深入骨髓的。

这样的三个月，就如同高校毕业之后，给这些年轻人一次读研究生进修班的机会，只不过研究生的课程是压缩到三个月的，而且课程也是华为精心选择设置的。除此之外，这三个月几乎就是学生时代的翻版——为了考试，废寝忘食；为了过关，使出浑身解数。刚刚毕业还处于清贫时代，如同白纸一样的年轻人们，从一开始就把"华为人"这三个字牢记在心，并且还会把它当作与亲友的谈资备感骄傲。

这样的公司体验，这辈子只能有一次。

这样的体验，假设在若干年之后重现一次。让那些为生计忙碌半生，为利益和前程而钩心斗角，拥有一定社会地位和经济地位的中年人士再去接受华为文化的洗礼，一定不会再有当初那份青涩的感觉了，华为文化在他们身上也不会再有春风化雨的魔力了。

由此一来，培训三个月后，一营学员被分配到各个代表处进行代表处实习的时候，也就像极了学生毕业时的各奔东西。当年在华为坂田基地的周边小餐馆中，昔日朝夕相处的同窗好友们，吃散伙饭时抱头痛哭的场景时常出现。

三个月一营培训结束之后，就是三个月的代表处实习。

对于很多刚从一营走出来的应届新员工而言，从一营到代表处的转变，特别像是瞬间到了另外一个世界。这里再也找不到学生时代的感觉，而是直接进入了华为职场。只不过，此时此刻的新员工，还不算是标准意义上的华为正式员工。因为下到代表处之后，很快他们就被分配到不同技术服务工程师们的手下，而这些经验丰富的技服工程师，也就成为他们象征性的导师。

对于很多市场口分配到代表处的新员工来讲，这算得上是一段轻松惬意的时光。因为代表处的责任你不用担，上面有导师替你扛着，代表处的平台资源你倒是可以用。只要你能够在代表处交到几个好朋友，尤其是能够和代表处行政平台的秘书、文员们打成一片，基本上代表处的团队建设活动，样样你都落不下。

代表处之初体验，日子会过得非常快，虽然时长也是三个月，但这三个月，远比深圳总部一营培训的那三个月来得短。因为幸福的日子总是短暂的。

三个月代表处实习结束，应届新员工们再次集结，回到深圳。再回深圳的时候，市场口新员工将会告别技服培训，正式进入市场培训。

华为的新员工市场培训，就是前面所提到的二营。二营培训又分成三部分——一个月的理论培训，两周的客工部实习，两周的展厅实习。

理论培训很容易理解，主要涉及市场拓展、市场营销、客户公关的相关知识。当然，考试频率也很高。只不过，此时此刻的考试，要比一营技术培训来得相对简单。理论培训之外，展厅实习也很容易理解，而"客工部"这个词相对来说没那么容易理解。

华为客工部全称华为客户工程部，也就是对客户接待工作进行全流程监控和负责的部门。这个部门是华为相对于很多公司非常特别的一点，在稍微大一点的城市，比如北上广深，华为都会设置专门的客工部。客工部平时的工作就是协助全国及全球各代表处进行本地接待，小到安排车辆、住宿、餐饮，大到联系展会、联系旅游资源、联系医院资源、联系本地各种跟华为业务开展有关的全部资源。总之，尽一切可能满足客户需求。

关于客工部的故事，我们后边还会提到。

一个月的市场理论培训结束之后，客工部就是紧接着的流程模块。客工部会安排资深客工部客户经理来给大家进行授课，授课内容无非是一些基本的接待礼仪，当然也包括一些实操的订车、订酒店、订酒席等训练。当然，有很多东西也是很细化的，比如关于宴席点菜的技巧，就有专门的一堂课来讲中国各大菜系以及点菜的基本技巧。实习学员中一些英文比较好的，会被安排专门接待海外客户，这个经历也很宝贵。

所有入职培训的最后一项训练，就是展厅实习了。

严格意义上来讲，客工部和展厅实习并不能完全割裂开来，虽然很多客户接待一开始是休闲娱乐，但之后总要到华为总部安排一些商务活动，商务活动中非常重要的一项就是参观华为展厅。实习学员要做的，就是在展厅等待客户的到来。在很多情况下，实习学员人数很多，而参观的客户却没有那么多，于是，绝大部分的学员就开始考虑自己的分配去向问题了。

对于市场口的应届新员工来讲，早期的华为分配比较简单，定向输送到代表处，要么去产品线，要么去客户线。两个岗位都是在市场一线的工作，产品线偏产品与解决方案，而客户线则要贴近客户，做一线客户类工作。关于这一点，我们后边还会详细讲。

渔夫当时就被分配到了某代表处的客户线。

华为新员工的职场生涯第一站，也就是从那个时候开始的。所以从某种意义上来讲，华为入职培训，也就成了很多华为人的成人礼。

入职培训的这八个月，华为应届毕业生都是带薪培训，对于全国所有企业来讲，能够做到这一点的，可以说是凤毛麟角。华为这样的起手式，也就从根子上拉开了华为同很多业内和业外友商们的差距，正所谓赢在了起跑线。

八个月的华为成人礼，渔夫至今受益，并且感恩。

高压线文化：将规则有形化、普及化

入职培训，给新员工们带来了很多全新的体验。

尤其对于很多应届毕业生来讲，华为所培养的职业习惯，几乎会贯穿他们整个职场生涯。有一些一进华为就接触的新鲜词汇，比如把笔记本电脑叫作"便携"，把宣讲PPT叫作"讲胶片"，把文件保密叫作"信息安全"，又比如把离职叫作"国际惯例"……只有在离开华为之后，才会发现这些词汇本身带着多么强烈的华为色彩。

还有一个带有强烈华为色彩的词汇——高压线。

高压线应该是从大队培训开始就在灌输的一个概念，意思是这条线在华为绝对不能碰。只要碰了，轻则被记过处分，重则被华为扫地出门。"高压线"这个称呼十分质朴和接地气，因此令人印象深刻。在中国几千年的历史发展中，中国人慢慢形成的稳定社会结构不是契约社会，而是人情社会。因此在很多时候，我们对于规则以及规则的制定并不是十分重视。举个例子来讲，从小学开始，小学生守则洋洋洒洒几十条，但是我们很多人并没有去详细逐条研究。

在中国，要想做成事，首先就要反其道而行之——打破人情，重视契约。谁首先这样做了，谁就等于是占了先机。关键是，光有契约还不够，如何才能将契约精神牢牢刻进每个人的脑子里呢？

这是个技术活。

当年中国共产党创造了一首《三大纪律　八项注意》，将条条框框索性编成了歌谣，并且搭配了非常容易传唱与记忆的旋律。从心理学层面上来讲，这件事情无论立意还是效果，都堪称一流。

照方抓药的，就是华为。

华为的高压线，从大队培训的第一天，就开始给你灌输了。当然，后来随着时间的推移，关于高压线的定义以及范围也不尽相同。在入职培训期间，也就是最早的高压线，是诸如早于下班时间提前就餐，或者一个月内三次忘打卡，等等。当来到代表处，代表处的高压线就是指信息安全，渔夫就有一个前同事，因为信息安全违规被直接劝退了。

有一些高压线，是同竞争相关的。

在大部分情况下，华为的重大项目是不准丢标给中兴的。如果丢了，那么相应的负责人则要受到纪律处分，轻则通报批评，重则调岗，甚至下岗。当然，这个仅限于重大战略类市场突破类的项目。比如一些普通的竞争类项目，或者是手机终端类的项目，丢给中兴也没有严重到哪里去，最多也就是代表处内部考评上稍微差一点而已。关于同中兴竞争的一些故事，我们后边还会涉及。

此外，在相当长的一段历史时间内，华为内部腐败问题也是一个众所周知的高压线。关于员工不准炒股，不准私下创业，不准亲朋好友参与华为的业务，是常抓不懈的。早期的时候，每年华为都会下发一些问卷调查之类的东西。问卷包括很多个问答题，你只需要选择是或者否。这些问题的设置，其实就是内部腐败自测。这些问卷未必就能够杜绝内部腐败，但是时时提醒、时时警醒的意义却是非常重大的。

除了问卷调查，华为还会要求干部或者一些级别相对较高的员工，在某些比较庄重的场合，比如季度例会，比如年会，进行集体宣誓工作，围绕的主题也是防止内部腐败。这些宣誓类的工作，一般会有标准模板，被称为干部自律宣言或者BCG（商业行为准则）宣言。当在庄严的集体场合，每个人右手握拳，举到头顶，并且一字一句地念出不参与贪腐的誓言时，所产生的效果并不次于当年把"三大纪律八项注意"挂在嘴边。

有一件事情，其实也是高压线，只是这个高压线，并没有挑破了说。

这件事情就是男女关系问题。

早期的华为是不提倡男女同事搞对象的，相信这一点也是中国大部分公司的潜规则。毕竟，牵扯到公司内部事务，如果男女关系掺和进去，就难免说不清道不明。但是后来的华为同外界越来越隔绝，越来越像一个自成一体的小社会。公司加班越来越多，员工们留在公司内部的时间越来越长，而人都是有七情六欲的，如果没有时间去接触外面的世界，也只有在公司内部寻找恋情了。

作为高科技公司的代表，员工平均年龄非常低的情况下，华为想内部封堵办公室恋情是堵不住的。后来，关于这条高压线，也就睁一只眼闭一只眼了。

虽然办公室恋情可以睁一只眼闭一只眼，但是涉及员工家属时华为的要求就会严格得多。

原则上讲，华为国内市场口销售人员的家属，不允许在代表处所在地工作。这条跟前一条一样，也是一条不成文的高压线。

早期野蛮生长期，华为的口号是：客户关系是第一生产力。因此销售人员，尤其是客户线人员，他们有很强大的本地客户关系资源调动能力。这样的资源，如果投放到客户公关工作中，能量是十分巨大的。所以，如果客户线人员的家属在本地，谁也不敢保证你的资源是否投放在了家人身上。因此早期的华为国内销售是严格的异地任职，并且不允许家属在本地工作。

甚至会有一些非常极端的情况存在，比如有很多国内销售人员的家属就在身边，但是却不敢将自己的老婆或者女朋友介绍给同事，至少在公开场合，是不敢带出来的。上至代表处代表，下至最基层的客户经理，人人一副光棍到底的革命状态，以及刻意表现出来的扎根在办公室的奋斗状态，以此来消除大家对自己的疑虑。同时就像是中国娱乐圈的流量明星一样，隐瞒自己的婚姻状态或者恋爱状态，在他们的口中，他们的孩子永远在外地，他们的老婆永远独守空房，而他们本人则始终在一线代表处驻地，孑然一身。

这其中，有一些刚刚毕业就异地分配到代表处的年轻人，耐不住寂寞，于是就近找了本地姑娘谈情说爱。当然，一般都是地下状态的。这种情况下，要么就是露水夫妻，要么就是隐婚到底。

所以从某种角度来讲，华为国内的同事关系是十分微妙的。因为在正常的情况下，同事之间交朋友，甚至与同事家属交朋友是十分普遍的一件事，至少互相之间聊聊家常、聊聊孩子、聊聊丰富多彩的本地生活，都是很平常的事。但在华为，除非是知根知底的好朋友，大多的普通同事之间只敢谈工作，谈奋斗，或者谈假装单身状态下的男女关系。除此，很难找到一些更深层次的话题。

当然，男女关系中还有一条，不能找竞争对手公司里的异性。

关于这一点，在干部自律宣言中，也是十分关键的一条。后边谈竞争的时候，我们还会提到。

总而言之，华为并非像其他公司一样去培训甚至灌输一些公司内部规章制度，反而大道至简，将庞杂的条条框框简化成了新老员工之间口口相传的"高压线"。所以，华为人的纪律性并不是装出来的，而是实实在在的不敢触碰高压线的生活常态。能够将一些十分教条的东西有形化，并且普及化，华为在这方面的探索很深，而高压线只是十分鲜明的一例。

工卡文化：低调的奢华

谈到高压线，第一个涉及的话题就是打卡。

工卡文化，从进入华为的第一天开始，就被培训老师多次强调。

早期，在通信行业还没有如此日新月异的变化之前，华为工卡还是有很多科技含量在里面的。华为工卡首先是打卡上班的必备工具，其次还可以在里面存钱，再次是在很多场合的通行证，甚至充当打折卡。

首先说打卡。

华为打卡制度跟其他公司没有什么区别，是非常严格的。当然，华为规定每个月有三次忘打卡的机会，但在很多时候，由于堵车的原因，这三次机会也很容易用光。当然，有一种情况可以避免堵车造成的消耗忘打卡机会，那就是坐公司班车。如果公司班车迟到，那么所有乘车员工统统可以被"无罪赦免"。

其实从某种意义上讲，并非因为华为的打卡制度有任何奇特之处，才造成了很多人的迟到，而是因为头一天晚上确实是加班到很晚，才造成了第二天睡眠时间不足，只能掐点上班，来补足自己失去的休息时间。

华为的加班，我们后边再讲。

由于很多人掐点上班，造成了他们集中在某一个时刻打卡，也就造成了排队打卡的现象。在早晨，经常能够看到深圳坂田华为基地的各个打卡处，许多撒腿飞奔的年轻人。又或者是在晚上，很多人忘打卡，专门坐公交甚至是打车回到华为基地打卡。

当然，也有很多老员工不骄不躁。

老员工在长期的战斗中总结出了很多经验。比如，先打卡后吃早饭，就是兵来将挡水来土掩的一招。因为八点半打卡，并不等于八点半上班，八点半打完卡，还可以悠哉游哉地享受一个没有压力的早餐时光，对于很多在华为总部上班的人来讲，是一天之中难得的惬意时刻。我想，对于华为的大部分领导而言，只要正式上班时间不超过早晨九点，员工们的这点小福利，他们还是不忍心去横刀斩断的。

总之，这也是一个政策模糊地带。

当然，打卡也有十分尴尬的情况，适用于人事关系在代表处，而人在总部上班的员工，尤其是那些海外代表处回来等签证的人员。这些人在平时是没有任何问题的，跟着国内一起上下班，也有带班的文员等人负责招呼和监管。但是最大的问题是遇到国内放假，比如小长假或者春节、十一长假。海外人员享受海外所在地假期，而不能享受中国区的假期，即便是春节或者国庆也不例外。

工卡的另外一个功能是储钱。

早期华为的工资分成两部分，一部分存入工资银行卡，另外一部分存入工卡。存入工卡的这部分，除了在食堂正常吃饭刷掉，还可以在华为坂田基地的超市用掉。

所以，这也带来了另外一个风险。

在上班时间不能用工卡消费，如果用工卡消费了就记为旷工。我们前文提到的高压线之一，提前就餐问题就是这么来的。而且因为华为基地内的小超市商品往往价格不菲，用工卡在这些地方消费非常不划算。后来，顺应民意的华为高层，索性就把工卡内的钱直接折成工资，发到每个人的工资卡中了。

然而即便如此，华为工卡依然可以用来"消费"。

早期华为公司的收入，无论是对比国内同时期的行业内还是行业外，都算是高薪。华为男被当时的深圳市民们框定了很多固定属性——年轻、靠谱、勤奋、敬业、多金、工作稳定，且没有时间在外拈花惹草。因此，当时的很多深圳女孩都梦想嫁给一个华为男。有相当长的一段时期，华为内部的内网板块行政服务之窗，充斥着大量痴情女孩的征婚广告，并且还附带着自己的靓照。当时还是电脑时代，手机上网还不普及，而且华为上外网是要审批的，并且上外网有相当程度违反信息安全的可能性，所以大家基本不上外网，单身的华为男生，茶余饭后打发时间的方式，就是在行政服务之窗浏览那些征婚女孩的靓照，也算是各得其乐，各取所需了。

华为的工卡还衍生出其他功能。

当时的华为基地周边，甚至于深圳市内，有很多消费场所——饭店、宾馆、茶馆、烧烤、复印社……甚至包括足疗、洗浴中心，纷纷打出了持华为工卡特价的噱头。华为的年轻人持华为工卡，纷纷可以享受八折、九折优惠等促销套餐。这样的特殊待遇，让很多华为员工，尤其刚刚入职的年轻人受宠若惊，似乎一夜之间身价倍增，由此而衍生出了一些段子。

比如有位新员工，行色匆匆冲上一辆市政公交车，一脸天真烂漫地问司机师傅："没带零钱，可不可以刷华为工卡？"这位仁兄就已经做到了手中无卡，心中有卡，无卡胜有卡的境界了。

此外，多年以前的深圳并不太平，尤其是城乡接合部，是典型的"砍手党""飞车党""堵门党"的乐园。然而不管每年如何部署警力，一到春节还是罪案频发。江湖各大帮派纷纷成立的"春节期间突击抢劫办公室"，往往把行动的对象锁定在华为员工身上，因为华为员工容易辨识。鲜明的标志就是，每天戴着华为工卡在马蹄山（华为基地所在地）附近"出没"。

所以，从某种意义上来讲，华为工卡成了很多华为员工的身份象征。

当时的华为也在刻意地给大家营造这种特殊身份带来的公司荣誉感。

早期的深圳，还存在关内和关外的巨大差距。所谓"关内"是指市内四区，也就是最早成立特区的盐田、罗湖、福田、南山四区。而所谓"关外"，则是不太开化，并且管理上分而治之的宝安、龙岗两个区。关内和关外之间，是一条长达83.5公里的特区管理线。从关外到关内，属于农村人进城。农村人进城，不仅诚惶诚恐带着朝圣的心态，并且要被检查边防证，有时候还要东躲西藏躲避边检，这种感觉其实跟偷渡没啥区别。关内关外这道边检线，一直到2008年才被正式废止，从此关内关外才被一视同仁，齐头并进发展。

华为的坂田基地就在龙岗，属于当时的"关外"。因此对于华为员工来讲，每一次过梅林关口的时候，理论上都需要查验身份。然而，在华为管理层的努力之下，最终华为员工不需要另外办理边防证，只需要持华为工卡即可过关。

可想而知，这样的优待，给当时深圳市民的震撼有多大。

所以，在很长一段时间内，工卡既是华为员工的就餐卡和购物卡，也是华为员工的通行证，不仅在华为基地内是如此，来到市区也是如此。公司工卡给了员工特殊的礼遇加成，而华为员工则反过头来加倍地珍惜自己的这份工作，同时以身为华为员工为荣。在当时就出现了这样的情况：华为员工经常挂着工卡逛深圳高档商场甚至路边大排档。

于是也就有了如雷贯耳的"华为四大傻"——出门带工卡，吃饭点龙虾，手机腰间挂，赚钱老婆花。

这是特殊时代下华为人的自嘲，也是只属于工科男的那种低调自傲。

加班文化：宝剑锋从磨砺出

深圳市民眼中的华为，除了特殊年代的独特光环之外，最闻名遐迩的当属加班了。

加班这件事情，在如今中国的IT行业或者互联网行业中已经是司空见惯的事情，而且在大部分情况下，加班是没有加班工资的，因为你的加班是"自愿加班"，而非强迫。

很多公司曲解了华为的加班。

很多公司认为，华为的加班就是员工的劳动强度大，华为成功的原因之一就是因为劳动强度大，并且把人的潜能挖掘到了极限。

这句话只有一半是正确的。

首先华为的劳动强度确实大，江湖传言：华为是用一个人，拿两个人的工资，干三个人的活。真相是什么呢？真相是华为的劳动强度固然大，但还没有大到必须每天都要加班来完成标准任务分配的程度。否则，要真像传言那样，早就有很多人顶不住了。

那么华为加班的真正意义在哪里？从根子上说，华为的加班是一种传统。

华为是一个典型的用企业文化来带动企业发展的公司，并且在企业发展中又不断弘扬和推动着企业文化。任正非有一句话说得很好：资源是会枯竭的，唯有文化才能生生不息。换个角度讲，人类的生命也是有限的，但人类的思想却可以不断薪火相传。百年之后，今生的功名利禄终成南柯一梦；千年之后，自然资源可能都要濒临消耗殆尽，唯有那些属于人类的智慧财富，依然可以在漫漫长夜中照亮人类的前行之路。

小到自然人、大到自然界是如此，一个公司也是如此。

一个公司或成为百年老店，或转眼就寿终正寝，但企业文化却可以不间断地传承下去。只要企业文化在，这个企业无论遇到何种极端状况，都可以拥有涅槃重生和卷土重来的机会。

那么，渔夫所说的极端状况是什么呢？比如，当年"华为的冬天"；又比如，这两年的中美贸易战。

不同公司之间的企业文化或许在今天看不出差距，但却是一块极端情况下的试金石。所谓"疾风知劲草，板荡识诚臣"，也是同样一个道理。

自从智能手机行业兴盛以来，华为也审时度势地加入了智能手机市场的战团之中。因此，早年通信设备行业的闷声大发财，被代之以通讯终端领域的赚钱赚吆喝。再加上这两年的中美贸易战，华为被推上风口浪尖。因此在中国，知道华为的人越来越多，甚至在某些时候还被认为是行业的风向标。所以，华为的政策也被外界放大或者误读。即使这种政策是一贯的，在以前也是一直存在的，华为想辩解，也无法改变舆论的风向。

一个不断被媒体误读的政策，就是华为要辞退35岁以上的老员工。

其实，华为的淘汰机制一直都存在，而且这个淘汰率还相当高。这个淘汰机制，也并不专门针对35岁以上的员工，只要是出工不出力的，华为都要进行转岗或者劝退工作。此外，所谓35岁以上的员工，是指那些非关键岗位上，且没有做出重大贡献的老员工，华为内部有个说法，叫作"沉淀"下来的员工。

所以，社会上所谓华为"淘汰35岁以上员工"的批评，是完全离谱的。

真相是，华为是最看重老员工作用的一家公司。渔夫先后经历过几家行业内或行业外的公司，非常有感触。

华为的企业文化，最重要的传承纽带就是老员工的传帮带。冷冰冰的公司文化、公司愿景、公司规章制度，都是死的东西，只有活在老员工心里，活跃在老员工嘴上的公司文化，才是鲜活的。而华为的用人机制以及股票分工机制决定了越是老员工，收入越高，这一点我们后边还会讲。于是，大浪淘沙，一波又一波的老员工被留了下来，而那些不适应华为企业文化的员工则早早选择了离开华为。

这样一代接一代地进行自然选择，不断有人留在华为，又不断有人离开华为。最后剩下来的，一定是一个非常稳固的公司人事架构——老中青结合，一支理解华为文化，并且对公司充满信仰的团队。

我们绕了一大圈，从企业文化说到了老员工，又从老员工说到了团队架构，说到这里的时候，我们就又绕回到了本小节最初的那个话题，关于加班文化的讨论。

华为的加班文化是一种传统，由老中青三代老员工一起发展下来的。假设你是一名刚刚入职的新员工，你经历了大队培训、岗前培训，最终来到代表处或者部门上岗。这个时候，你最想做的事情就是如何尽快融入这个团队之中。只有先融入，你才能发挥作用，在发挥作用的基础上，你才能在这个集体之中实现自我价值。

别的先不用考虑，跟着大家一起加班吧。

白天大家都忙忙碌碌，只有到了晚上夜深人静时，很多人才能够静下心来思考一些事情，这个时候也是人的生物钟需要休息与调整的时候，人们会放下手头里的工作，敞开心扉和别人交流思想。换个角度而言，此时此刻的人们，才是感情最为柔软的时候，不管是发表意见还是接受意见，都是最佳时刻。

于是，依靠华为的加班传统，老员工带新员工，一代又一代的华为人，就用这种方式实现着不同时期相同内核企业文化不间断传递的接力赛。

华为加班的另外一个鲜为人知的作用是沟通。

和其他公司相比，华为也是从一个小公司慢慢长大，逐渐变成一棵参天大树的公司。但是有一点必须明确，华为的组织架构从一开始就十分严密。比如像我们之前所说的代表处客户线、产品线的设置，虽然看上去十分简单，但是其中依然另有玄机。以产品线为例，产品线的考评横向是在代表处，纵向上其实还有一个深圳产品线总部。如此的矩阵式管理，还有财务、用服、维护、供应链等多个部门。

如此一来，哪怕在高速增长期，华为虽然赋予了一线代表处以最大的听调不听宣的生杀予夺大权，但在关键设置上依然采取了比较严密的矩阵式管理以及加权式考核方式。也就是说，在华为的野蛮生长阶段，华为可以给一线最大的裁决权。这个裁决权包括人事变动、客户公关、奖金发放等，但在架构上，依然保留了总部对于代表处的最大约束。如果将来的某一天，华为结束粗放式经营模式，它要收权的时候，到时候原组织架构不变，只需要减少相关部门向一线倾斜的权重，就可以重新对代表处施加最大的管理权。

这样一来，从根子上讲，华为员工在白天忙忙碌碌于自己本部门的业务，到了晚上，就必须花大量的时间在内部沟通上。这种内部沟通，包括本部门纵向汇报，也包括跨部门以及代表处各一线机构之间的协调。

而且，白天有很多华为人需要出外勤。

还是拿代表处客户线举例子吧，客户经理们白天可能有一大半的时间都要去拜访客户，真正回来代表处收发邮件或者处理内部事务的时间很少，甚至到了晚上，很多时候还要继续陪客户。那么客户经理真正能够在代表处内部进行跨部门沟通协调的时间，也只有晚上。而且，扣除晚上陪客户必要的时间成本，最后加班找自己兄弟部门的时间就显得尤其珍贵。

所以，对于华为人来讲，很多时候加班并不是为了自己的工作本身。加班，是为了将自己的本职业务同其他部门串联起来，也就是沟通协调。

红烛过半，夜已深沉，兄弟，就陪我一起加会儿班吧。这种情形，应该也是很多人选择加班的重要理由。

这种情况到了海外代表处，表现得尤其强烈。

虽然华为走海外拓展之路也有二十年了，而且在此期间也一直在尝试提拔外籍员工进入管理层。但是说白了，中外文化和逻辑方式依然存在巨大鸿沟，不管每个部门的头儿是中国人还是外国人，最后负责传递重要信息以及起最大作用的，依然是中国人。尤其在欧美国家，那些没法像中国人一样加班熬夜的外国员工绝对挑不起管理的大梁。于是也就有了这样的景象：晚饭之后外国员工全部拍屁股回家抱媳妇抱孩子去了，中方食堂集体吃晚饭归来的中国人把门一关，开始学习来自中国的政策，讨论各个部门需要统一调度、统一协调的事情。

外国员工负责白天，中国人负责晚上；老外负责执行，中国人负责管理。

加班，就成了海外中方华为人开会统一思想的利器。

所以，哪怕是华为规定了在海外可以有家属随军，而且还给出了比较优厚的家属随军待遇，比如补贴、机票等等，但是和国内代表处那些销售战线上的隐婚人员没啥区别，海外虽然可以对全世界宣布家属的存在，但是所有华为员工依然在让他们的家属独守空房。因为晚上的时间太宝贵了，外国员工全部回家了，办公室里面也清静了，中方刚好可以聚在一起沟通思想。所以，华为人和家属充其量就是一起吃个晚饭，晚饭之后，无一例外又都回到了办公室。关于这一点，我们后边还会提到。

有家属是如此，没有家属依然是如此。

因为性格使然，当然更重要的是工作使然，当年的渔夫到了晚上也经常有和本地客户的应酬。但是应酬之后，酒酣耳热之际，客户回家，渔夫没有其他事情可做，也就急匆匆地赶回代表处加班了。这种情况的加班，怎么也得晚上十点起步，有时候甚至会到晚上十二点左右。到代表处哪怕静坐瞎扯吹牛都没关系，只要你这个人在，你的领导随时能够找到你沟通思想或者召集会议，也就实现了晚上加班的最大意义。

讲到这里，我们不妨总结一下。

华为加班的意义，尤其在代表处，大部分情况下并非真的是有干不完的活儿一定要在晚上干。加班首先是华为传承企业文化的一种手段，你的同一个部门的领导、老员工们都在加班，你根本就不好意思走。久而久之，你也就成了老员工，你就在潜移默化中接受了华为文化。其次，华为的加班是一种沟通方式。华为人白天都很忙，白天的外国员工更是跟着一起晃晃荡荡。但到了晚上，中方自然而然聚在了一起，即使无事可做也都待在办公室，以备沟通的便利之需和开会的不时之需。

阎维文有一首歌很有名——《想家的时候》。同样的旋律，咱改一下歌词：夜深人静的时候，是加班的时候。加班的时候很甜蜜，家乡月就抚摸我的头。

没错，这就是华为人。

床垫文化：潜规则的台面化与制度化

前文谈加班文化。

渔夫所讲的加班，多半是指代表处的加班。还有很多总部兄弟，渔夫是无权代表他们发言的。

事实上，深圳总部还有广大的研发人员、财务人员、二线技术人员等等，他们的劳动强度确实很大，工作量决定他们在很多时候确实需要把加班当成家常便饭。由此，从加班文化就衍生出了床垫文化。

床垫文化，其实就相当于加班文化之下的子文化。

如今在深圳的很多公司，尤其高科技公司中床垫文化十分流行。但是现在流行不代表当初就被普通大众所接受。尤其在早期，华为确实是引导床垫文化的先行者之一。早在2006年，有位名叫胡新宇的华为老员工，他曾经因为连续加班和睡眠不足，导致过劳死。中国媒体在愤怒中声讨富士康"X连跳"的血汗工厂之前，就对华为进行过口诛笔伐。胡新宇之死在那个遥远的年代造成了轩然大波。

关于当年只有25岁的胡新宇猝死事件，我们在这里不展开讨论，而是从管理学的角度出发，分析胡新宇当年的内心想法。其实很简单，胡新宇是标准的华为需要的人才模板。家境相对贫寒，毕业院校排名相对靠前，但不是最好的大学。工科专业出身，逻辑思维能力极强，服从能力极强。这样的人才，往往有着强烈的自我价值实现的主观愿望，且迫切想要改变自己的家庭经济现状。于是，他在学校一直努力做个好学生，在公司就谋求做个好员工，最好是每个季度都得优秀才好。

这样良好的主观愿望，遇到了华为的加班文化，在大部分情况下都是个人与公司的双赢。但在极端情况下，最后就出现了这样一出悲剧。于是，床垫文化在当时媒体的爆炒之下，从羞答答的地下状态被曝光到了台前。

很多人并不能够真正理解床垫文化存在的意义，渔夫还是以自己为例子来说明这一点。

　　早在渔夫入职华为之后的一营培训期间，就领教了那种极大压力下的纯技术性的加班。当时渔夫所在的班级，需要一对一配对，工作是完成一个局间电话的联调工作。简单地说，我家里有一个电话，你家里也装一个电话，我们需要做的是如何在电信局的机房内实现两个电话之间的互拨。再细说的话，我们需要做的工作就是配命令行，命令行的作用就是为两个电话放号，此期间要涉及通信技术中的信道分配等理论。

　　理论是枯燥的。白天理论培训，当天晚上就要打通局间电话，再转过一天来就要进行考核。时间紧任务急，在强大的一营考试压力之下，我和当时的联调伙伴一起熬夜，一直奋战到了十二点以后。当时钟走到晚上一点时，我们就开始琢磨早晨来上班的事情了。因为深圳这座城市太大了，即便住在坂田附近，晚上赶回家也要花一些时间，早晨同样还要起大早赶早高峰过来打卡。后半夜回家，到家也睡不了几个小时。与其这样，倒不如直接睡在实验机房里了。实验机房没有床垫子，我们甚至想，就这么趴在桌子上眯一会儿得了。

　　所以在很多时候，床垫子是加班的刚需。

　　既然很多时候加班不可避免，那么干脆就在办公室提倡床垫文化，以保证广大加班加点工作的员工拥有充足的睡眠。当时的外部媒体，虽然拿着床垫文化来抨击IT行业疯狂加班的现状，但如果我们正视这件事情，床垫文化不恰好就是加班文化的一个有效补充？加班文化消耗掉的精力，在床垫文化这里，又完全可以补充回来了。

　　所以在深圳乃至整个中国的大城市，床垫文化迅速开始流行并公开化了。很多公司老板也都不藏着掖着了，提倡大家在办公室自备床垫子，或者弹簧床、折叠床等。既然床垫子的大门已经打开，晚上睡在公司反而成了极端的情况，真正让床垫文化大行其道的场合，竟然是午休的小睡。于是，各种各样的午休政策也出台了。很多公司都是中午十二点开始就餐，一般默认十二点半就都回到办公室，关灯关窗帘，设置一个下午一点半响的闹钟，期间办公室不准大声喧哗，不准随意走动。

　　午休，就是睡得这么任性。午休，雷打不动，到点关灯，到点拉窗帘。

　　天塌下来，都不能打乱广大上班族的午休节奏。如果说，熬夜是对自己白天太过规律的工作时间表的一种报复，那么午休就成了熬夜的年轻人对老板压榨的一种公开回击。况且，老板们也乐见其成。

床垫文化的公开化，为广大上班族带来了一股清风。

如果说稍有遗憾的话，渔夫觉得，床垫文化需要在普及化的基础上更加标准化或者规范化。至少，即便床垫入场，也不能影响白领帅哥和白领丽人们的庄重形象。

有人在午休的时候鼾声如雷，这个恐怕想禁止也禁止不掉。那么，有人把枕头、被褥都带到办公室，而且换洗的并不是特别勤，这种情况最好就要管理一下了。否则，午休或者晚休之后，办公室里面难免弥漫着一股浓浓的霉菌味儿。而且咱们中国人的形象问题向来不是大家关注的重点，尤其对于那些从事于IT行业的技术人员来讲，睡醒了之后，好歹也要整理一下发型，去刷个牙、洗个脸。否则，顶着这么一副"尊容"继续上班，对周围人也是一种折磨吧？

当然，这事往远了说，就又回到一个全民族的精神文明问题了。

欧美的中小学运动场旁边，普遍都设置有更衣室，孩子们如果有体育课，都带着运动服来学校。体育课期间换上运动装，下课之后更衣室随时有热水供应，洗完澡换上便装继续上课。往大了说，欧美很多的办公室也都设有更衣室，因此很多人可以选择骑自行车上班，甚至跑步上班。同样的事情，在中国就很尴尬了，出一身臭汗自己倒是清爽了，办公室同事该怎么办呢？

所以，咱们中国的广大老百姓或者普通劳动者，需要提升个人穿衣戴帽和梳洗打扮的自我形象，更重要的是公司或者集体也要匹配相应的设施满足劳动者提升个人形象的需求。如此一来，整体的社会精神文明才会真正进步。

所以，由华为床垫文化说开去，中国人现在是吃饱了、有钱了，而且国家的硬实力也是节节攀升了，但就软实力方面来说，需要整个社会来做的事情，还多着呢。

鸡腿文化：洞察人性

很多公司的加班是很苦的。员工心里不爽快，就会跟老板明里暗里较劲，搞来搞去老板心里也不爽快。老板不爽就任性，员工不爽了也只能是不爽，明天一觉醒来还要来上班，还要看老板的脸色。

华为不是这样的。

华为代表处加班先不提，单说华为总部加班。华为总部加班其实一直都算是比较人性化的，员工在很多时候是心甘情愿想在晚上撑到十点钟再回家。

原因也很简单。

首先正常六点钟回家的概率其实并不高，因为各个部门总是会有各种各样的事情。比如说开会，如果六点钟会议开不完，总不能逼着领导散会吧。此外，华为的食堂晚餐时间也是六点钟。

一直以来，华为的食堂绝对称得上是业界良心，其口味涵盖了各大菜系。无论是北方的包子馒头，还是南方的河粉肠粉，无论是四川的辣中带麻，还是江浙的软中带甜，你总能找到合你口味的那道菜。

关键是，华为食堂的管理也是一绝。

华为食堂的各大餐线来自几家不同的餐饮公司，横向上的竞争非常激烈。做得好的餐线很快就被一扫而空，而做得差的则门可罗雀。于是几家餐饮公司就变着花样讨好华为员工，且在食品卫生管理上也是各显其能，最后得利的就是华为普通员工了。

当然，食堂管理的精髓来源于华为整体采购体系的高度职业化，有了这个强大的体系做保证，当华为一线兄弟搏杀于国内外各个战场的时候，也就有了最精良的兵马钱粮供应。

有了这样的食堂，很多员工即使没啥事，到了六点钟也不急于回家。

一天繁忙的工作结束，难得有机会坐下来和同事们边吃晚饭边唠家常，于是经常在不知不觉间就到了晚上七点多。一直到这个时候，华为员工们才开始分流，一部分准备回家，大部分则回到办公室加班。这个时候，继续加班的只需要再熬一会儿，到了九点钟的时候，就开始供应免费的宵夜了。渔夫当年在华为的时候，免费宵夜的标准是九块五。多不退，少补。九块五之内，敞开了随便吃。

免费宵夜里面的明星，是一只可口的油煎大鸡腿。渔夫当时加班的动力之一，就是这只鸡腿。不仅渔夫这么想，很多人也都是冲着这只鸡腿才坚持加班的。因此，这一小节的标题被渔夫戏称为"鸡腿文化"。当然，随着时光的推移，九块五的标准一直随着CPI的攀升而攀升，而且九点钟开餐的时间也一直在变化。不变的，则是华为管理层几十年如一日琢磨加班福利的那份创意与苦心。

还是看当年渔夫那个时代吧。

九点钟的宵夜吃完之后，只要再熬一小会儿，到晚上十点钟时，公司安排的班车就开始启动了。用我们今天的话来说，这是一个流程化的套路与阳谋——到了六点你不走，就得在公司等到七点半了；到了七点半你不走，一般就得等九点了；到了九点你不走，就可以等到十点了。到了十点你还不走，也不用慌，即使你孑然一身地在办公室奋战，也并不孤独。因为公司规定，加班到十二点以后回家的，公司派车直接给你送到家。

零点之后回家，你需要做的仅仅是拨打公司内部热线，报上自己的工号，然后在办公室楼下等车即可。一般送加班员工回家的车辆都是七人座的商务小车，其舒适性和便捷性，比十点钟的班车高了不止一个档次。

告别华为之后，这些年来，渔夫陆续效力过几家公司，其中也不乏一些比较知名的公司。可笑的是，有家公司由采购部门把持所有资源，把自己当成员工的大爷。采购部门的岗位被当成肥缺来私相予授，所谓"三年清知府，十万雪花银"也不为过。而在最基本的员工福利甚至是员工班车设置上，采购部门则与员工们斗智斗勇，能不设置班车的尽量不设置，现有的班车线路能裁掉的则抓紧裁掉。说到底，没有油水可捞的事，采购部门压根就不想做。

别说做，动都懒得动。

为了损公肥私，把员工当成傻子来对待，把自己当成工头和监工，这样的企业，别说跟华为比了，简直就是自寻死路，自掘坟墓。

然而，这样的企业在中国并不少见。

狼性文化：物竞天择

中国的很多企业官僚主义盛行。

企业的架子像老虎，员工则都像受伤的兔子；企业管理者的官威像狼，而基层员工则像小绵羊。

这样的企业，你不用奢求他能做成什么事，能守住国家的摊子就不错了。

如果用动物来打比方，用狼来比作华为是最合适的。华为整个企业的作风都有点像狼，员工们的风格也像狼。

从面试进入华为开始，狼性风格就已经不知不觉感染了很多求职者。整个面试过程被分成两到三天，这个过程环环相扣、节奏紧绷，走完后，无异于打了一场遭遇战。

早期的华为应届生面试分成六轮。

第一轮是笔试，这个环节大部分人都可以通过。

再接下来就是一个一对二的初级面试，一位面试官对上两位求职者，要求这两位求职者能够对问题从容作答，并且时不时还要考察两个人之间的互动。第二轮面试会涉及一些基本的通讯理论问题，但是更多的还是考察你的临场反应。

第三轮面试，面试官多半是由华为HR来担当，基本上给出来的问题五花八门，但是整个的氛围和基调都十分压抑，俗称"压力面试"。这一关同样是一对二，两个求职者之间有时要直接进行PK。甚至在特定情况下，HR还会半真半假地告知两位求职者，规则很残酷，你们两个人中间只能保留一个。不过这一关只要求职者本人不慌，多半也是有惊无险。

真正的考验，来自第四轮面试。

第四轮面试还是一对二，面试官多半是来自于一线的资深业务人员，当然市场岗的骨干面市场新人，技术岗的骨干面技术新人。这种安排，也就是用一个资深老员工的眼光，在短时间内判断你是否具备成为华为正式员工的上岗能力。在这场面试中，你不用试图要宝，也不要试图用你稍显稚嫩的大局观来carry全场，因为在老员工的眼中，你所有的表演都显得十分拙劣。在这场面试中，你的同组面试人未必是你的竞争对手，如果两个人配合得相得益彰，完全有可能同时晋级。

第五轮面试，英文面试。

这个无须多说。让外籍员工来给中国人制造一个纯英文环境，看上去对于应届生有点神秘，有点挑战，但实际上他们对于说英文的中国人稍显宽容，只要你不失常，就算是正常。

第六轮面试，终极面试。

最后的面试，是一对三。面试官的级别也大大提升，往往是一位重量级的主管来担任。三个人之间，是有切实竞争关系的。俗话说，人比人得死，货比货得扔。三个人同时回答同样一个问题，能够出现完全不同的效果，甚至是互相制衡的反效果。这一轮的残酷性在于，前面的很多轮次，相当于海选阶段，尚且没有晋级名额限制，而到了最后一轮，晋级名额数量也就是华为的招聘小组在本次招聘过程中的最高上限。名额有限，有人笑就有人哭，笑了的第二天就可以参加华为组织的体检，第三天就可以签约；而哭了的则直接淘汰，再也没有回旋余地。前两天还在自豪于自己力挫群雄，第三天就功亏一篑，这种感觉实在太残忍。

对于渔夫来讲，当时的面试最磨人的并非面试本身。最让人痛不欲生的，是等待晋级下一轮通知的过程。手机不离手，白天心乱如麻，晚上辗转反侧。

如此的六轮面试下来，本身就已经是一个修炼的过程了。强大的心理素质、积极发表意见的能力，都在这个过程中成为你立于不败之地的法宝。最终签约时刻到来的时候，你的成就感无以复加，你的潜能也得到了全面升华。

当然，岁月变迁，华为的应届毕业生面试也更换了很多方式，从一开始的六轮面试，到后来的群面、分组PK等，但万变不离其宗，能够顺利进入华为的新员工，都必须是在精神上十分刚强的人，天生喜欢竞争的人。

狼性文化的熏陶，更多的还是在入职之后。从入职培训开始，各种全面强化后的狼性训练就开始了。

华为内部培训课上的一个常见做法就是分组，分组之后需要有组名和口号，有时候还要有自己的团队LOGO、自己的团队文化。分组之后首先是要有团队合作，其次要有个人表现，但总而言之是要竞争图存。很多时候课堂之上都需要即兴的自我介绍或举手发言，以此来为团队和为自己争得荣誉。这样的分组讨论、分组培训，几乎贯穿整个华为人的华为职场生涯。

渔夫经历过几家公司，每家公司都有类似操作，但是很多公司都是徒有形式，只有外向的员工才会主动举手发言，而那些相对内向的则一直扮演打酱油的角色。如果没有办法做到全员参与，或者让全员都有参与感，类似的组织方式就虚有其表，毫无意义了。如此比较之下，在这方面操作的最为成功、最为职业，也最具备竞争性的，就是华为。华为内部培训，有时候不同小组之间甚至会因为竞争而面红耳赤，眈眈相视。这样的求生欲，这样的胜负心，在渔夫经历过的所有公司中都不多见。在这样环境中成长起来的华为人，不用问，绝大部分都具备了很强的进取心。

面试过程中对狼性的筛选，培训过程中对狼性的塑造，如猛虎般给新员工留下了深刻的印象。毋庸置疑，最终来到一线业务岗位上的华为员工，一定也是秉承了华为狼性文化的。

渔夫是一线销售岗位，是标准客户经理出身。一线客户经理对外像狼，对内也像狼。

对外像狼很容易理解，华为客户经理面对客户一定是如春风拂面般地温暖，对待竞争对手一定是像冬天般的残酷无情。关于客户，关于竞争，我们后边还会详细说。

许多人或许理解不了，对外像狼就够了，为什么对内也像狼？很简单，因为你周围都是狼，所以逼着你也变成了狼。

华为的选拔以及培养机制，最终效果就是定向培养了大量拥有共同文化特质的员工，尤其是多年以来的不断淘汰、遴选，很多人辞职走了，但是更加符合华为用人标准的员工统统留了下来。如此日复一日，年复一年，当一个新人员工一脸懵懂地进入老员工的群体中时，别人并不会因为你是新人，就对你关爱有加。因为大家都很忙，也很现实，顾不上对一个暂时不能带来任何实质回报的新人嘘寒问暖，让你宾至如归。因此，新人需要做的就是迅速站稳脚跟并迅速成长，而这一切首先要靠自己。千万不要奢求回到学生时代或者入职培训时候那样的环境，也千万不要一厢情愿地寻找那么一点点的职场温情。谁要是那么想了，接下来第一个被踢出狼群的一定就是他。

至少看上去，这样没有人情可言的华为职场如同没有感情的工作机器一样。为什么华为不管一管呢？

首先，需要明确一点，如此的内部职场氛围正是华为想要的。

像华为这么大体量的公司，在员工很少的时候就选择了十分严密的矩阵式管理架构，华为内部决策的流程一定从根子上就不是单线条或者一言堂的。那么尤其是在初创阶段，野蛮生长阶段，何种决策方式才能够在现有组织架构下，在保证效率的情况下又兼顾公平呢？

诀窍只有一个成语——五马分尸。

在多重汇报关系的相对民主的环境下，让各个职能部门能畅所欲言、各抒己见，必要的时候能青筋暴起、唇枪舌剑，如此一来，尽管搞得各个部门最后可能一肚子火，甚至伤了兄弟们的和气，但是这个时候做出来的公司决策往往就是最佳方案。这种解决问题的方式，就叫作"五马分尸"。只不过"五马分尸"这个词叫起来有点难听，这里分的不是"尸"，而是分的任务。

通俗一点说，几个职能部门就像是几匹马在拉车，很多职能部门在设计权力与责任的时候就已经被设计成了相互制约的关系。销售部门的市场拓展要投入，而财务部门的指标则是减成本。产品部门要的是交期，采购部门的最高指示则是原材料的性价比，到了最后出来背锅的又成了供应链。这样算下来，如果销售这匹马向东，财务这匹马向西，产品这匹马向南，采购这匹马向北，供应链则按照自己的KPI设置自主选择求生方向，让老板拍板决策，老板也头大。头大怎么办？索性让这五匹马撒开蹄子使劲拉，最后马车能够停在哪个位置，哪个位置就一定是当前情况下合理考虑各部门不同诉求的最优解。

还有哪个老板的灵光一闪，会比这个决策方式更加科学合理吗？

更何况如此的决策场景每天都在上演，老板不是铁打的而是肉长的，他也很忙，何必总是让老板事必躬亲，劳心费力呢？

所以从根子上讲，华为内部群狼撕咬的局面，恰好就是华为高层管理人员所乐见其成的。不过，如果辩论还不能统一意见，那么有没有一个最高指示或者决策总纲来指导大家呢？

当然有，关于这个最高指示是什么，又是怎么运作，我们后文还会讲，这里先按下不表。

说到这里，有人依然会质疑渔夫的说法。群狼撕咬，独狼落单，华为内部职场难道就没有一点点柔性的东西，帮助一个初入职场的应届新员工迅速融入华为吗？

我们能够想到的东西，早期的华为管理层自然也想到了。

于是，这才有了华为导师文化。

导师文化：狼群中的温情

很多公司都有导师制，尤其在一些早期八十年代转型而来的国有企业，师傅带徒弟的标准老式叫法更是带着那个时代的鲜明烙印。只不过，很多公司的所谓"导师制"，不是虚有其表，就是挂羊头卖狗肉。特别是在深圳的一些私人小老板的企业里，虽然也在有模有样地临摹华为的"导师制"，但多数被弄成了摆设不说，有时候还会凭空让人感到一种恶搞式的东施效颦。

华为导师制，实际上是承接狼性文化而来的一个产物。

这是一个有机整体，也有一个逻辑上的对应关系。

贸然把华为导师制拿过来，当成一个独立个体来膜拜和推广，并不可取。

狼性文化硬的东西太多了，需要一些更加有黏性的东西帮助新员工立足，否则唱着"同学们大家起来，担负起天下的兴亡"的《毕业歌》从入职培训一路走来的应届毕业生，刚刚进入华为职场，马上就会感受到来自这个社会的深深的恶意。

说好的理想呢？说好的情怀呢？

往小了说，这名员工可能会选择培训之后就离职，如此一来华为投入的周期长见效慢的一营二营培训的意义又在哪里呢？而事实上，培训后即离职的现象，当年确实是屡见不鲜的。往大了说，这名员工不管留在华为还是离开华为，可能都会导致心理扭曲，带着一种报复新人乃至报复社会的心态行走于世，这就等于是职场上的一颗定时炸弹。

所以，导师把你扶上马再送一程，就成为非常必要的一件事情。一来让你平稳地度过适应期；二来还是那个最终目的，把你培养成一名合格的"华为狼斗士"。

我们不妨以一个局外人的身份来考虑这件事，或许能够得到更多的启示。

先说老国企吧，老国企的师傅带徒弟确实是个非常好的体制，这个事情往上追根溯源的话，还能远远地看到古代学徒制的影子。当年的那些老师傅有些是身怀绝技的,但是肯不肯把看家本领传给你,就要看你的修行与造化了。所以说,一个小学徒跟了老师傅,一开始不是让你学艺的,而是先从端茶倒水开始干起,弄不好这三年下来也就是学个端茶倒水,最多给你添一个洗衣做饭刷碗拖地的营生。即便如此,老师傅多半还是不能倾囊相授,多少要藏一点看家本领。这种体制最后走出来的师傅和徒弟关系往往是真的不错,但是人情社会的一些弊端也显而易见——凡事不看僧面看佛面,有时候倒是把公司利益摆到后边去了。

反过头来,看一些变了味的"导师制"。

既然人情型的师徒制无法满足如今的新时代企业管理的需要,那么契约型的总是可以的吧?契约型的往往走着走着就跑偏了,尤其在今天的中国。

比如说好好的企业文化,很多公司搞来搞去就成了传销;好好的员工拓展训练,很多公司搞来搞去就成了折腾员工。原本出发点不错的东西,因为过度的契约化和强制化,最后就成了中国特色的企业管理。

这一点,在深圳尤甚。

首先说华为的导师制不是完全的契约制,既然是柔性的东西,就是在契约的基础上加上了人情,这样才算是狼性公司文化的一个有效补充。这样的操作模式,是以华为普遍的高薪留人机制为基础的。华为人离开华为,多半都不是因为薪水没有到位,而是因为对华为文化产生了排斥,或者自己的个人情况已经不允许继续在华为奋斗。在此基础上,才有了各种条条框框,各种类似于导师制这样的额外要求,有了那些KPI硬指标之外的东西。

这样就真相大白了。

深圳一些小公司,因为道听途说了很多华为的管理方式,照方抓药的时候却只看皮毛。他们本来就给员工发着没有多少竞争力的薪水,在IT行业人员流动性极高的情况下,却事事都要向华为靠拢。动不动就让人唱企业文化歌,跳企业文化舞,高喊老板万岁万万岁。再下来就是各种名目的企业团队建设,到最后是用了大家本来不多的休息时间,让他们在业余还要谈工作。导师制也是如此,所谓的导师名头,被硬性摊派到老员工头上,本来就已经被本职工作折磨的苦不堪言,还要带上一个"拖油瓶"。华为那边的导师是带新员工有奖励,到了这些公司手里就成了老员工带不出新员工就负激励和连带责任。本来公司连选人用人留人都成了大问题,"导师"本人都尚且朝不保夕,又怎么能让他们静下心来带出一个好徒弟呢?

一句话,中国企业现阶段普遍性缺乏"工匠精神",就根本没办法用纯契约的形式，固化一个相对比较长远而人性化的"导师制"。而华为用高薪留人外加老员工传承企业文化的内核，以契约制和人情管理双管齐下，保证了几十年以来以老带新工作的顺利进行，也保证了华为新员工源源不断地补充进入后备梯队，同时将华为文化代代相传。

渔夫本人，在华为期间曾经历了三任导师。

作为一名客户线出身的市场人员，渔夫在参加一营培训的时候，就遇到了在华为期间的第一任导师。这位导师是一位代表处技服工程师，是专门为下到代表处实习的一营培训生安排的临时技术导师。这位技服工程师，没有教渔夫太多的专业技能，也没有体现出太多的华为人的职业素养，而且在相处过程中，我们之间还出现了关于知识传授方面的口头冲突。

一直到很久之后，我才知道，当时的这位导师其实是出身于"山东华为"。所以，当时他的很多言行举止，过后看来都是可以理解的。

关于山东华为的话题，后文还会讲，这里先按下不提。

渔夫的第二任导师，是二营培训期间华为客工部实习的一位美女导师。

这位导师和渔夫相处的时间极短，但留下的印象极深。

自从进入华为大门，长达半年多的时间，第一次摆脱掉了理论学习，并且有幸参加了蓬勃发展时期华为的客户接待工作。这在当时的应届毕业生看来，等于是叩开了另一个世界的大门。在短短两个星期的客工部实习中，渔夫先后参与了大概三次相对完整的客户接待工作，其中有半陪性质的接飞机、安排车辆、陪吃晚餐等内容，也有全陪性质的接送飞机、深圳市内游玩、公司总部参观等活动。在此期间，渔夫的这位美女导师事无巨细，悉心辅导，给了一位刚刚毕业进入社会实践的年轻人以最大的帮助。

在华为任职期间，"导师"这个词，第一次给渔夫留下了美好的印象。

接下来被分配到代表处，迎接渔夫的，就是第三任导师。这位导师，就是在市场一线实际工作岗位中的一名真正的业务导师。

渔夫的这位导师，算得上是十分平易近人的一位华为老员工，性格也十分随和宽厚。如果单论市场线客户经理业务能力，我的导师在华为应该属于中上等的人才。只是有一点，华为的狼性文化决定，性格太过敦厚的客户经理，并不容于华为的内部职场。这样的属性对外可以，但对内的话很难抢到最好的资源，最后只能是物竞天择，适者生存。这一点其实很重要，这也是华为文化所固有的一部分。随着接下来文字的慢慢展开，大家对这个内部的淘汰机制，会有一个更加清晰的理论认识和逻辑重构。

所以，渔夫的这位导师，能够帮助我实现最快速的华为职场软着陆，但是对于此后我在华为内部的成长来讲，却并不是一个最好的选择。此后事件发展，也充分印证了这一点，这位导师后来在内部职场发展命运多舛，最终选择了早早离职。换个角度看，导师的离职也让我本人缺少了一个最好的内部人脉关系。在那之后，华为内部刻意营造出的导师制淳朴师徒关系，也就离我远去了。

时至今日，渔夫和自己的导师在生活中依然保持着非常好的关系，但是就华为内部职场来讲，属于我们的江湖早已雁过无痕。

异地化文化：流官制度和改土归流

前面谈高压线文化的时候，捎带脚讲了一点关于异地化的话题。

市场销售口人员的异地化，在华为早期其实是十分流行的一个强制要求。

这个要求的出现，主要是基于华为管理哲学中的"性恶论"。

在很多公司，内部规章制度的出炉都是基于人性本善。也就是说，我首先承认每个员工都是道德高尚的人，在此基础上我们再防微杜渐，研究一些杜绝大家做坏事的手段。而华为则反其道而行之，华为管理哲学是默认每个员工都是道德上有瑕疵的人，在诱惑面前，再坚强的道德楷模，依然有可能做出伤天害理的事情。在口头，谁也不用比谁嘴硬，因为口说无凭，更不用说老祖宗还有"慎独"的说法。或许老虎凳、辣椒水，乃至金银财宝都对你不起任何作用，但是在美人计的攻势之下，你搞不好就背叛了自己的革命理想，这事谁都说不好。

所以，在默认人性本恶的情况下，很多的规章制度制订起来反而就更加容易了。如果人性的恶不能完全杜绝，那么索性就默认一些自然人的小瑕疵。于是，在华丽丽的规章制度之下，必须要用潜规则或者人治的手段来进行校正工作。如此一来，华为的"灰度文化"就出现了，灰度文化后边还会谈，这里先不细说。在人性本恶的大背景之下，规章制度的另外一个方向，就是把带有人性瑕疵的自然人放在无法犯错误的环境之中。于是，异地化文化也就出现了。

不管是灰度，还是异地化，其实都饱含了任正非其人管理学上的一些哲学思维。当然，还有他对于人性的深层次认知，还有在对人性深度认知之后的加以疏导利用。

严格意义上的异地化，其实从市场应届毕业生二营毕业分配时期，就已经开始了。

对于应届毕业生来讲，有两个天然属性是摆脱不掉的，一个是户籍所在地，一个是学籍所在地。户籍所在地一般指你的家乡所在省份，学籍所在地一般指你的毕业院校所在省份。如此一来，分配原则也就确定了。

有很长一段时间，都是遵循"对角线"分配原则。

举个例子，如果你的老家是黑龙江省的，大学所在地是北京，你就大概率会被分配到大西南的云贵川地区。又或者说，你的家乡是福建省，大学所在地是上海，你可能就直奔陕甘宁了。或许有特例，比如你的家乡是辽宁省，而你的大学又凑巧是在云南，如此一来，就只能是选择跟这两个省份距离都比较远的代表处——新疆，或者是浙江。

除了任正非的哲学、心理学智慧，华为的这种工作分配方式似乎也借鉴了中国历史上著名的"流官制度"。中国古代的流官制度，是保证几千年来中国"皇帝—地主—农民"三元帝国社会体系稳定发展的一种最基本的官僚组织形式。通俗一点说，流官制度也就是官员异地任职，并且在此基础上，异地就职的官员任期也是几年就要变动一次。

除了异地就职，为什么还一定要严格控制任期呢？

因为人是一种生存能力极强的生物。只要给予充足的时间，很多官员都能够迅速融入办公所在地的环境。所谓"为官一任，造福一方"，一方面是说这位官员迅速进入了自己的角色，在工作岗位上充分发挥了自己的作用；另一方面，就是这位官员已经在本地扎根了。从"造福一方"的结果来看，至少本地的人力安排、关节打通、资源调动已经完全不在话下。

所以，对于总部来说，"造福一方"固然好，但是本着人性本恶的最基本的价值判断，"造福一方"也就意味着你的本地业务渐渐理顺，你的惰怠之心就有可能渐渐滋生。如果说单是惰怠倒也算了，如果再有腐败之心，乃至谋反之心，那就成了总部的心腹之患了。从这个角度而言，一个业务出色但扎根本地的官员，在朝廷眼里还不如一个勤政但业务并不出众的官员。

同样的道理，适用于华为的代表处销售人员。

很多公司的销售人员都是由本地产生，比如北京人做北京的业务，上海人做上海的业务，至少也是在本地定居的外地人来做本地的销售。道理很容易理解，这样做的好处是语言文化相通，业务做起来确实很有黏性。一个东北销售跟一个东北客户，一顿小酒喝下去，俩人关系马上就变"老铁"。一个四川销售跟一个四川客户在一起混久了，不用多说一句话，那种"袍哥"之情马上就溢于言表。

然而即便如此，在很长的一段时间内，华为却在实行严格的流官制度。

很多时候，华为的销售给人的感觉是非常年轻，非常具有狼性，但是仔细分析起来又显得跟本地格格不入。在一起喝酒聊天的时候，别人都是一口本地方言，只有华为客户经理们傻愣愣的一口普通话。不仅如此，由于年龄差异，华为的销售人员往往和本地客户都有代沟，别人聊的是孩子票子车子房子，但华为的年轻人很多都是刚刚离开学校不久，这些话题显然距离他们非常遥远。

更加要命的是，本地客户们心里也都门儿清，眼前的这个年纪轻轻、愣头愣脑，每天穿着西装、打着领带到处晃悠的华为销售，其实再过几年就不在本地了。而他们在华为职场的下一站在何方，连他们自己也不知道，只能服从华为公司的统一安排。所以，跟这样的人交朋友，几乎没有任何现实意义。

最为极端的一种情况，几年之后这些年轻的销售人员不愿意被剥离出已经打开局面的市场环境、客户资源，还有人际关系网，甚至会偷偷地在本地娶妻生子。但是华为严格到变态的任期制度，同样让他们逃不掉被调离的命运。很多人并不敢轻易打离职的主意，因为华为给你的光环足够炫目，如果没有了这个光环，谁还能保证你之前的那些所谓人脉是不是真正能够为你所用呢？

然而，就是靠着这样的一批年轻人，长期以来华为在全国各地乃至全球各地业务做得非常成功。一直到2010年前后，华为开始大张旗鼓进入手机行业，才陆续出台了一批允许销售人员属地化的相关政策。不过条件十分苛刻，想要属地化的华为销售，必须以降薪降级为代价，并且在华为职场上，也会给你设置各种天花板。

说白了，业务绝对不能落在个人手上，宁可牺牲业务效率，也要保证业务安全，这就是当年华为在高速增长期的另外一件管理上的法宝。

或许，我们可以用更加通俗的视角来看待这种严格的异地化管理方式。

华为的企业管理核心，都来源于任正非的军旅背景，所谓的销售人员开拓市场，跟在战争年代的上前线打仗没有什么区别。既然如此，如何保证销售人员在一线的战斗力，才是华为公司发展的原动力，当然也是避免地方腐败、地方做大的一件利器。与此同时，用不近人情的调动方式一视同仁地面对各个市场各个代表处，也更加铁腕地从横向上保证了华为文化基因的扩散。

纵向上有老员工传承，横向上有异地化保证，华为公司文化又焉能不强大呢？

奋斗文化：华为没有上限

公司的异地化文化，必然使得华为市场一线销售们同家人聚少离多。就华为日常的工作强度而言，即便你在代表处所在地安家了，也未必能够经常和家庭团聚，至少不能光明正大地把家庭成员高调示人。这样一来，一线核心团队的华为人，就成了事实上的扎根边疆、艰苦奋斗的那群人。

艰苦奋斗，是华为发展几十年以来与众不同的另外一个大杀器。

华为的艰苦奋斗文化，其实早在你入职面试的那一刻，就如影随形地出现在你的身边了。还是拿渔夫本人举例子，当时应届毕业生面试华为，在入职填表的时候，华为人力下发的表格有一个精装的封面。封面上赫然印着一道选择题：请问你入职华为之后，希望被分配到哪里？选项有四个，分别是：A国内大城市；B国内任何代表处；C国内外任何代表处；D国内外任何代表处（含艰苦、疾病和战乱国家）。

其实，当时还是青涩少年的我们怎么可能知道，华为校招的面试小组根本无法左右你接下来的分配方向？这道题说到底纯粹就是为了测试你的劳动态度。如果你选择D，至少证明你的入职动机是完全合格过关的。所以，当时很多实心眼儿的同学，往往就倒在了这道看上去无关紧要的封面选择题上。当然，也有海量的心眼儿活络的同学，不管不顾地勾选了D，从而也就绕开了人力部门的这个小陷阱。

后来我们才知道，这道题相当于在行使否决权，而且是一票否决。不管你的其他表现如何出色，只要这道题你没有选择D，你就出局了。华为要的，就是你立志艰苦奋斗的一个态度。

当然，这里必须补充一句。

即便这道选择题本身，并不承载更多的关于部门分配的信息，但一旦你面试成功进入华为，你就走向了一条不归路。尤其对于应届毕业生而言，你在懵懵懂懂之中叩开了华为的大门，你也就来到了一个俄罗斯轮盘的赌桌之前。渔夫十分清楚地记得当年曾经在一营寒窗苦读的一位同学，他也是应届毕业生，只不过他当时选择的大部门是海外营销。这位同窗在培训期间基本还是能够轻松应对学业的，但他的压力并非来自培训本身，而是来自他经常挂在嘴边上的一句话——

老子一觉醒来，不会就被弄到刚果金插队了吧？

刚果金，代表了当时很多华为人的一道人生选择题。

华为在2000年前后的时候，开始慢慢摸索并尝试开拓海外市场。这样的尝试，在当时那个年代显得弥足珍贵且荆棘丛生。当时的海外开拓基本没有像样的模板可以参考。具备高度和视野以及国际观的职业经理人团队，放眼当时的整个中国，都十分缺乏。更不用说外来的和尚不会念经。即便能念经，来了之后是否适应华为这座大庙的清规戒律，还是一个问题。

于是一不做二不休，华为只能从内部挖潜，大量国内市场精英被外派到各国。愿意去最好，不想去也得去，这事基本是强制的，由不得你挑三拣四。而且，早期外派的地点基本都属于第三世界国家，有的贫穷，有的战乱，有的甚至还有瘟疫。所谓养兵千日，用兵一时，华为特有的军队式服从的企业文化，终于派上了用场，很多人都被随机送到了各种各样的国家。

所以，前面提到的刚果金，只是当时海外兄弟们的一个代号。这个代号的背后，可能是非洲，也可能是伊拉克。到达之后面对的可能是登革热，也可能是AK47。很多人，当时都是十分懵懂而悲壮地走出国门的。

期间的很多轶事，后来被拍成了视频，被演绎进了每年一期的华为大电影系列——《华为时代》。《华为时代》用工科生特有的搞笑和自嘲方式，展示着华为人身边的日常工作与生活。其中关于早期出国的一段视频，就有这么一句台词：来，干了这杯疫苗，来世还做华为人。由此可见，当年那些被硬性指派送到疾病丛生的海外落后地区的华为人，心中究竟藏着多么强大的视死如归精神。

说视死如归可能重了，但刀耕火种、筚路蓝缕总是有的。

正因为华为人当年的拼搏，才为今天中国品牌组团出海的盛况打下了坚实基础，同时也储备了相当多国际化的职业经理人。关于这一段，后文还会重点讲。

以上讲到的，基本是有形的艰苦奋斗。

事实上，很多华为人的艰苦奋斗，是植根于心中的。就拿国内市场部来讲，各个代表处的销售人员当年其实被赋予了非常大的自主权力。所以说远离父母妻儿只是一种精神上的孤寂，在物质上，这些人并不缺乏。

当年的深圳总部也是如此。

员工平时经常加班，但真正到了休息的日子，总能看到他们出入于高档酒店和商场。至于那些在香港"千金一掷"扫货的主儿，很多人也在兜里揣着华为工卡呢。

毫无疑问，华为人辛苦，但华为人的待遇也在业内数一数二。

如何让华为人不被金钱腐蚀，时时刻刻保持一颗艰苦奋斗之心呢？公司文化的口口相传，这只是一种无形的力量。

2010年的时候，华为终于把早期艰苦奋斗文化归纳成了有形的东西——华为奋斗者宣言。

华为奋斗者宣言，是华为全体员工都需要签署的一份宣誓型文件。同时，华为的人力部门同时也会告诉你，你同样有不签署宣言的自由，这事完全出于自愿。当然，这个问题的设置，跟当年在你面试时的那道著名的选择题性质一样。签了未必有立竿见影的好处，但如果不签，往事并不如烟。这样一来，签署奋斗者宣言也就成了华为的全员行为。

奋斗者宣言一般都是手写，以体现自己的奋斗者精神。当然也有不解风情的主儿，用A4纸打印出来，签名了事。

奋斗者宣言的基本内容，可以分成标准部分与自选部分，但自选部分其实并不重要。这个宣言的精华，都在标准部分这里。标准部分的模板，内容大概如下：我自愿申请加入公司的奋斗者，自愿放弃所有带薪年休假，自愿进行非指令性加班，自愿放弃产假（陪产假）和婚假。

很多年过去了，华为奋斗者宣言的内容有所调整。但只有最初版本的奋斗者宣言，才代表着这份宣言想要表达的初心。

看到这里，很多人会发出同样的疑问：如此宣言，难道不是压抑人性，屈打成招吗？

其实，很多人并不理解这份宣言真正想要表达的东西。即便你签署了奋斗者宣言，在绝大部分情况下，华为的人力部门也不会剥夺属于你休假的权利。

玄机，又在哪里呢？

华为奋斗者宣言，真正想要表达的意思有两个：第一，借由这份宣言，制造一种艰苦奋斗的舆论氛围，并且长久地保持并传承这个氛围；第二，借由这份宣言，制造一种华为职业经理人的从业标准。这个标准很高，远远高于同行业以及其他兄弟行业的业界标准。雷锋、董存瑞这样的人，在其他公司可能属于先进典型。但在华为，像他们一样的行为只是基本要求。

如此一来就真相大白了。

奋斗者宣言中宣誓的内容并不是最重要的，重要的是，通过这份宣言，你将拥有一个更加高标准的华为职场从业要求，进而人人奋勇、个个争先，形成一个更加波澜壮阔的华为职场从业环境。

如此雄心，用宣誓这种简单粗暴的方式就能实现吗？答案是，确实实现了，而且还超额实现了。

诀窍也很简单。

华为在高速增长期有一句耳熟能详的口号：以客户为中心。但在奋斗者宣言出台之后，华为内部的文宣材料，口号又被重新改动了一下，变成了"以客户为中心，以奋斗者为本"。

这样一来，明里暗里华为都在告诉大家，不管是加薪升职，还是奖金补贴，所有的华为内部激励政策都优先考虑奋斗者。华为同事们之间也因为这个奋斗者宣言的感染，形成了互相用"奋斗者"三个字自嘲打趣的热潮，平时动不动就互相问候："你是不是奋斗者？""这是奋斗者才该有的待遇。"凡此种种。任正非早期曾经说过这样一句话：不让雷锋吃亏。那么"以奋斗者为本"这句话，也就成了任老板那句话的广义版本和官方口径。

不仅仅是口径，实际上也是如此落实的。

华为的KPI（Key Performance Indicator，关键绩效指标）考核是非常奇特的一个存在。在大部分公司或者单位中，一般在季度末，或者半年度，年度绩效回顾，主管都会和员工沟通前一个考核阶段的工作表现，这种表现往往会用PBC（个人业务承诺，Personal Business Commitment）来表达。但是，华为在PBC之外，还会单独设置一个劳动态度考核。不管是PBC还是劳动态度的表现，都会用A/B+/B/C/D来衡量。

这样，每一个考核周期，每个华为人都会拥有两项KPI考核结果。一个是业务表现，一个是劳动态度。即便业务表现马马虎虎，如果劳动态度上佳，主管依然会对你另眼相看。

换个角度，华为并不希望出现包打天下的超级英雄，却致力于打造一个奋斗者群像。我们平时互相调侃用的一句玩笑话"哥们儿没有功劳也有苦劳，没有苦劳也有疲劳"，在华为成了活生生的现实，而且，是现在进行时。

不得不承认，华为的管理确实是一门出人意料的哲学。解读人性、把握人性，将人性为我所用，最终成就的就是华为。

因此，在奋斗者文化的感召之下，整个华为都在奋斗。

于是，大家比着加班，你到晚上十点，我就到十一点；你到十一点，我就到后半夜。总之，你不走我就不走，即便业务上稍微差一点，我劳动态度也一定要完胜你。当然人性是复杂的，也总有啼笑皆非的事情发生。比如渔夫的一位故人，就经常在加班的时候写邮件，尤其是那种抄送给主管看的邮件，但是写完邮件并不立刻发送，定闹钟半夜三点起床，点击发送，然后顺便上个厕所。

如此奋斗虽然不堪，但也算摸到了奋斗者的精髓。

当然，与此遥相呼应的，还有晒苦卖惨文化。

比如，在客户机房挑灯夜战，拍张自拍发朋友圈，配文：科比说过，你看到过凌晨四点的洛杉矶吗？又比如，加班到深夜开始吃泡面，拍泡面并配文：每天晚上和我亲密接触的，总是你。

当然，"比惨"的大门一开，也就刹不住了。比如在华为心声论坛（后面会专门讲），有人说，自己十几年在国外，就没有跟父母过过一个春节，但是我奋斗，我骄傲，我为公司发喜报；有人说，自己总是泡在客户机房，老婆生了头胎生二胎，不管哪一胎自己都没有赶上看孩子第一眼；有人说，自己为客户的基站做路测，跋山涉水，翻山越岭，曾经遇到前面的公交车滚下山崖，鲜血淋漓，残肢横飞……诸如此类，已经成了很多华为人茶余饭后的一些掌故。

这样的工作氛围一旦形成，你很难想象这个群体将会迸发出怎样的力量。

说白了，哪怕是作秀，时间久了也是一种励志的自我修炼。跟着一群奋斗者同吃同住同劳动，不是奋斗者也被奋斗了。在华为的集体氛围中，如此日复一日、年复一年地打磨，哪怕你是个酒肉穿肠过的花和尚，不让你去西天取经，不让你去东渡日本，就让你做最简单的事情——静坐，坚持面壁九年之后，你也能赶上始祖达摩。华为文化中大道至简的妙处，在这里也就体现无遗了。

当然，大部分的奋斗是自发的，也不排除有强制的。

比如2008年汶川地震，灾民是往外走，华为人是往里闯，第一时间抢修通信设备；又比如2011年日本海啸，眼看福岛的核泄漏新闻已经抢占了全球各国头条，华为人硬是挺着不撤离日本。当时，有两位中方员工难以忍受巨大的心理压力和潜在的身体损伤，买了当天的机票飞回国内，第二天就被公司重新送回了日本。

在自身安危和以客户为中心面前，很显然华为奋斗者文化更是被赋予了别样的意义。

行文至此，再想一想前文的奋斗者宣言内容，还会有人嘲笑其文字之直白粗鄙，其内容之无情残酷吗？华为的小宣言、大格局，其实也都浓缩在这直抒胸臆的文字中了。

关键是，这段文字只是设置了奋斗者的下限，而并没有设置上限。下限是放弃休假，自愿加班，那么上限呢？

可能是保护环境、爱护动物，也可能是拯救地球、阻击外星人。

不给奋斗者标准设置上限，只要华为一直存在，谁又能够阻止这群带着信念的奋斗者群体，去创造一个又一个奇迹呢？

奋斗者无上限，同样，华为也没有上限。

语录文化：润物细无声

前面一个小节讲奋斗文化，中间涉及一句话——不让雷锋吃亏。这句话，是任正非语录之一。

华为发展的这些年，为世人留下很多的经验教训、经典案例，但正是因为华为的崛起太过迅速，很多时候大家还来不及细细品味其中的是非曲直、成败得失，就又被历史的洪流急匆匆裹挟着不断前行。

然而值得庆幸的是，华为拥有一个任正非。

任正非经常讲自己不懂技术，其实懂不懂技术是和他在其他方面的造诣相比较而言的。任正非对哲学、史学，乃至心理学方面的研究，的确已经足以让他成为一位大师级的人物。跟这些知识相比，他的技术功底，确实要相形见绌一些。换个角度，任正非本人的文化功底之深厚，使他早早就脱离了具体企业管理操作层面的纠结。一个能够腾出手来运筹帷幄的"带头大哥"任正非，使得华为能够在过去的几十年，始终保持锐不可当的上升势头。

像华为一样，很多深圳的企业，诞生于特殊时代背景下的广东这片创业热土。但是相当数量的企业从小做大容易，再从大到更大，就很难了。瓶颈之一，就是创始人的文化水准。文化水准决定着企业创始人的视野、高度，乃至创业者整个价值观的边界。丧失了视野和高度的深圳创业者们，他们有一个统一的名字——华强北小老板。

任正非麾下的华为，则很明显是一个用文化黏结在一起的团队。黏合剂之一，就是任正非在华为不同发展时期抛出的名言警句。

这些名言警句，至少具备两个非常鲜明的特点：一是语言精练，朗朗上口；二是提纲挈领，切中肯綮。接地气的演绎方式，浓缩了任正非的逻辑智慧，体现了其高深的哲学境界。放眼整个华为发展史，任正非语录不仅指导了华为在不同时期的具体工作，而且成为基层员工口口相传的坊间通关密语。如此对症下药的管理学精华，如此高频又深入人心的传播率，是华为高速发展期不同于其他任何中国公司的一个重要标志。

下面我们按照逻辑顺序，分别来解析几条著名的任正非语录。

（1）板凳要坐十年冷

新员工从入职开始，就接触这句话了。这句话的产生背景，其实也和华为的独特企业文化有关系。前文说过，华为校招生从选材来看，大部分都是来自工科院校的寒门二代。学校门第是211或985，但并非国内顶级大学。门第高是要保证华为人才梯队的质量；门第不是超一流，就保证了这些校招生不会心有旁骛，以免流失太快。

后边的逻辑都成立，唯独前面这条有点问题。

华为需要一些吃苦耐劳，能够艰苦奋斗的寒门二代来作为发展动力，但是这些应届毕业生一般在校期间都是好学生，进入公司之后当然想要做个好员工。虽然华为从主观上希望能够用这种推理方式，来最大程度激发他们的工作热情，但事实上，职场并非学校，职场上即便你真的玩了命，也未必能够得到同等的回报。在学校发奋努力就能得到的奖学金、班干部等荣誉，在职场上往往行不通。

行不通，这些应届毕业生会不会气馁呢？

所以，任正非告诉新员工们，板凳要坐十年冷。

（2）不让雷锋吃亏

这句话，其实是配合前一句"板凳要坐十年冷"而来的。既然进入华为之后，有可能坐十年的冷板凳，那么在华为如此苦熬时光的意义又在哪里呢？当然有意义，因为华为绝对"不让雷锋吃亏"。

前一句话，十年冷板凳，是要打掉那些自诩为天之骄子的应届毕业生身上的傲气。打掉傲气，降低心理预期，但是又不能把话说得太严重了，否则年轻人受不了这种心理落差，搞不好就要跑路了。所以，十年冷板凳后边，要有一个保障条件，才能够让你心甘情愿、踏踏实实地坐冷板凳。这样一来，不让雷锋吃亏，就成了前面那句名言的有效补充。

虽然算是一个保障条款，但却是有限度保障条款。因为任正非并没有保证"雷锋"一定能够熬出头，而是给了一个底线——不会让"雷锋"吃亏。

其实大家都知道"一将功成万骨枯"的道理，这句话是一句实话，因为没有千百万普通士兵的前赴后继，是换不来革命事业的最终成功的。但是这句话只能流传于历朝历代的读书人圈子里。给士兵们做战前动员的时候，就千万不能讲这句话，尽管我们知道这的确是一句实话。给士兵们做动员，第一就是告诉他们革命事业之伟大，同时不要有后顾之忧。

板凳要坐十年冷，但是华为不会让雷锋吃亏。

即便十年之后你依然是普通一兵，但只要劳动态度端正，华为依然会给你相应的丰厚回报。你的薪水，将会比其他公司的同龄人高出许多。你将会因此而改变经济地位，并且进而能够改变你背后整个家庭的命运。

这就是"不让雷锋吃亏"的奥妙之处。

（3）把信送给加西亚

华为为什么一定要强调"雷锋"呢？把信送给加西亚的故事，可能会给我们提供一个参考答案。

19世纪的美西战争期间，美军和古巴盟军并肩作战，一起对付西班牙军。期间，美方需要把一封重要的信函送到古巴盟军领袖加西亚手中。这封信没有地址没有邮编，就只有一个收件人"加西亚"。要知道，在战火纷飞的年月里，到丛林深处之中寻找一位军队首领，谈何容易。不过，最终一名美军年轻中尉，接受了这个任务。他没有抱怨，没有讲任何条件，成功把信交给了加西亚。

我们再反过头来看雷锋。

雷锋身上的特质有哪些呢？关键词：默默无闻、无私奉献、爱岗敬业、助人为乐，如果再加一条、耐得寂寞、不近女色应该也算。

华为的发展需要千千万万个雷锋，他们在华为文化之下，必须体现出类似雷锋一样的特质。关键是，当你的上司要求你把一封"三无"信函交给加西亚的时候，你不要问那么多为什么，你要做的就是执行，毫无保留、毫无怨言、毫无折扣地执行。如此一来，庞大的华为体系才能够保证有效运转。而纵向来看，华为的高层指令才能够无缝、扁平、顺畅地传达到一线。

把信交给加西亚，行动的执行者就是雷锋。

（4）烧不死的鸟是凤凰

一将功成万骨枯，虽然长官不讲，当兵的也多半都是知道的，尤其是在今天这个信息高度发达的社会。

那么，如何避免这句话给组织和体系造成的伤害呢？其实很简单，只需要找到一个不灭的象征即可。

烧不死的鸟是凤凰。

我并不强调鸟会烧死烧熟烧成灰，我强调的是只要你挺过来了，你就成功了。类似的表达方式，其实并不止这一例。除烧不死的鸟是凤凰之外，还有"沉舟侧畔千帆过，病树前头万木春"，还有鲤鱼跳龙门等等，不一而足。

这样一来，大家也就有了盼头，哪怕你知道了生活的真相，但依然狂热地热爱着生活。这样活着不累，工作也会更加充实。

（5）懂得高雅的文化与生活

心中信奉"板凳要坐十年冷"的华为人，很多都过着苦行僧一样的生活。苦行僧并不意味着物质生活条件不够好，恰恰相反，华为人的生活基本上无缝融入了华为总部和代表处的集体生活，吃喝拉撒睡这个层面上，即便是随大流也不会太差。但人不能只靠吃米活着，除了物质生活，还需要有业余爱好，不能过得太苦，太没有追求。

所以，任正非告诉那些埋头加班的华为人，要懂得高雅的文化与生活。

这句话的出现，是对前面"雷锋"精神的补充

华为的成功确实需要千千万万个雷锋，但做雷锋也并不意味着要不食人间烟火。一个只知道加班赚钱两点一线的华为员工，到最后即便变不成行尸走肉，也非抑郁了不可。因此，任老板的这句口号，来得还是非常及时和必要的。何况，哪怕是在物质极其匮乏的年代里，雷锋同志也有一块瑞士手表。这样的雷锋，才更加鲜活，更加接地气。

只不过，在现实中，已经把自己的私人生活同公司生活精确绑定的华为人，其实对于高雅的文化与生活依然没有太多概念。很多人把任老板的这句语录当成教条来执行。所以我们经常看到大批的华为人组团跑到世界各地的奥特莱斯扫货——普拉达的包包、香奈儿的香水、登喜路的皮带、杰尼亚的西装，还有劳力士的手表，一袋一袋地买。

或许在华为人心中，这样应该就算是高雅的文化与生活了。

其实身体力行响应老板的号召，本身已经算是对业余生活的丰富了。

（6）胜则举杯相庆，败则拼死相救

以上数条语录，其实都算是约束个人的。这一条，则是树立团队协作精神的，也算是对华为狼性文化的一种修正。

前文说到了华为狼性文化，对外是狼，对内也是狼。这样一来，真正打起仗来，如果团队之内狼同伴互相撕咬，搞不好就会出现大规模的内耗。因此，高调提倡狼性文化的弊端，就是矫枉过正。公司内部没有狼性不行，但是狼性太过泛滥，公司内部团结就出现了问题。问题平时都在冰山之下，但如果遇到狼群狩猎，群狼难免会出现"胜则拼死争功，败则落井下石"的情况。

为了杜绝这样的情况，就需要对狼性文化进行适当调整。于是，也就出现了这条语录——胜则举杯相庆，败则拼死相救。

这条语录非常适合华为，而未必适合所有公司。因为，很多公司并没有设置狼性文化的大前提。大部分情况下，公司的老板是狼，员工都是小绵羊。或者公司老板是披着羊皮的狼，员工没有获得任何授权，对内对外只能做披着狼皮的羊。如果在这种情况下，还硬要去提倡"胜则举杯相庆，败则拼死相救"，最后就会出事。

这条语录，在很多深圳私人小公司被效仿，但就实效来看都弄成了"胜则老板英明，败则无人负责"，而到了北方大国企，则又弄成了"胜则领导有方，败则一团和气"。

所以，华为的管理文化有一整套成型的和经过实践的逻辑在里面，盲目和片面地学华为，最后就成了东施效颦，邯郸学步。

（7）让听得见炮火的人来决策

前面讲到关于华为人的自我修养和华为的团队协作。

如果个人和集体的考验你都能够扛下来，那么被提拔成华为领导的可能性也就加大了。于是，选拔干部的标准，也就被提上了议事日程。任正非告诉我们：让听得见炮火的人来决策。

这句话，要分成两个层面来理解。

首先，要想做华为的决策者，必须听得见炮火。也就是说，舒舒服服坐在深圳华为总部办公室，享受高雅的文化与生活的华为人，一定不是干部提拔的第一选择。所以，那些只是听了任老板只言片语，而没有把老板的思想精髓融会贯通的人，可能就要吃亏了。

其次，如果决策者一个在总部，一个在一线，让一线决策者拍板，所谓"没有调查就没有发言权"，所谓"纸上得来终觉浅，绝知此事要躬行"。华为的企业文化，跟中国军队的建军精神有着千丝万缕的联系。因此，在重大项目的重大决策这件事情上，华为的潜规则就是要让一线做主。

让听得见炮火的人来决策。这条军规尤其在华为野蛮生长期，是一条铁的纪律。即便到了今天，已经被各种大公司条条框框所限的华为平台，依然在提倡这条语录。

毫无疑问，这是华为当年成功的法宝之一。

（8）资源是会枯竭的，唯有文化才能生生不息

说一千，道一万，最后落脚点还是文化。

华为给华为人有形的东西很多，其中有培训学习、有升职加薪、有股票分红，但这些有形的东西百年之后也不过就是黄土一抔。因此，任正非告诉大家，唯有文化才能生生不息。

很多人并不能够充分理解这句话的内涵。

举个例子吧。李白这辈子只活了六十岁出头，而且基本上没有做过什么官，不仅官没有当成，还被安了个谋反之罪流放了。所以，当时的人评价李白可能有很多种方式，比如当官的可能会嘲笑李白不得志，有钱的可能会嘲笑李白到处蹭酒喝。但是时至今日，当年那些曾经嘲笑过李白的人，不管是当官的还是有钱的，都已经化为了茫茫宇宙的一粒尘埃，只有李白以及李白的诗篇还在被我们万古传颂。

这，显然就是任正非所说的文化的力量。

但是绝大部分的华为人，肯定理解不到这个层面。反过来说，谁能够理解这句话，谁就成了华为金字塔靠上的那部分人。华为今天有形的东西都是假的，只有华为文化才是万古长青的。华为今天的成功并不依靠今天的人来实现，实现这一切的，其实是文化。懂得了这些道理，你也就成了华为管理者，一名能够替任老板分忧解难的合格管理者。

以上所提到的八个名言，其实只是所有任正非语录中的沧海一粟。

渔夫没有提到的其他名言，比如"战战兢兢，如履薄冰""小胜靠智，大胜在德""力出一孔，利出一孔""雄赳赳，气昂昂，跨过太平洋""宰相必起于州郡，猛将必发于卒伍""进了华为就是进了坟墓"……这些也都是十分经典的任正非语录。像华为这样，全体公司员工从上到下，几乎人人能够把如此之多的任正非语录挂在嘴边的超级大公司，在中国并不多见。员工不仅能够主动挂在嘴边，还能够心悦诚服、灵活运用的超级大公司，更是凤毛麟角。

事实上，任老板的很多精彩发言都被收藏于《华为文摘》之中。而且在相当早的历史时期，任正非就确立了春节致辞这种一年一度的官方发言方式。

在每年的春节致辞中，任正非又与时俱进地加入了很多鲜明的时代元素。比如电影《可可西里》热播的时候，号召"可可西里精神"；电视剧《亮剑》被追捧的时候，又呼吁全公司学习"亮剑精神"；《千手观音》在央视一炮而红的时候，又要求华为人学习"千手观音精神"。当然，并不止有影视娱乐，还有其他样板企业，比如在某一年，任正非就要求领导干部过年期间都去吃一次"海底捞"，去感受别人家的服务。所以，华为文化不仅是凝结着任正非智慧结晶的脍炙人口的语录，还包含着不同时期的时代精神，它们都被一代又一代的华为人口口相传，成为华为文化非常自然又接地气的一部分。

华为人挂在嘴边的语录文化，是华为一种特殊的文化现象，也是造就华为成功的关键要素之一。

大比武文化：适者生存

作为一名合格的华为人，光会喊任正非语录不行，还需要付诸实践。干说不练是假把式，干练不说是傻把式。华为人既不是假把式，也不是傻把式，而是实打实做事的企业员工。

于是，大比武文化也就应运而生。

大比武文化的智慧来源，其实也是中国人民解放军。因为任正非本人的军人出身，华为的很多文化都被打上了军队烙印，大比武文化也不例外。

华为人时刻保持战斗状态的一条秘诀，就是让大家时刻保持竞争状态。

有些部门有竞争上的先天优势，比如销售部门。是骡子是马拉出来遛遛，销售部门只需要将自己的业绩拿出来，完成率、利润率、现金流、同比增长、环比增长，一切都一目了然。所以，华为的销售部门竞争压力是最大的。

在华为有一条不成文的规矩，就是默认一个部门内部有5%的人员属于混日子类型的，需要尽快末位淘汰。而且，这个比例是固定的。换句话讲，每一个考核周期到来的时候，华为永远都有5%的人是不合格的。所以，在华为能够长期端销售这碗饭的人，都不是一般人物，尤其是那些带点邪性的僧道妇女类型的，更是武林高手中的扫地僧。

除了销售部门，其他部门也需要时不时来点刺激。当年最有名的，就是全球技术服务部门的"全球技服大比武"。

全球技服大比武要求全球统一出题、统一时间，所有华为一线技服人员都需要参加一项售后服务技术大考核。就当年的情形来看，这项考试的组织是一个非常浩大的工程，而就实际效果来看，也是十分明显的。

除了技服大比武，市场口的产品经理也经常组织宣讲PPT大比武。

一般来讲，不管是技服工程师还是产品经理，在大比武中涌现出的先进模范、尖子标兵，都会被记录在案，作为此后加薪升职的一个重要参考。

所以，华为的内部文化本质上是一个竞争文化，无论此前的狼性文化，还是大比武文化，都在强调"物竞天择，适者生存"的朴素道理。看上去非常不近人情，但只有如此，才能够让一个十几万人的公司长期保持巨大的活力。那些适应不了这个文化的员工自然会选择离开，剩下来的人自然也就成了耐受力更强的狼群。

虽然大比武只是形式上的，但大比武文化以及竞争意识，则深深地植根在每一个华为人的心中。

案例文化：好记性不如烂笔头

会朗朗上口地讲任老板的语录，而且还在大比武文化中不断磨炼自己的业务实践，这样的华为人做得依然不够。

好记性不如烂笔头，很多东西要整理成册，代代传承。

光靠一个任正非的智慧，显然只能在上层建筑或者理论堆叠方面做到尽善尽美。而华为的前进，还要依靠大量中基层员工的勠力同心。关键是来自操作层面的案例总结，这才是真正能够应用于一线的东西。

就华为的人员流动性来讲，虽然有高薪酬框架的加持，但离职率基本上跟整个ICT行业的其他公司没有任何区别，高强度的工作、高压力的竞争，以及技术演进的日新月异是造成整个ICT行业人员流动速度频率非常之高的重要原因。因此，公司内部同一个岗位上的人员是不固定的，而且还存在着调动、升职、转岗等各种可能性。因此，当员工在其阶段性的岗位上任职的时候，就需要对他的一些经验进行有形的保护与保存。

有很多公司，虽然是大公司，但是每个岗位交接缺乏流程保证，岗位经验缺乏传承，因此别看是大公司，依然弄得像个草台班子。新旧交接之际，老人手里所有的东西都是黑匣子，一摊子事说不清道不明，此前的不管成功失败都有自己的一本带着潜规则的黑台账。别说让这些人给后来人传授经验，不给后来人挖坑就不错了。至于说大公司之外的广大中小公司，工作的交接就更加谈不上正规性了。

华为，恰好就洞察了每个人岗位经验值的宝贵。

正如任正非语录所言，"资源是会枯竭的，唯有文化才能生生不息"，人力同样是一种资源，人力离开本岗位，一定会造成本岗位资源的暂时性短缺。

华为内部严格的岗位交接制度，是避免这种经验流失的好办法。只不过严格的岗位交接是一种被动行为，是一种严防死守的负向思维。所以从人性角度出发，如果想要更好地解决这个问题，就必须运用正向思维，充分调动原岗位员工的积极能动性，激发他们为公司献计献策的热情。事实上，这种从心理学角度出发的问题解决方案，我们在本章中已经不是第一次涉及了。

基于所有以上考虑，华为W3系统案例库应运而生。

W3是一个华为内网网站的简称，其网址是http://w3.huawei.com/。读到这里的读者也不用尝试去登录这个网址，因为你肯定登不上去。即便你想用黑客手段黑入这个网站，都不可能，因为行业的特殊性，在信息安全方面华为已经做到了极致。至于当时为什么起了W3这个名字，渔夫也不太清楚。我们只知道，长期以来，W3是华为人应用最为普遍的内网OA（自动化办公）系统。而且随着智能手机的不断普及，为顺应时代潮流，华为内部还出现了W3的手机App。

W3网站上面有很多好的流程模块，其中相对于其他公司比较特殊的一个模块就是案例发表系统模块。这个模块的意思是，华为人在某个岗位上需要晋升之前，都必须发表足够数量的内部论文。而收集你的内部论文并且为之评级的系统，就是这个案例发表系统。

我们换个角度来看这件事，当一名新人进入华为就职，华为给你设计了两条发展路径，其中一条是岗位与薪酬发展路径，也叫作"定岗定薪"；另外一条路径则是专业能力发展路径，叫作"任职资格"。

其实前一条发展路径十分容易理解，大部分中国公司都有这一条，而且在很多国企与事业单位中，这个级别还被赋予了行政含义，从而进行了神圣化。而后一条发展路径，则不多见。关于这两条发展路径的问题，我们后边还会详细讲，这里先点到为止。

华为的案例发表文化，恰恰就是和任职资格强相关的。

任职资格的评定标准之中，本岗位的业绩算一个参考项，但问题的根本并不在这里，岗位业绩对于定岗定薪影响的权重更大一些。任职资格的本意就是考察专业能力，所以你的岗位业绩可以不出众，但你必须能够证明你确实是具备专业能力的。因此，你必须有资料支撑和案例输出。而你平时发表在案例库中的论文，则是任职资格晋升的硬指标，尤其是对那些工作两年以上的老员工而言。

案例发表的功夫在平时，因为当每年的任职资格评审到来的时候，临时抱佛脚式地突击上传论文实在仓促、来不及。没有论文支撑就无法参加当年年度的任职资格评审，你也就白白错过了一次任职级别提升的机会，而且下一次只能等明年。

于是，大部分工作超过两年期的老员工，平时都在悄无声息地向案例库发表论文。这些论文，基本上就代表着自己在本岗位上的智慧结晶，往小了说也都是经验之谈。根据亲身项目经历匹配华为内部流程所写出来的东西，具备非常强的可参考性与可复制性。而且论文的发表并不是单向的，它是一个严格的有来有回的闭环系统。论文上传到系统，系统内会安排华为内部专家团进行评审，最后给出论文的评级，级别高的还会被高频率转发。论文被正式上传到案例库中之后，通过某种查询与推送方式，看到你论文的同事就会越来越多，于是你的论文下边还会出现很多评论，这样信息的交互也就开始了。搞不好以文会友，你还会结交一些华为内部兄弟代表处同样岗位的好朋友。

虽然看上去，W3案例发表系统的出现已经足够让华为与众不同。但实际上，案例发表的文化在华为俯拾即是。

就拿华为早期的技术服务人员来讲，技服人员往往手中会有一个命令或者故障查询手册之类的东西，比较出名的被叫作华为"慢慢来"（MML）。"慢慢来"实际上是由MML这个单词缩写演绎而来，真实的叫法应该叫"人机对话语言"（Man Machine Language），只是因为这个命令查询手册太好用了，太具备指导一线实操的价值了，因此被广大技服人员昵称为"慢慢来"。

这样的"慢慢来"，就算是强大的华为内部数据库之一。

在强大的当前数据库基础上，早期华为还开放了广大技服人员的意见反馈窗口。这个专门的内部电子流，在一段时间内被称为是"合理化建议"电子流。其中主要部分就是对实际开局、调测、排障过程中的一些经验的再总结。对于很多有技术情结的老员工来讲，即便是不给任何激励，他们也愿意将自己的一些经验通过内部论坛等方式反馈出来。更何况，一条合理化建议被采纳，华为还有价格不菲的奖励。这样的后反馈和不断优化，是华为技服的法宝之一。

总而言之，案例文化的成功推广，是华为不同于中国其他公司的鲜明特点之一。这个文化的基本道理大家都懂得，可能也有很多其他公司在尝试推广，但毫无疑问的是，在操作层面上对人性和心理把握更加准确的华为，在这方面的践行是极其成功的。

自我批评文化：在自我修正中前进

前面用了很大的篇幅讲了华为管理文化中非常独特的一些方面，这些独特之处根植于华为公司文化，其他公司要想单方面模仿，实际上非常困难。因为外人中的大部分都是"只见树木，不见森林"，要想学习这个体系，就必须搞清楚其中的各种逻辑关系，搞清楚了其中的逻辑关系，才有可能去复制整个华为体系。对标华为体系的成功，才是真正的成功。

然而，即便已经发展到了今天，华为依然不满足，依然在时刻反省。归根结底，这又是华为文化中非常成功的一点——自我批判。

这四个字并不是孤立的，而是被写进华为核心价值观的。华为核心价值观包括六句话，二十四个字——成就客户、艰苦奋斗、自我批判、开放进取、至诚守信、团队合作。

自我批判，这四个字有没有似曾相识的感觉呢？没错，这四个字同样也是中国共产党党建的重要理论之一。

我们平时挂在嘴边上的，是党的三大法宝——统一战线、武装斗争、党的建设。除了这三大法宝之外，我党还有三大作风——理论联系实际、密切联系群众、批评与自我批评。所以，如果说中国有哪家公司模仿中国建党建军理论模仿得最为惟妙惟肖，华为说第二，没人敢说第一。

批评与自我批评文化，在华为就是这样一种神奇的存在。

或许对于很多企业，哪怕对于很多政府事业单位来讲，这样一句话很多时候都被当成了教条。然而，一个号称中国最大私企的华为，却在十分认真地落实这句话的精神。这样的执着，这样的信念，值得很多人去反思。

华为的批评与自我批评组织生活会，是每年一度的。这样的会议组织，是需要全员参加的，也是需要逐级升高层面的。

举个例子吧，批评与自我批评首先要在最低层级的部门内部展开，然后接下来就要上升到上一级部门。下一级部门领导先是组织并开展部门内部的普通员工进行批评与自我批评。接下来，下一级部门领导则要作为普通员工，参与上一级的批评与自我批评会。如果有必要，原部门的骨干员工们也要随同参加。

最重要的是，华为内部规定，批评与自我批评会期间需要大家畅所欲言，言者无罪。只说缺点，不准说优点。领导可以批评员工，员工当然也可以批评领导，总的原则是要力求深刻。正如郭德纲经常挂在嘴边的，关于相声"砸挂"的一个游戏原则——台上无大小，台下立规矩。

不过，话虽然是这么说的，所有的内部舆论导向也是如此引导的，然而，实际操作起来依然是困难重重。领导批评员工容易，但要求员工批评领导，则是一项技术活。

华为毕竟是个企业。大家来到这里虽然也浸淫了华为企业文化，也都有着一个大体还算阳光的主人翁心态。但说一千道一万，企业希望员工付出的，是业务能力，员工则希望从企业拿到报酬以养家糊口。

这样的想法其实并不低级，从本质上讲，企业与员工就是这种关系。

在此基础上，员工首先要保证能够在公司立足，其次才能谈高尚的情怀。我们经常说的一句话，公司开会的时候"对事不对人"。然而这句话一定要结合中国的传统文化一起来理解才行，如果简单粗暴地实践这句话，即便是在深得狼性文化真传的华为，在公司内部处处树敌也是不明智的。就中国人的文化传统来讲，虽然喊的口号是"对事不对人"，但多年以后，很多人记住的都是面红耳赤的争吵场面，而不会记得当初究竟因为何事而发生争执。

因此，在批评与自我批评会上，很多普通员工在发言的时候绞尽脑汁，提前就要打好腹稿。如果冷不丁让你在众位同事面前，甚至是在你领导的领导面前公开评价你的领导，哪怕说错一句话，过后你都要承担所有的后果。虽然原则上讲，组织生活会上你不管说什么话，领导都只能是笑呵呵地面对你的评价。然而，在很多中国人的笑意背后，你都能感到一种冰冷。

于是在渔夫所经历的华为内部批评与自我评判会议上，批评别人时都充分体现了中国人的折中文化。说缺点实际上都是在反串，比如批评领导不顾自己的身体，强行加班；批评领导对家庭不管不顾，只顾加班。当然，也有很多新员工第一次经历这种场面，在组织气氛的感知上有所偏差，所以也偶尔会有一些让人尴尬的场面出现。但是一般来讲，新员工属于华为内部相对比较弱势的群体，他们的弱势是，即便批评得有理有据，别人听了也都是一笑置之，没有分量，也做不得数。

因此，批评与自我批评这句话，往往真正能够起到作用的是后半句——自我批评。所以我们党的三大作风之一"批评与自我批评"来到华为公司内部，也就只总结了"自我批判"这一条。

从另外一个角度看，如此总结方式也真正体现了以任正非为代表的华为管理层对人性分析的老辣之处。总而言之，华为成长到今天，自我批判的精神一直相伴左右。

尽管外界有各种议论和评价之声，但华为却始终不为所动，坚持以我为主，不断对自己的现有体系进行反思与扬弃。

这样的华为，令人恐惧。

结束语

业界有很多关于华为的书籍，只要谈到华为管理文化，言必称《华为基本法》。

没错，最终成文于1998年的《华为基本法》，的确算得上是华为的"管理总纲"。但这部"基本法"所采取的记叙方式，实际上是罗列。换言之，华为是先有了自己的特殊管理方式，后来才总结提炼出了《华为基本法》。如果从这个角度出发，《华为基本法》只能算是一个凝固的、静态的、死板的公司管理条例，如果研究华为的第一步是死抠《华为基本法》，那么一定会越琢磨越糊涂。

同样的一句教条，未必是放之四海皆准的真理。如果想了解华为管理文化，先要吃透华为的种种教条之间环环相扣的关系。这样，《华为基本法》上面的条例，才可以被活学活用，成为流动的、适用的东西。

所以，在这一章的最后部分，渔夫专门来提一提《华为基本法》，目的并非推广《华为基本法》，而是要让大家知道，《华为基本法》是当年华为对自己多年以来管理经验的总结。

事实上，看完渔夫在本章对部分华为子文化的介绍，我们每个人的心中已经有了一本无形的《华为基本法》，而在这些无形的《华为基本法》中间，没有任何两部是完全相同的。

这就是渔夫想要传达的思想。

第二章

代表处文化：成长

一营、二营培训之后，对于市场口的人员来讲，不管是客户线还是产品线，就都要面对被分配到代表处的问题了。当年很多应届毕业生入职时，华为人力并没有严格区分客户线和产品线，统一用国内市场的名义招进来。所以，等到下放代表处时，所有国内市场部新员工会有一次双向选择的机会。当然，因为市场口大部分都是男生，往往选择客户线的人居多，因此在很多情况下，还要进行一次岗前面试，以便对人员进行分流。

不过遗憾的是，由于早期华为对于客户线的授权达到了登峰造极的程度，大部分新员工都会选择客户线。很多选择了客户线而最终没有被选中的应届毕业生，就此离职。这同时意味着，八个月的培训成本有可能就此浪费。

关于客户线被如此推崇的奥秘，我们后文还会讲。

分流完成之后，各自确认了华为内部职业发展途径，绝大部分没有离职的华为应届毕业生，开始各奔前程。和一营吃散伙饭时的慷慨激昂相比，这一次的离别，显然少了很多一营离别时的同学之谊，多了一份即将参加实际工作的忐忑之情。

来到代表处的新员工，开始真正接受职场的洗礼。

第一个遭遇到的，就是代表处的迎新文化。

迎新文化：吃我一百杀威棒

尽管针对新员工的上岗问题，曾经铺垫了许多内容，但公平一点讲，提倡狼性的华为文化氛围天生就是对新员工不够友好的。

比如，拿同时被分配到代表处的客户线和产品线新人来讲。

产品线的背后，往往还站着产品线总部的娘家人，因此多少都算是有条退路。而客户线的新人则只能自生自灭，生是代表处的人，死是代表处的死人了。如此成长环境虽然对新人有点残忍，但实话讲，早期的华为客户线往往需要承受常人难以企及的精神压力，因此趁着年轻多受点挫折，没什么不好的。要知道，端了客户线这碗饭，就相当于"一入侯门深似海，从此萧郎是路人"，这辈子的职业规划既然如此，那就破浪前行。往后吃苦受累、吃瘪挨骂的日子还长着呢，艰难适应代表处环境这点事，就不要有任何怨言了。

从学校到职场的切换，并不是那么容易，怀着一腔报国之志的高尚理想进入社会的华为应届毕业新人，尤其会感到不适。虽然有导师手把手的帮助，但在很多时候，代表处的明规则潜规则还是要靠自己去摸索。

前面讲到了华为的异地化。早期华为代表处市场部，包括代表处代表和助理在内，确实就是一大帮外乡人组成的群体。这个群体很明显不属于本地文化的一部分，况且这部分人自己都不知道哪一天就被华为的一纸调令调去其他省份，或者其他部门。因此市场部的员工，工作的时候在一起，打项目的时候在一起，但在其他时间里，各自有各自的小圈子。也就是说，如果想要快速融入代表处文化，你就必须抓紧时间融入这些小圈子，才能明白代表处的各种生存法则。

小圈子说起来很笼统，细分起来可能会有很多。

比如，属于年轻人的登山圈子、美食圈子、泡吧圈子、"天黑请闭眼"圈子，或者后来的狼人杀圈子。因为年轻人明白，自己很大程度上只是这座城市的一名过客，所以抱着一种旅游者的心态在这座城市打拼，把握自己当下的快乐最重要。

说到年轻人这个话题，其实早期华为基本都是年轻人。我们特别点出"年轻人"这个词，用来特指刚刚毕业，一直到三十岁之前的年轻人。而三十岁之后的年轻人，或者已经成家立业的华为代表处员工，也有属于他们自己的圈子。

岁数较大的华为人，一般会有自己的麻将圈子、会所圈子、家庭圈子等。这些圈子的特点是私密性比较高，一般只会存在于几个人之间。因为年龄稍长一点的华为人，有的会考虑比较有档次的休闲方式，有的则会考虑在本地落户或者暂时落户的事情。而这些事情知道的人越少越好，因此私下里只能和自己的职场好友分享信息。

然而，不管对哪个圈子而言，代表处新人都不太容易被吸纳。

代表处新人一无人脉，二无权力，三无积蓄，四无经验，这样的四无新人，基本上在很长一段时间内都是代表处的边缘人。所以问题的关键不在于你有没有主动融入别人的圈子，而在于别人到底带不带你玩。

当然，遇到一个主流圈子中的愿意主动带你上道的导师，你的新人生涯会相对容易一些。但在大部分情况下，深谙潜规则的导师只能是点到为止，而且还是在你表现得中规中矩、人畜无害的情况下。

当然，也有新人表现得很积极，这种积极一般是体现在公对公的方面。比如在业务中勤学苦练，在社会活动中表现突出。

即便如此，现实也很残酷。即使新人在业务中勤学苦练，部门主管也不太敢让一个初出茅庐的应届毕业生挑大梁。因为客户线的工作往往就是同客户打交道，一个华为青瓜蛋子遇到客户那边的职场老鸟，可想而知这样究竟会付出多么大的机会成本。而代表处的关键项目，一年也就是那么几个，主管们也都是华为"流官体系"下代表处的匆匆过客，在代表处可能也就几年时光，往小了说可能半年、一年就要拍屁股走人，又怎么会把项目机会交给新人来练手呢？

在业务活动中被边缘化，你一个新人即便再努力，也只能被领导拿来搞平衡和牺牲。于是，你想到了用另外一种方式证明自己，比如端茶倒水，腿脚勤快，又比如年会献节目，主动跟秘书、文员打成一片。

然而，这往往又是徒劳的。

类似做法，在华为公司总部可能有效，在华为之外的其他大公司尤其是央企、国企可能好用，但在华为的国内代表处，大家希望拥有的都是短期效益。你今天好不容易积攒的一点人品值，由于市场部异地化人员的频繁调动，很快就会被人所淡忘。你在一个代表处待上两年，市场部的同事已经换了一茬人。曾经对你赞赏有加的那个领导，早早就调走了；曾经在年会上和你一同高歌一曲的那个好兄弟，也早早就改换了门庭。

所以，华为的"流官制度"本身也是一把双刃剑，在杜绝一线销售人员腐败的同时，也让代表处的市场部充满了人情冷暖、世态炎凉。华为大部分的市场部人员都显得十分精明强干，带着深深的标准华为销售的烙印。但这些人，尤其是华为老销售，他们身上往往缺少人情味，不管对于亲情、友情，哪怕是对于爱情都采取十分冷漠的态度。然而，对于华为公司来讲，这些华为老销售已经百炼成钢，成为隆隆作响的华为战车上最为精良的"杀人武器"。

综上所述，新人来到代表处，尤其是客户线新人来到代表处，往往前途叵测。就渔夫所见到的，有的人被末位淘汰了，有的人被强制转岗了，有的人趁着年轻主动请缨去海外了。对于客户线新人来讲，能够直接成长为代表处骨干销售的，凤毛麟角。

当然，对于新人来讲，还有一种方式可以获得"曲线救国"的效果——

下放本地网。

本地网文化：农村包围城市

本地网，又是一个带着鲜明华为基因的特殊词汇。

本地网的具体含义，是指各省代表处驻地省会以下的地级市。举个例子吧，比如河北省，石家庄作为省会，早期一般被称为省局。而石家庄以下的保定、廊坊、邯郸、秦皇岛等地级市，则被统称为本地网。这样的称呼，其实也充分体现了电信行业从业人员，对于中国早期通信网络的一种古老表达方式。

具体到华为"本地网"这个称呼，实际上是华为驻点各地市小办事处的意思。

小办事处，顾名思义，是比华为驻各省省会代表处低一级的办公机构。本地网一般由本地网客户经理来统一对口客户，也就是事实上的华为区域客户代表。所以，这些本地网区域客户代表，很多时候被俗称为"区客"或者"地客"。区客不仅要对地市客户统一负责，还要负责本地网办公机构的正常运转。租赁和维护本地网宿舍，就是区客的一项重要工作内容。所以，早期的华为区客们，你能经常看到他们行色匆匆地拜访客户，跟进业务，做一些高大上的工作。但在其他时候，他们也会屁颠屁颠地去缴纳水电煤气费。

在区客们的统一张罗之下，一般华为的地市办事处都会租赁地市的民房作为办公地点。虽然是民房，但一般都是非常高档的小区，无论治安还是环境都是本地一流。民房面积一般也比较大，尤其作为主要办公场所的客厅比较大，而且为了方便省会城市的华为兄弟出差，还会有很多卧室。在此基础上，客厅里会统一采购交换机、复印机、打印机等基本的办公设备。而在卧室里，则会置办方便换洗的床上三件套、四件套。这样一来，一个微缩的办事处也就成型了。

不过，单单这些还不够。

华为文化中非常重要的一条，就是尽可能利用公司平台，解决华为人的生活问题。换句话说，华为人只需要专注于工作本身，而工作之外的吃喝拉撒睡的问题、薪水奖金补贴的问题，都不是事儿。

所以，本地网客户经理往往还要雇用地市本地人作为华为的兼职厨师和保姆。厨师专门负责华为人的吃饭问题，一般本地网出差人员达到三个以上，就可以打电话给厨师，要求他到宿舍为华为人做饭。厨师的薪水一般是按次收费，做一次饭有一次的酬劳，平时则没有保底工资。当然，厨师做饭一般性价比很高，渔夫记得当年在地市，平均每个人五块钱，就可以吃到堪比外边饭店水平的四菜一汤。而保姆一般是长期性质的，要求每周过来两次或三次整理被褥和清扫房间，所以对于保姆来讲，每月都要发放薪水。具体到每个不同的本地网，厨师和保姆可以是不同的人，也可以由同一个人兼任，视具体情况而定。

以上说了这么多，华为为什么要花大力气设立本地网呢？

这是个好问题。

对于在全国有一定影响力的品牌来讲，全国各省的省会城市一般都要设置办事处或者子公司，但在下一层的地市一级，往往鞭长莫及，或者有心无力。这种情况的出现，有的是格局问题，有的是能力问题，有的则是没有必要。

对于华为来讲，当年迅速开辟本地网战线，既是格局所致，也是现实所需。

我们开篇讲过，20世纪80年代、90年代的电信行业，中国的通信设备市场基本是被国外厂家所把持的。前文所说的"七国八制"绝对不是开玩笑的。所以，当时从首都到省会，只要是大的通讯节点，通信设备都是国外设备。因为有大量设备在，也就有了电信局和外国厂家大量的互相交流、参观、学习的机会。尤其当时有一种培训制度盛行于国内，就是当设备采购订单给到外国厂家手上的时候，往往会随同签订几个培训协议。

为什么会这样呢？

因为国外厂家的人力比较贵，如果安装、调试、上线、割接、入网这些工作，统统由外国厂家来派人完成，那肯定是不现实的。所以，随着订单的到手，就必须考虑设备的售后服务问题，最好的方式就是培训一批电信局的员工，让他们成为某厂家的专业培训工程师。反过来讲，电信局也乐见其成，将来让自己人负责自己的设备，岂不是更放心吗？所以，一般在双方签订合同的时候，都要有培训名额作价算到合同总价之内。这些名额有时候还可以作为谈判筹码，比如赠送电信局几个A培名额、几个B培名额等等。但羊毛出在羊身上，所有的培训名额实际上都是由电信局来买单的。A培或者B培这种培训方式，既然有了电信局买单，那么外国厂家提供的条件也就水涨船高了起来。很多人都是被拉到欧洲、美国去参加培训，当年那种全国仰视西方世界的情况下，这样的培训机会，对工程师们来说是一辈子的美妙回忆。

拥有了这样的回忆，当年那些有着浓厚技术情结的A培、B培工程师，你让他们去相信中国厂家能够和外国厂家一样，做到同样的事情，无论从技术上还是情感上，他们都不太能够接受。于是，日复一日，年复一年，电信局就会出现大量的某外国厂家的"死忠"，而且这些死忠往往一辈子都不太可能被中国厂家"策反"。这种忠实，跟爱国不爱国没关系，更多的可能就是一种情怀。

在这种情况下，早期的华为要想从电信集团或者省局这边迅速打开局面，几乎是不可能完成的任务。万一投入重兵迟迟看不到效果，华为的人心也会慢慢散掉，利润和现金流也会出现致命的问题。

华为怎么办？中国厂家怎么办呢？

在面临何去何从的重大战略选择期，任正非的"农村包围城市"战略，顺势出台。

很显然，这又是一句体现华为文化的语录，且带着中国共产党军事思想的深深烙印。

为什么会是"农村包围城市"呢？

因为除了电信集团和电信省局，电信局还有省会下属的市局，甚至于县局。要知道，当年电信集团第一没有分家（后边还会讲电信分家是怎么回事），第二采购权还没有被集团总部收走。这样一来，电信局对于全国的通信设备采购方面，处于一家独大的江湖地位。但是由于采购权没有上收，同时又给了各省市局、县局极大的采购自主权。这样一个特殊的年代，就是当时任正非头脑中的华为不容错过的战略机遇期。

事实证明，华为在当时做出了最为明智的选择。这样的历史机遇期，是千载难逢的，也是不可复制的。

于是，华为的战略重心，从省局下沉到了"本地网"。巅峰时期的各本地网客户经理，成为各省独当一面的地方实力派。本地网客户经理的授权，一般都高得吓人，拥有对合同实行"大签"的权力。也就是说，本地网客户经理只要在合同上签字了，就等于任正非本人在合同上签字了，而相关的资源也会充分向本地网客户经理倾斜，包括配备专车和司机等那个年月里极其奢侈的专属定制礼遇。当然，只要有事，哪怕风里雨里，客户经理也必须随叫随到。不管是白天还是晚上，不管是市局还是县局。

一番操作下来，华为人最终凭借这套打法，迅速在"农村"开辟了大批的根据地，最终形成了对省局大城市的包围之势。当年的省局开会，有些人是出过国，做过A培喝过洋墨水的学院派，但是只要是市局、县局实战派发言，基本就是华为的铁粉。华为的客户经理们，在基层客户关系层面上，几乎是做到了全覆盖。往往一场会议下来，市局、县局代表群策群力，将华为品牌抬进省会的情况，已经蔚然成风。

这样一来，华为的崛起，已经成了不可逆转的历史大趋势。

"农村包围城市"战略执行了很多年，直到21世纪来临，华为慢慢从地市层面的普通玩家，升级成为全国主流电信高级玩家之一，而且有了慢慢爬升到国内头把交椅之势。在国内站稳脚跟之后，华为才开始进行海外业务拓展的早期尝试。

不得不说，那个特殊年代的本地网文化，为华为最终的成功打下了坚实的基础。

区域管理文化："放羊"与结果导向

既然有了本地网文化，那么从上层建筑来看，就必然会有相应的监管问题。

在相当长的一段历史时期内，华为区域客户经理都是坐镇一方的地方诸侯，"生杀予夺"的大权在握，而且监管情况是标准的"天高皇帝远"。如何对区域客户经理进行有效管理，一直都是华为代表处内部一个很有技术含量的话题。

就华为的早期发展来讲，有两个非常鲜明的管理理念贯穿其中：一个是灰度，对区域客户经理给予充分信任，很多时候在严格管理和放任自流之间采取一种模糊的方式进行管控；第二个明显特征，就是唯结果论。

首先谈灰度。

区域客户经理通常是一个星期都不在省会办公，不是在地市见客户，就是在见客户的路上。而且在销售业绩压力大的情况下，代表处经常会提倡区域客户经理在地市过周末，不准回省会城市打发业余时间。这样一来，很多区客就经常双周回省会一次，甚至于一个月回省会一次，一是避免了中间的鞍马劳顿，二是代表处倡导地市客户经理能够在周末和客户打成一片，很多在办公室没法谈或者不方便谈的话题，在客户的业余休闲时间来谈，会起到事半功倍的作用。

销售行业本身就有特殊性，这个岗位并不是以单位时间的单位劳动效率来产生价值的。换句话说，销售人员没有必要在办公室苦熬时间，尤其是早期的华为国内市场部，并不提倡销售人员加班，反而是要求客户经理多跟客户泡在一起，尤其是下班之后。这也正应了华为早期的另外一句语录——客户关系是第一生产力。

普通国内销售人员（海外销售略有不同，后文会讲）尚且如此，更加不用说远离代表处办公室的区域客户经理了。这些人虽然在代表处的那一时半刻表现得非常驯服，但只要是龙归大海，来到了本地网，那就完全是另外一副光景。

本地网的一把手，原则上就是区客。

区客下地市，本身就配有专车和专职司机，而且还拥有本地网宿舍租赁权力、办公用品采购权力、保姆和厨师的聘任权力、水电煤气宿舍杂费的费用管理权力、本地网宿舍主卧的优先使用权力等等。总而言之，所有资源都向着区客这边倾斜。而对外的话，区客在地市是代表华为的第一责任人，所有华为本地事务，未必要由区客来决策，但必须要先知会区客。在有重大市场活动期间，有重大意义或风险的设备割接、上线期间，区客还要代表华为公司亲临现场督战。当然相应地，区客手中也有十分充足的市场活动费用预算。

很显然，区客在地市层面上俨然就是华为地头蛇，拥有非常大的工作自由度。如此一来，负责区客业务运作的管理层，就需要有极高的智商和情商，来把这些区客的能量最大化。

所以，灰度就成了管理工作中的一个法宝。

实际上，灰度本身也算是华为文化的一个亚种。关于这一点，我们后边还会专门讲。而就本地网工作中的灰度来讲，首先区客们的工作时间就不固定，其次是工作场所也不固定。很多区客昼伏夜出，上午可能在本地网宿舍呼呼睡觉，到了下午区客们就有可能出现在客户办公室，到了晚上则又可能出现在了本地的某个饭店。就区客的工作范围来讲，他们在任何时间出现在任何消费场所，都不令人意外。

并且，华为是典型的客户至上文化，即便是你的领导对你不放心，过来查岗，看看他手下的区客们每天到底在干点什么，你只需接过电话酝酿情绪，压低声音跟你的领导说一句：领导，我在陪客户，过会儿就打给你。这样的场景，所有华为基层市场口的领导都可以理解甚至是支持。

除了工作事件和工作场所的不固定，还有市场活动费用的灵活使用。

区客的工作看起来很威风，尤其在早期中国家庭轿车普及率还不够高的情况下，大量华为刚刚走出校门的年轻人，居然就能够带着司机开着专车来跑客户。但是，让人头疼的事情别人却看不到。因为华为是严格区分客户经理与产品经理的，客户经理就是专门对口客户的，产品经理就是专门对口产品与方案的。对口客户这话说来轻巧，但实际上就地市层面来讲，很多时候电信市局和县局的大量关键客户，客户经理都必须认识并且能够说上话。单单是这一句话，涉及的客户人数就有可能是海量的，关键只有你一个人对口。

举个例子吧，如果你是对口《红楼梦》里贾府的客户经理。那么往上说你要认识贾母、贾政，往下你还要认识焦大、小红，至于那些位阶不高但却握有实权的晴雯、袭人等等，你更是个个都要脸熟。这样一来，你的市场活动费用的支出一定是不好控制的。比如说吧，有一天你和焦大一起谈项目，焦大说我们一起吃臭豆腐吧，边吃边聊工作。于是在路边摊一坐，你俩就一人一碗臭豆腐热火朝天地吃上了。路边摊三毛钱一碗的臭豆腐，你总不能跟焦大AA制吧？对内，你也总不能拿起电话，把吃臭豆腐谈工作的事情当成一次正式的市场交流会议跟领导专门申请支持吧？所以，当年区域客户经理手中的市场活动费用，基本上是灰度最高的报销门类。在此基础上，所有地市的本地网客户经理，都八仙过海，各显其能，在市县层面上长袖善舞，如沐春风。

有时候，对于区客的管理，看上去似乎到了放任的程度。

在实际工作场景中，早期的很多华为区客，甚至一星期都不收发邮件，而是集中在一周的某一天统一处理邮件。一是因为时间确实紧张，有时候某一个区客，会跨州连郡地负责两个地市甚至多个地市，很多时候在某个地方刚搞完业务就又匆匆赶到下个目的地；二是因为华为严格到变态的信息安全制度，早期统一使用Nodes（后文解释）收发邮件。使用Nodes就必须用本地网宿舍网线连接笔记本电脑，才能接入公司内网。或者是在外网情况下，使用华为内部VPN接入内网。而后者的网络状况往往十分不理想。所以很多情况下，华为区客跟客户沟通都会使用方便外网登陆的Web邮箱，而不是跑回去使用内网。

在这种处理办公邮件十分不积极的情况下，区客们的直接领导往往也给予默许的态度，有时甚至代表处内部还会有一些不成文的规定。联系区客优先考虑区客的特殊工作环境，理解并主动为区客的工作创造便利条件。没有急事就短信留言，有急事尽量直接打电话，避免邮件往来。除非有内部重要紧急邮件需要回复。即便如此也会有专门的秘书或者文员对区客进行提醒，而这些负责提醒的秘书对区客的态度一般也都十分耐心和蔼，从心底里高看一眼。

毕竟，早期给区客们的授权，实在是超出了代表处大部分普通华为人，也不由得代表处的普通员工会对区客刮目相看。甚至有些普通产品经理、普通技服工程师，还会对区客有惧怕心理。因为华为内部投诉，客户代表就是华为内部客户，客户代表的投诉就相当于是客户的投诉，就是华为优先级最高的投诉之一。

行文至此，很多人一定会问了，华为的区客管理，怎么搞得像是在培养军阀？这样的管理方式，难道不会引发问题吗？

负责任地说，一般都不会。因为区域管理还有另外一个重要指标——结果导向。

对区客们工作过程的管理很难，而且在很多场合下都是区客在一线单打独斗，这样的管理最后只能朝着一个方向发展，那就是唯结果论。牛皮不是吹的，泰山不是垒的，是骡子是马拉出来遛遛。每个季度考核的时候，项目运作开标的时候，年底看销售完成率的时候，就知道平时谁在玩命发展客户，谁在偷懒睡大觉了。

所以，渔夫刚刚下地市做区客的时候，我的领导就曾经不无深意地告诉我，此一去，要么你就"放羊"了，要么你就打出一片天地来了。没人看得见你平时都在干什么，我们看得见的只有你的业绩。

"放羊"，又是一个带着鲜明华为特色的词汇。庆幸的是，渔夫当年没有虚度光阴，也没有"放羊"。那时的锤炼，都成了今天渔夫在职场立足的底气。

有了灰度，有了唯结果论，依然还不够。华为的紧箍咒其实还有一道，那就是内审和内控。

关于内审、内控，后文还会专门讲到。

铁三角文化：最稳定的团队拓扑结构

野蛮生长期的华为，提倡客户关系是第一生产力。因此客户经理在一个团队中被赋予了很宽泛的权力，而一旦有比较大的销售项目来临，客户经理往往也成了实际上的项目组组长。如此照方抓药，持续了很长一段时间。

终于有一天，华为做到了"三分天下有其一"，并且再接再厉，逐步成为国内通讯业界老大。很显然，不断片面拉高客户经理地位的粗放式做法，已经不太能够满足新形势下市场环境的需要。

这个转折点，发生在21世纪第一个十年期间。于是，华为与时俱进，提出了"铁三角"的说法。

首先，对于一家公司的驻外代表处来讲，不管是国内还是国外，剔除合同专员、物流专员、财务专员、秘书、文员等平台人员之后，最基本的作战配置一定是三个人——销售、售前、售后。当然，对于一些产品组成相对简单的企业来讲，可能一个销售还可以兼做售前和售后，但对于一家产品或者方案已经具备一定技术含量的企业来讲，三个基本人员缺一不可。我们换个角度来讲，如果给你授权帮助一家工厂去到一线建立办事处推广业务，最开始节省成本的人员投入方式，一定是先配备销售、售前、售后这三个人。如果在时间上稍微错开一些，那么售后可以稍微晚一点配，但这个人也必须有。

如上所说的销售、售前、售后，其实就是"铁三角"的雏形。

因此，虽然"铁三角"在华为提出来的时间较晚，但并不是一个新鲜事物，而是在华为人长期的革命实践中不断尝试和不断运用得来的一个最接地气的基本一线作战单元。至于说"铁三角"这个概念被正式提出，则是由实践至理论，把这套打法总结并固化了下来而已。当然，相对于市场大背景，也是弱化客户关系，将一线集团作战理念拔高到至高无上层面的一种尝试。

销售、售前、售后，用华为人的语言表述出来，其实就对应客户代表、产品代表、服务代表。将这个概念到海外市场推而广之，解释给老外听的国外版的"铁三角"，就是三R——AR/SR/FR（分别对应Accout Responsible，Solution Responsible，Fufilment Responsible）。其实无论怎么叫，都是换汤不换药，基本的理念内核都是一样的。

先把理论搞清楚，我们把时空背景再次拉回到野蛮生长期的华为。

拿本地网客户经理来说。客户经理在很多情况下空有一身本事，但往往跟本地网电信局的售后与维护人员搭不上杠。你跑到局方跟人家交流，总不能天天称兄道弟、东拉西扯吧，人家运维部主任跟你象征性、礼节性地探讨一个关于设备上线测试的问题，你也不能动不动就一个电话打回代表处，寻求二线售后工程师远程支持吧？如此看来，客户经理和局方技术型客户，天生就缺少这么一个沟通的媒介。

这个问题被及时地发现了，华为的本地网很快就配备了专门的服务销售经理。

所谓服务销售经理，顾名思义，实际上是售卖华为服务的地市负责人，比如卖网，优卖备品、备件等。然而实际执行起来，服务销售经理往往就和区域客户经理在地市层面上形成了一种互补的工作关系，因为区客没有交付和维护方面的技术型语言同局方交流，也乐于将部分技术口客户关系，交给服务销售经理来统一维护。或许我们这样讲，服务销售经理在某种程度上可以认为是当时的本地网客户副代表，这个类比应该是恰如其分的。

不仅在地市层面上，在省局层面上，华为代表处也设置了相对应的服务代表。所以说，铁三角中的客户代表和服务代表的关系是最基础的二元关系，这种关系也是最为朴素的。所以，值得我们探讨的是铁三角的第三角——产品代表。

当产品经理仅仅是产品经理，尚且没有被拔高到"产品代表"层面的时候，其实很多时候客户经理经常把产品经理给代表了。因为早期的华为国内市场部，客户经理被定义成专门负责客户的人，而产品经理则相应地被狭义化为专门负责产品与解决方案的人。当客户经理成为包打天下的超级英雄的时候，很显然产品经理就要成为客户经理背后的那个人，默默地为客户经理提供最为精良的武器弹药。

那么，为什么早期会有客户经理在客户界面上屏蔽产品经理的情况出现呢？

这个道理也很简单，因为客户经理是个万金油，基本上华为全系列产品线他多少都懂一些，每个产品线都可以在某一个特定客户来进行包装营销，只不过对于客户经理来讲，一旦抓住最初的商机，更详细的产品信息可能就属于他的知识盲区了，这个时候就需要专业性更强的产品经理出马救场了。因此，做销售项目的常态就是客户经理每天见客户，而产品经理则分布在不同的产品线，最多的时候在代表处层面一共有八个不同的华为产品线二线待机待命。一个客户经理会对应至少几个产品线的产品经理，而反过来讲，一个产品经理也有可能对应几个不同客户的客户经理。当销售项目启动的时候，就形成了临时性的项目组，客户经理和产品经理才会在客户界面上出现一个空前的交集。

所以，当时的华为客户经理与产品经理经常在一起聊天瞎侃，自嘲为"狼狈为奸"。毫无疑问，这个"狼"指的就是客户经理，而"狈"指的就是产品经理。

正因为从精力分配上讲，产品经理确实无法成为客户经理"万金油"似的人物，如果有一个能够熟悉华为所有产品线、产品方案的产品经理出现，那这个人要么是个天才，要么就是个典型的"半瓶水"。所以，华为早期确实没有专门提过"铁三角"，而只是从实用性的角度出发，见招拆招，出现了客户经理和服务经理的黄金组合。但在打项目的过程中，相辅相成、荣辱与共的"狼狈"组合就应运而生了。

华为"铁三角"这个叫法，2010年前后在华为客户界面上叫得非常响亮，而相应的，也最先在代表处层面上设置了产品副代表。直到这个时候，才有了真正意义上的华为"铁三角"的产品代表一角的专职人员。

所以，当我们看到华为"铁三角"这个概念型的东西的时候，千万不要生搬硬套，尤其是那些还在起步阶段的中小企业。"铁三角"这个理念的提出，是典型的华为已经具备相当大的体量之后才有的事情。如果我们要学，则应该学"铁三角"最原始的、最朴素的设置理念。

如此，才算是学到了"铁三角"的精髓。

AT/ST文化：精准化管理

"铁三角"的做法被强行植入到中小公司，大多数情况下是因为南方的许多小老板都被一些由草台班子建立起的咨询公司给忽悠瘸了。像"铁三角"一样被伪装成专业华为咨询的高级讲师们拿来大肆推销的概念，还有"AT/ST"。

很显然，这又是一个东施效颦的经典案例。

"AT/ST"会议的提法，同样是在华为占据行业内市场老大地位，并且销售增长也趋于稳定之后才开始出现的。所谓"AT/ST"，AT是指Administration Team，中文就是"行政管理团队"；而ST则是指Staff Team，中文就是"经营管理团队"或者"业务管理团队"。不管怎么命名，其实万变不离其宗，一线代表处总共就那么几条枪，叫什么名字不重要，最重要的还是要把业务做成。

所以，如今很多高举华为理念专业咨询的公司，其实就是浑水摸鱼，他们故意把一些高大上的概念拿出来灌输给中小企业的管理层们。等到这些没所谓的概念上的东西把水搅浑之后，就开始贩卖与兜售他们的理论套路，最后的目的无非还是为了赚钱。关键是，即便你搭上时间成本、经济成本费尽九牛二虎之力取到了这些华为的"真经"，就真的适用于你的组织建设吗？

"AT/ST"的概念，同样是出现于2010年前后，同样是华为组织运作已经十分成熟、套路打法十分有效、行业地位十分稳固的基础上才开始归纳总结出来的一些结论性的东西。换个角度来讲，华为并非因为有了"AT/ST"才会实现如今的成功，而是因为有了长期的成功经验，才总结出了这样的概念。如果你把"AT/ST"当作华为走向成功的金科玉律、不二法门，显然从根子上就会错意了。

所以，我们还是先要把华为时间轴调回到应该有的位置上，让我们来看看，当时一个典型的华为国内代表处的组织架构。

首先，华为代表处早期被严格切分成了市场部和服务部两个最基本的大职能部门，这一点，跟华为在本地网层面上设置区域客户经理与服务销售经理，有着异曲同工之妙。销售和服务是不分家的，"销服"这两个字在华为经常被放在一起组合使用，在此基础上，又出现了中国区销服体系、海外销服体系这样的叫法。

我们前文讲过异地化文化，对应到华为国内代表处的基本职能部门，市场部客户经理、产品经理大部分都是异地就职的，当然一些秘书、文员、售前专员等人则例外，他们往往是本地招聘的。所以同为市场部，因为异地化和本地化的区别，职位和待遇也有不同，甚至后者所处的公司组织都不尽相同（后文会讲为什么），有的甚至是挂靠在内部第三方公司的。

市场部大部分都是异地化的，而服务部则大部分都是本地化的。在华为代表处层面上，本地化本身就意味着你必须承受待遇上的降低。服务部本地化售后和维护工程师，长期以来被挂靠在一个叫作"山东华为"的组织下面，薪资和异地化的员工不同。然而，华为在管理上的高明之处在于，大多数本地化的服务部，服务部主任以及各个部门的一把手，又往往是异地化的。

不过综合看下来的话，不管是市场部还是服务部，在早期说了算的都是异地就职的外地人，而处理一些流程性工作和技术性工作的普通工种，则完全是本地招聘的。

服务部主任具备相当大的独立性，对代表处代表负责，当然也对中国区销服体系总部直线领导负责，他的作用基本类似一个位高权重的副代表的角色。不过由于代表处存在的主要意义是打项目，所以我们接下来还是重点说说市场部。

市场部的一把手叫代表，同时他也是整个代表处的代表。代表之下，早期设置有代表助理，相当于副代表。不管代表还是代表助理，多半是客户经理出身，而且多半是应届毕业进入公司的华为子弟兵出身。代表和代表助理（后来的代表，销售副代表、产品副代表、服务副代表架构）以下，会设置有系统部和产品部。

系统部也就是针对客户的专门机构，一般来讲，省会所在的省局有什么样的运营商，就会设置有对应的系统部。举个例子来讲，今天的华为代表处系统部设置，就一定会有电信系统部、移动系统部、联通系统部。一般来讲，系统部会设置系统部主任一名、系统部客户经理若干，后来又加入了系统部服务代表。具体操作层面上就是兵对兵，将对将。也就是说，系统部主任负责运营商客户的中高层，系统部客户经理负责运营商客户的基层，或者个别边缘部门的中层。

产品部这边，就是严格按照产品线来设置。曾经一段时间，华为代表处的产品部设置花样繁多，粗略统计一下，就有数通、传输、核心网、接入网、无线网、业务与软件等。这些只是基本盘，并没有算上隶属于服务部的服务销售，曾经间歇性存在的CDMA 450等产品线。尤其是在华为发展的过程中，曾经阶段性地拓宽产品线构成而进行过合纵连横，比如电源类的华为艾默生、安全类的华为赛门铁克、企业网类的华为3COM等等。

在系统部和产品部之外，有两个部门是不得不提的，那就是终端和企业网。说白了华为是做运营商起家的，他的主业就是通信设备，而主要的服务对象就是运营商。那么由此而设置的无论什么产品线，都是围绕运营商来做文章的。但终端和企业网，很显然已经脱离运营商销售的大框架了。虽说在大的分类上，二者依然没有脱离ICT行业大类的框架，但所服务的客户已经完全不是一个运营商所能覆盖的了。因此运营商平台之外，终端和企业网在代表处相对具有很大的独立性。

当然，早期的华为终端并非华为主业，华为手机等终端主要是走运营商定制路线。因此华为代表处的终端部门，很多时候仍然被视为之前所提到的各大产品线的其中一个，主要客户群体并没有脱离运营商的大范畴。

大的战略决策转折点，依然发生在2010年前后。

当时任正非对华为业务发展做出了重要指示，要求将终端和企业网提高到一个层面来进行运作，并且提出了三个BG划分的概念。BG，也就是Business Group，中文可以翻译为业务群。BG的划分是严格按照客户对象来进行分类的，所以至此终端和企业网也就彻底被拔高到了运营商同一个水平线上来进行运作。当时号称是运营商、消费者、企业网三大BG齐头并进。

话题扯远了，我们再拉回到本小节所讨论的内容。

总而言之，代表处市场部的架构，基本就是系统部、产品部，外加终端部和企业网。这些部门的主管，再加上代表和代表助理，实际上就是早期代表处办公周例会的主要成员。当然，旁听的人员中间一定还会有市场部支持人员，比如财务专员、物流专员等等。以此为基本架构，代表处早期根本不会有什么AT/ST会的区别。很多情况下，周一有一次销售专题会，周五有一次项目专题会，这都是代表处层面上的，也是以上所提到的与会人等都必须参加的。如果大会搞不定，就下来拉着相关人或者代表、助理开小会，要求是重点突出，快速决策。

一句话，当年草创时期的华为，在代表处层面上没有那么多流程和框架限制，更没有那么多业务弯弯绕，所有业务行为都是围绕可落地、可执行而来的，目的就是为了服务以运营商为主的最终客户。

那么，主题再次拉回到我们本小节的核心。

所谓ST会议，实际上就是当年的华为代表处业务办公例会。而所谓AT会议成员，则是从ST会议中选拔出来的，属于是人为圈定的决策层。这样的决策是建立在华为业务越来越庞大，组织越来越健全，流程越来越烦琐之上的。

对于如今模仿华为的中小企业来讲，过早地掉进AT/ST会议的泥淖，是十分不明智的。

呼唤炮火文化：让听得见炮火的人来决策

无论AT/ST会议，还是此前的正常办公例会，翻来覆去讨论概念型的东西没有太大意义，会议的主要目的很直接，就是快速决策、正确决策，决策之后要抓紧落实。因为华为代表处这一级组织已经是具备相当大的资源协调能力的基层作战单元，如果在这个层面上还要耽误时间，还要虚与委蛇，那就必然会使整个华为为流程上的低效买单。

从这个角度出发，我们也就更加容易理解此前所提到的语录文化中的那句来自任正非的名言——让听得见炮火的人来决策。

所以，处于野蛮生长期的华为，所深刻践行的一条真理就是接地气的决策。从根子上落实这一点，就是所有事情都是客户优先。客户优先，客户经理的发言权也就大过了天。

前面提到的，都是在讲公司的资源向客户经理倾斜，而在决策过程中，客户经理的意见也得到了充分尊重。客户经理往往在日常工作中对客户表现得彬彬有礼，有求必应。但来到内部，客户经理则完全由小猫变成老虎，在内部会议中可以态度不好，可以藐视权威，甚至急眼了可以拍桌子骂娘，其他部门的同事敢怒不敢言。因为内部官司打不清楚，清官也难断家务事，最后如果冲突起来，上升到领导层面，早期的华为领导往往会刻意"偏袒"客户经理一方。其他部门的同事，也都熟悉领导处理问题的方式，因此索性就处处让着华为的客户经理们。更何况，客户经理们手中资源丰富，各种市场费用，各种调动车辆的自由，兄弟部门即便在平时，也隔三岔五都能从他们这里获得便利，遇到事情又何必大动干戈呢？因此，早期的华为代表处，几乎就是客户经理们的职场乐园。

讲到这里，我们也就解释了此前第一章中的一个疑问——当时渔夫提到，国内市场部的应届毕业生双向选择客户线和产品线的分野，为什么还要在内部进行一次面试。

答案太简单了。国内市场部男同学，几乎百分之百都选择了客户线。

客户线在客户侧西装笔挺，豪气干云，在内部吆三喝四，说一不二，看上去实在是神气极了。但客户经理的痛，也只有他们自己知道。等到内部搞不定事情，被五花大绑推到客户面前受审的时候，客户经理就达到退无可退的地步了。所以，客户经理在内部是最没有耐心的，一方面是客户给的压力巨大，另外一方面则是华为文化中赋予的呼唤炮火的授权。

我们不妨再回头看看此前的客户经理、产品经理的人设，渔夫当时用了一个词——狼狈为奸。是的，产品经理们自认是"狈"，那也是多了一份对客户经理的尊敬。大家在狩猎的时候是兄弟，狼狈一起打到猎物，狼能啃一口肉，狈就有一口汤喝。然而，当狩猎出现闪失，猎物有可能跑掉的时候，狼综合判断局势，推动狈去拿到更多狩猎资源，狈也必须心甘情愿地唯狼首是瞻。

如果说狼狈是兄弟，多少还带点一起战斗的革命友谊，那么从产品经理的角色再往后端推，服务与研发岗位就必须承受来自客户经理的猛烈炮火了。在很多情况下，有两种来自客户的需求是非常紧急的：一种是在网设备的故障问题，一种是新销售项目的竞争问题。这两种问题的第一责任人，都是客户经理。因为只要是客户侧的问题，事无巨细，第一责任人都是客户经理。只不过这两类问题，对客户经理来说更加性命攸关。

这种涉及关键性指标的，需要协调代表处甚至总部资源的会议，一般来说组织者都是产品经理。客户经理和产品经理在分工上，多半分别唱白脸和红脸。在很多情况下，会议开始之前，客户经理一般都要和产品经理有一个大概的彩排。说是彩排可能都有点美化了，因为客户经理经常就是一句话给到产品经理：兄弟，需要我什么时候出来骂街，给个暗示就好。

客户经理的态度，就代表客户的态度，这在华为是铁一样的认知。客户经理跺跺脚，代表处就抖三抖。

呼唤炮火的执着，其实是华为给客户经理训练的一种本能，不仅是对内、对客户，对竞争对手也是如此。这种本能概括为八个字——不达目的，誓不罢休。搞不定项目就找客户死缠烂打，搞不定基层客户就找客户主管，搞不定客户主管就找客户主管的主管，最后找到客户的一把手。无论找到哪个层级的哪个客户，华为都有负责该客户的客户经理，层级逐级上升，最终达到搞定事情的目的。

关于这一点，我们后文还会提及。

随着时间的推移，华为内部流程的逐渐固化，实际上，今天的华为在组织层面上赋予客户经理的特权已经越来越少了。更多时候，承担呼唤炮火任务的可能是"铁三角"，也可能是代表处AT，当然也有可能是按照流程节点规定组织的某一次项目专题会的会议结论。只不过，呼唤炮火的传统和习惯，已经深深渗入了代表处这级组织的骨髓。

呼唤炮火的精神在，华为就能永葆如当年一样的青春活力。

流程文化：精细化运营

华为在流程上的固化，其实也是无奈之举。

华为在运营商侧的江湖地位趋于稳固，业务增长趋于稳定时，也是我们向华为个人英雄主义时代说再见的时刻。华为的机构越来越庞大，部门越来越臃肿，人员越来越如过江之鲫，这个时候比快速业务增长更加棘手与迫切的一个问题就是管理。此前的华为机动灵活，一线授权高到吓人，随同客户起舞迅速，且一动全动，命令的传递与下发都是从上到下无缝承接。

但这样的状态并非一个终极状态，它必然是一个过程状态。所以，今天的华为，外界看到的只是复杂的流程。

其实，华为的流程之复杂并非今天才有的。即便在当年，华为的各种流程也是明显区别于其他普通公司的一个重要特征。然而，华为成功的秘诀，却并非严格强化流程。恰恰相反，华为的成功来自各种打破流程。流程之外，私设公堂，先斩后奏，随机应变，成了华为早期发展的重要特征。

举个例子，就拿出差申请流程BTA（Business Trip Application）来说吧。

按照流程规定，员工必须先提交BTA，主管审批通过之后才可以出差。但是在华为早期，尤其是代表处层面上，只要是跟业务有重大关联的出差，只要是代表处代表一句话，刀山火海、千里万里、一掷千金，都要马上出差。就算是出差可能无效，该出的差也必须出。尤其是在面临重大项目竞争的情况下，所有流程、所有条条框框都是假的，拿到订单才是真的。至于BTA，等到出差之后再补，完全来得及。

当然，有一些流程，根本没法用后补这种方式来跳过。

线上走不通，就走线下。

华为在运营商业务高速增长时期，曾经有一个工作联络单制度。工作联络单是什么意思呢？就是线下特批流程。

比如，有一个授权，可能已经超过了代表处代表的权限，但是如果没有这个授权，就会在一线丢掉一个重大项目，或者耽误一个重大机会的进入。如果走线上流程审批，走完可能黄花菜都凉了；即便走线下流程，要知道华为的高层领导日理万机，大多时候是在飞机上，也不是说联络就能联络到的。因此，只要是一线判断这个事不得不干，那就直接干。工作联络单的意思就是一个备案，将当时的情况以及情况之紧急描述清楚，主送谁，抄送谁，报送谁，密级多少。如此一来，等于是有了一个先斩后奏权。事成之后，就可以一步步补流程、补审批了。

当然，说到这里，可能会有很多人出来反驳渔夫，说在其他公司同样有这种特事特办的情况出现。但是渔夫想要表达的意思是，华为早期的代表处，真的是能够掌握决策权的机构，而不是反过来，成为总部的延伸机构、执行机构。

不用说其他公司，我们不妨来看看今天的华为。

华为在2010年前后，上线了一个iSALES流程系统。这个系统的主旨，是想把所有市场端、代表处端的销售活动进行流程化和模块化。这个动机是不错的，从宏观层面来讲是一个打通全流程的想法在支撑这个系统。这个全流程，被叫作LTC。那么什么是LTC呢？就是Lead-to-Cash，从一个项目形成线索开始，一直到项目机会，项目投标，项目中标，项目交付，项目验收，项目回款。到回款完成为止，一个标准的销售活动宣告闭环。

于是，对于华为的客户经理来讲，他们的工作也就可量化甚至可视化了。比如你今天去拜访高层客户，听说客户有一个明年新建无线基站的想法，但是这个想法还没有形成任何书面结论。这时你回去登录iSALES系统，将这个线索录入到系统中，这就算是一个销售线索了。也就是说，LTC的"L"已经出现了。

但是，这只是一个开始。有了L，就会有ML。

什么叫作ML呢？就是管理线索（Manage Lead）。这个动作的执行者是客户经理，但是这个动作同时也在系统中传递给了你的主管、销管、流程经理。于是在系统的主导之下，你就要回答这个线索能否最终转化为机会（Opportunity）。可能在这个过程中，你会被各种系统背后的眼睛所注视，被系统背后的销管所催促，最终目的就是要看这个线索能否成功转化为机会。如果你通过无数次地拜访甚至引导，最终从客户那里拿到一个肯定的答复，那么这个项目会在今年立项并成功拿到预算，明年一定会有一个新建基站项目。于是，客户经理又回到办公室，将线索的信息补充完全，并且启动MO流程，也就是管理机会。

以此类推，由ML到MO，最后一直跨越千山万水，到最后的回款。从理论上讲，这是多么好的一个理念啊！

然而，华为早期的销售成功之道，是灵活和授权，而这个iSALES的基本理念，是教条和管控。客户经理从以前的英雄好汉，终于成功转型为一颗螺丝钉，成为被销售管理、项目经理，甚至流程经理不断鞭打着前进的一头老黄牛。

即便如此，我们不妨去调查一下，如今究竟有多少深圳的中小企业在强化学习华为的iSALES呢？又有多少小老板熬白了头去研究如何ML和MO呢？不得不说，这一套适合今天的华为，未必适合今天的你。

公道一点讲，严格流程管控，华为早期也是尝到过甜头的。比如，研发体系的IPD（Integrated Product Development）流程。

IPD的名字很高端，但实际上跟此前所讲的LTC流程的理念大同小异，都是把一个很宏大的流程分割成不同的子流程，每一个子流程都模块化。从一个模块出口到下一个模块启动，最终形成一个完整的新产品发布流程。

具体点说，华为IPD就是把整个流程细分成了概念、计划、开发、验证、发布、生命周期等可量化的模块。从一个流程模块到下一个流程模块，中间有若干关键动作节点，通过系统来推动这些关键动作的执行，比如会议，比如验收，等等。

华为IPD，从源头上保证了华为产品与方案的强大。关键是，这一套系统并不以人的意志为转移。就算你是一个技术大拿，你能够搞定很多别人搞不定的事情，但是只要流程在，华为就不怕短期个别人才的流失，依然能够保证产品的质量不受损害，新产品的上市不受影响。凭借这套IPD系统，华为保持了多年以来稳定的质量，也为前端销售人员提供了强大的自信心。

不过我们反过头来想，对于中小企业来讲，研发可以用流程监控和固化，销售可以吗？

销售和研发的一个重要区别，在于销售人员的创造力。一个没有创造力的销售人员，一个只会执行教条的销售人员，不可能为企业带来跨越式的发展。要知道当年的华为只不过是混迹于一众小通信设备厂商中间不起眼的一个国产厂商。如果没有强大的销售团队来支撑华为不间断地突破封锁、攻城略地，直到"农村包围城市"；如果销售团队只是教条地执行公司给的条条框框，只是不求有功但求无过，华为最终可能也就"泯然众人矣"，甚至于被淘汰出局了。

没有那些一流的销售理念和销售团队，谈何后来居上？

所以，流程对于华为来讲，是一把利器，又并非一把利器。当年的跳脱流程是利器，今天的严守流程也是利器。只有理解了流程对于华为的历史和现实作用，我们才能够正确看待华为的流程文化。这样的启发才是千金难买的财富。

例会文化：习惯成自然

　　早期的华为没有被流程所束缚，但是华为从诞生的那一刻起，就是一个非常重视会议的公司。流程之外有会议做牵引，会议之外有流程做规整，这样的二元体系才算是代表处蓬勃发展的稳定状态。

　　代表处的会议，除了各部门的部门会，跨部门的联合会，项目投标时的项目分析会等等，还有大量的会议属于例行会议，其中有周例会，有季度例会，当然还有年会。

　　对于国内市场来讲，例会文化是非常重要的。

　　首先来讲，销售周例会是最直接、最接地气的一次代表处主管会议。从华为总部到代表处，中间可能会存在着各级组织，纵向的横向的都有，但如果涉及总部政策落地，周例会就是最好的载体。我们换个角度，华为的一道决策或规定，从任正非开始一直到最基层的客户经理，可能只需要二十四小时，华为人的执行速度之快、执行力度之强都是渔夫在职场这么多年来所很少遇到的。

　　销售周例会的组织前面已经有所涉及。一般情况下，销售周例会的汇报维度都是以客户为主线，或者说，以系统部和区域为主线。这样的话，以客户为主线，其他所有部门都要列席参加，中间无论有何种需要兄弟部门配合的情况出现，都可以现场进行有效决策。当一件事在代表处层面上搞不定，需要把事件进行升级，则需要指定责任人，保证"谁家的孩子谁抱回去"，下次会议或者会后再另开小会进行后反馈。

　　令人印象深刻的是，华为对每一次会议决议的议题、议程、决议过程，以及会后责任人安排的完成时间，都有着近乎苛刻的要求。华为内部最为痛恨的会议文化就是"会"而不"议"，"议"而不"决"。可能一场周例会的持续时间少则两小时，多则三四个小时。所有的议题清单都必须提前发出来，有时候不仅是以邮件发出来，甚至要求以短信群发的形式发出来，让每个人大概地知道今天上会的议题是什么。这样一场会议下来非常高效，并且所有议题都必须有决议，而不是轻易放过，有决议就必须有责任人和完成时间。而一旦会上确立了责任人和完成时间，就是一诺千金，会后就会有专门的销售管理人员进行追踪解决，尤其在下一次上会之前，销管们甚至会挨个打电话询问进展。在此基础上，就又形成了下一次会议的议题。

和周例会的政策落地功能不同，季度例会的组织，无论从形式到内容都有所不同。

首先季度例会顾名思义是在某个季度结束，下个季度开始前进行的，目的是总结上个季度的成败得失，以利于下一个季度工作的开展。也就是说，季度例会，就是专门用来回顾、展望华为一个个考核周期的利器。早期的华为考核比较简单粗暴，一个年度划分为四个季度，每个季度制定季度PBC，而考核选项只有四等——A/B/C/D。到了后期，为了适应很多运营商大项目的决策周期之漫长、决策流程之复杂，慢慢改成了一年只有上半年和下半年两个考评周期，而考核选项也相应地增加了一个B+，被分成了A/B+/B/C/D五个等级。考核周期虽然被调整成了上下两个半年度，但季度例会的组织特色则被完美继承了下来。

对比周例会，季度例会往往具备更强的仪式感，一般会跳出代表处的会议室束缚，在代表处驻地省会城市选择一些华为协议酒店举行会议。当然，有时候也会跨省，甚至会上山下海，选择一些山清水秀的清幽之处闭关开会。

季度例会一般是以产品为维度进行汇报的。也就是说，周例会为了贴近客户，是系统部和区域轮流汇报，而季度例会的性质多半是为了内部总结与激励，于是在逻辑上也改成了以产品部为主轴。产品部为主轴，旁听的则又成了客户线。客户线和产品线的这种交叉汇报机制，是华为例会文化中一个鲜明的特点。

季度例会的另外一个重要功能，就是表彰先进。

华为内部很少有负激励，也就是说，做好了奖励，做不好也绝对不存在搞不定事情就要被罚款或者处分的情况，除非在极端情况下你触犯了公司"高压线"，又或者你直接被末位淘汰了。当然如果是这两种情况，那么也就不存在正激励或负激励的问题了，因为连耐心和机会都不会再给你了。华为的这种风格，其实是典型的南方私有企业风格，业界其他公司也都在深刻学习并践行。

因此，华为季度例会的颁奖仪式会非常隆重。

　　就渔夫当年观察，奖金少的有两三百，多的有两三千到五千，甚至一万的都有。但在如此花样繁多的颁奖中，你必须学会甄别，尤其是新员工。因为颁奖颁到最后，你会突然发现，得奖的人才是大多数，没有得奖的人才是凤毛麟角。虽然已经做到了雨露均沾，但奖项本身的级别差别很大，有些是代表处内部自评的，这些奖项往往带着非常浓厚的内部平衡和内部鼓励性质，这也是中国几千年儒家文化的特点。从代表处级别奖项往上走，还会有中国区系统部大T奖，中国区销服体系奖，乃至全球销服体系奖。

　　渔夫有幸，曾经拿过全球销服体系的大奖，那种殊荣，确实刻骨铭心，至今难忘。

　　周例会和季度例会之外，再有就是年会了。未能免俗的是，华为的年会跟全中国所有年会的形式几乎没有任何区别。

　　无非就是员工表演节目，平时默默无闻的秘书、文员小姐姐们挑了大梁。中间抽奖环节，有人欢笑有人愁，有人为年会鞍前马后，啥奖没有，有人躺着躺着就被送上了领奖之路。当然，不管怎么折腾，千万不要为眼前的其乐融融、领导们与民同乐所迷惑双眼，能够让你在华为立足的，只有你的业绩，跟其他无关。在有业绩的基础上，你才能跟领导们套套近乎。

　　年会上借着酒劲儿跟领导们打成一片当然没错，但如果借着酒劲儿，嘴上没有遮拦，不是对灯发誓就是豪言壮语，甚至胡言乱语、乱动感情，这样的情况就完全没有必要了。

　　华为内部基本都是年轻人，包括领导，也不老。人都有年轻的时候，每个人年轻时，内心都是愤怒的。

　　然而，年轻的时候，多让别人看到你的激情，而不是愤怒。

　　这才是王道。

培训文化：活到老，学到老

让年轻人愤怒的内心少安毋躁的好方法——培训。

在所有渔夫所经历过的企业中，华为的培训组织是最严谨的，最有效的。

在很多企业中，培训这件事情基本上等同于灌输，指派性、指标性、政绩性的灌输，这些形式主义害死人。虽然有很多企业也在模仿华为，比如凡培训必分组，凡分组必有组内讨论、结论分享，有时候还会有照方抓药的组间竞争。然而，很多时候大家都只是在模仿形式，没有摸到培训的精髓，表面化、程式化的一些东西反而令人心生厌倦。

培训的根本意义，就是要学以致用。任何为培训而培训的形式主义，都是要流氓。

然而，培训又确实是折磨人的一项差事。普通人的全神贯注，大概就只能持续前二十分钟。调动所有人的情绪，让他们聚精会神地坚持一天甚至两三天的培训，是一项十分有挑战性的工作。

从制度上说，华为的培训是双向负责制。

学员方面的组织，是代表处方面来负责，代表处设置有专门的培训专员，其实也就是由文员来担任。培训专员对学员们的出勤率负责。培训出勤率关系到培训专员本人的考核，也关系到代表处的考核。因此，学员无缘无故不许请假。

这个事情是十分严肃的。

然后是培训老师的组织。一般的培训老师都是兼职，主业是挂靠在自己背后的业务部门，但是作为讲师的关系挂靠在华为大学。华为大学的讲课任务，也作为讲师们考核的一部分，因此讲师们对这件事情的重视程度也是非同小可。

就具体组织形式来讲。华为的培训跟其他公司大同小异，比如分组、起组名、组内配合、组间竞争这样的形式是最常见的，那种刻板的培训确实是比较少见的。

区别在于，华为对于分组这件事情是十分重视的。因为好的分组和竞争，能够活跃课堂气氛，能够让所有人在相当长的一段时期之内都保持对课堂的专注度。一群随时跃跃欲试表现自己的学员，再加上一个擅长调动课堂气氛的讲师，这是华为培训中的常态。而且华为大学的后勤也足够给力，往往讲师们出发之前，都能够随身带着一些课堂道具，比如随堂小礼品，比如最终优胜组颁奖用的奖品，等等。

当然，这也得益于华为大学多年以来对于讲师的反复甄选，一些业务做得好的员工未必适合做讲师，能够做讲师的除了业务不错之外，必须具备一个能够把茶壶里的饺子倒出来的强大实力。所以，我们可以看到讲师的人员组成中，有的是具备长期一线作战经验的指战员，有的是在对华为理论经典高屋建瓴的学院派。当然，必不可少的就是一些老员工、老专家。渔夫记得其中有位老员工，当年的工号是二十多号，虽然业务能力存在上限，但他却是跟随任正非创业起家的少数几个人之一。这样的人现身说法，下面的学员也是倍感新奇，生怕错过他在课堂上所讲的每一个细节乃至花絮。

对于很多公司来讲，培训并没有被拔高到一个程度，以为差不多就行了。偏偏华为，对培训的重视程度业界罕见。

渔夫所经历过的历次培训中，所谓的直接授课、分组传授只能算是常规武器，华为的培训课程中，还有很多压箱底的东西。比如，有个传统的课程《九招制胜》，这种类型的课程就是一半理论学习外加一半的场景演练。对于新员工来讲，经历过一遍"九招制胜"，就能够很快进入角色，知道整个甲方采购和乙方参与招投标的全流程，包括其中的若干关键点、关键动作。

这样的场景演练，只能算是开胃菜。更大型的场景演练，是红、蓝军对抗。红、蓝军对抗的演练，往往一天都无法进行完毕，可能要持续几天。

红军代表华为，蓝军代表友商，一般情况下这个所谓的"友商"，都被假想成了中兴。代表处的所有人员都一分为二，甚至一分为三，几个厂家进行竞标。当然，除了扮演厂家之外，还有扮演甲方的人员。扮演甲方客户的一般都是代表处资格比较老的人，或者主管们亲自上阵。

红、蓝军对抗是按照实际的场景进行模拟的，因此具备非常强的实战属性，而在红、蓝军对抗的过程中，也能够发现与选拔一些在对抗中表现突出的先进个人。

一般经过至少两天的客户拜访，最后都要有一个公开唱标环节。值得注意的是，华为内部红、蓝对抗，能够赢下标案的，未必是代表华为的红军。在很多时候，反而是蓝军能够出奇制胜。令人印象深刻的是，真正进入角色之后，华为人身上那种特有的狼性会被展现得淋漓尽致。在渔夫的记忆中，因为最后的竞标争吵得面红耳赤的案例很多。而且，对于开标结果不服气的，甚至还会继续对抗，要求客户组织二次投标，甚至对开标结果进行投诉。

殊为难得的是，华为的这套培训机制甚至被推广到了海外代表处。渔夫在海外，曾经参加过海外版本的红、蓝军对抗，全英文环境和全英文背景材料，针对的标案也都是海外市场场景。

除了以上提到的培训方式，华为还和其他很多公司一样外包一些培训，比如拓展训练这种形式，就是完全外包给了外部培训机构。然而，拓展训练这种培训方式，渔夫却一直不怎么感冒。而且对于华为公司来讲，参与这样的一些培训，其实是把自己的格调搞LOW了。只不过话虽然是这么说，但拓展训练是当年的潮流，该搞还是要搞。就渔夫本人来讲，参加过的拓展训练就已经不少于三次。其中的一些所谓经典项目，比如"信任背摔""穿越火线""胜利墙"等等，简直熟到不能再熟。然而，对于这种培训方式，渔夫本人觉得，效果并不怎么好。

对于很多公司来讲，或许华为的各种培训显得太郑重其事，太小题大做了。

但是华为就是依靠这样的培训精神，每一次都力争把模拟当成实战来对待，最终当真正的业务实战来临的时候，才会使每一个人都成为自己的英雄。这样的一群精神力爆棚的华为人组合在一起，你很难想象他们所迸发出的力量。

华为是一个有着部队化倾向的公司。因此，华为的销售，是被当成战争来对待的。既然如此，代表处的培训，也就相当于平时的备战与演习。

培训得力，最终的结果才是——

敢打仗，能打仗，打胜仗。

第三章

客户文化：弄潮

前文提到，客户关系是第一生产力。

这句话的确影响了几代华为人，成为华为早期的经典口号之一。

关于华为对客户关系的精益求精，我们抽丝剥茧，慢慢打开来看。

客户关系文化：客户关系是第一生产力

笼统来讲，华为对客户关系的定义分成三个层面——组织客户关系、关键客户关系、普遍客户关系。这三者是存在互补关系的，比如组织客户关系就相当于一栋房子的屋顶，而关键客户关系则相当于支撑屋顶的柱子，普遍客户关系则是这栋房子的基石。

三者缺一不可。

所以，就出现了我们前面已经提到的那种现象，华为对客户关系的拓展，在代表处层面是典型的"兵对兵，将对将"。也就是说，代表处必须像家庭关系中的丈夫、妻子一样，做到客户关系的时间、空间无差别覆盖。

就拿代表处电信系统部来举例子吧。

首先我们先要将整个省电信公司的所有跟华为有关系的部门横向打开来看，一般来讲，基本分类会有建设部、采购部、市场部、运维部、财务部等等。那么很简单，系统部的几个客户经理与服务经理，就会先从横向上把几个部门分掉。比如客户经理A负责建设部和财务部，客户经理B负责采购部和市场部，那么服务经理就对口运维部。

横线上划分已毕，就轮到纵向上划分了。

首先客户经理这个级别，只能负责到部门工程师这个层面。换个角度而言，这就是典型的普遍客户关系，必须由客户经理进行主导。而各个部门的主管，原则上就需要华为代表处系统部主任来负责。当然也有例外，比如非关键部门的部门主管，如果恰好跟客户经理A比较聊得来，两个人堪称莫逆之交，那么系统部主任也不会横刀夺爱。

由部门主管再向上走，就是电信公司的总经理，副总级别，原则上讲，这些人也是由系统部主任覆盖。但不排除个别情况，就是很多电信公司老总点名要求华为驻地代表处代表出来跟自己对话。在这种情况下，就必须是代表本人亲自出马了。各个科室的部门主管，外加副总、总经理，这些人的客户关系，统称为"关键客户关系"。

最后一个名词就是组织客户关系，这个概念其实有点难以理解。

我们简单来讲，组织客户关系体现的是华为在整个电信省公司的形象问题，换句话说，是华为这个品牌在建设部、采购部、运维部等这些电信省公司关键部门的影响力。一个人说你好并不能代表你好，如果所有人都说你好，哪怕那些平时不说你好的人，也不太敢在公开场合诋毁华为了。我没法保证在关键场合你能站出来挺华为，但我至少能够保证你在关键场合不站出来害华为，这也是一种胜利。

举渔夫曾经亲历过的一件事情来讲，当时华为在某代表处，曾经联手某电信省公司组织过一次中高层领导培训班。副总带队，几乎所有地市副总随行，来到某旅游胜地参加为期三天的培训。关键是，华为这边也不含糊，由厂家出面组织了大批优秀培训讲师，这里面有擅长讲领导力的，有擅长讲协调力的，讲师之中甚至还包括了央视"百家讲坛"的知名历史学者。这样三天下来，真正体现的就是华为和省电信两家之间的组织客户关系。其他电信普通员工哪怕没有亲自参与这件事，也一定能够感知到华为在自己公司的巨大影响力。

三层客户关系管理的理念，其实只是在框架方面给出了一个解决方案，还远远不能涵盖客户关系的运作层面。

运作层面，最出名的两个工具，一个叫决策链，一个叫鱼骨图。无论决策链还是鱼骨图，都是针对单一销售项目而言的，它一定是随着具体场景的变化而变化。没有一套决策链或者鱼骨图，是能够适用于所有销售场景的。

我们先来看决策链。

决策链是延续此前的客户关系框架而来的，只不过，在这个框架上，只有跟本项目有关的客户，而删除了跟本项目没有关系的客户。光有客户还不行，还需要对决策链上的客户进行简单的定义。比如把对该项目的决策影响力分成五级，分别用A/B/C/D/E来表示，这样也就区分了每一个客户在这个项目中的作用。当然，最重要的还是客户关系，于是又把客户关系分成了五级，用4/3/2/1/0来标识。这样一来，每一个客户名字旁边，就又多了两个标识性的角标。

值得注意的是，级别高的客户，决策影响力未必就一定高。如下图所示，比如最高级别的决策人一定是总经理张三，那么张三之外，可能最有分量的客户就是主管副总王五。王五以下，则未必是部门主管吴主任一定说了算，很有可能最后说了算的是下面的部门工程师钱九。作为技术方案部门一哥来讲，在很大程度上会左右最终方案的选择。即便不能左右方案本身的决策，如果钱九在项目的最终标案中加入了一些有利于华为的参数。这些参数可能只有华为才可以提供，而在很大程度上会屏蔽竞争对手，那么，钱九一样可以起到举足轻重的作用。

那么，如此一来，大家的工作就有方向了。

关键客户关系，张总经理和吴主任都没有太大问题。但问题在于可以在最终决策中起到影响作用的王副总和钱工程师。因此，接下来的工作重点，系统部的客户经理就是在王副总和钱工程师这里发力，加强拜访，提升好感，等等。

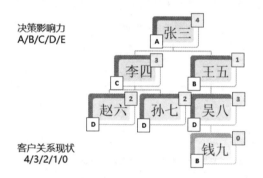

决策影响力与客户关系现状图

只不过，只有这些还不够。

对于一个典型销售项目来讲，搞清楚决策链只是解决了空间轴的问题。另外一个重要指标，毫无疑问就是时间轴，也就是在华为内部俗称的"决策流程"。决策流程，顾名思义，就是在客户一侧项目决策的关键节点，比如标前技术会议、标前技术澄清、发标、投标、评标、唱标、总经理办公会定标等环节。往往一些销售项目中，小厂家只是用来陪标的，因此很少有人关注决策的全流程。很有可能的一种情况就是，小厂家介入项目的时候就已经是投标阶段了。如果仅仅因为拿到标书就欣喜若狂，这显然是一叶障目，不见泰山了。

因此，有了决策链，就清楚了空间上的客户关系发力方向；而有了决策流程，则搞清楚了在什么时间该在哪个节点上发力。比如上文提到的关键决策任务张总经理、王副总和钱工程师。标前阶段的工作重点，一定是针对钱工程师。中间的评标阶段一定是王副总。那么最后唱标之后的总经理办公会，工作重点就是张总经理。

如此一来，一张清晰的销售项目工作沙盘图，也就呈现在我们眼前。

基于这张沙盘图，我们再来根据客户关系情况投入产品、服务、财务等工作的交流工作、引导工作甚至是诱导工作，我们的整个销售项目，才算是走向了华为规定动作。

反过来讲，如果是普通厂家拿到项目信息，第一时间就是以产品方案的推销为主轴，在此基础上配合相应的客户关系工作，这显然在逻辑方式上，就跟华为走向了截然不同的两端。至于最后的项目结果，已经是没有退路可言了。

说完决策链，我们再说一说鱼骨图。

其实，两者的逻辑方式基本一致，所不同的是鱼骨图更加直观。鱼骨图彻底打乱了客户一侧的组织架构图，转而用一种以实现销售项目成功为主要目的的方式，把客户侧的客户关系组成描绘出来。如下图：

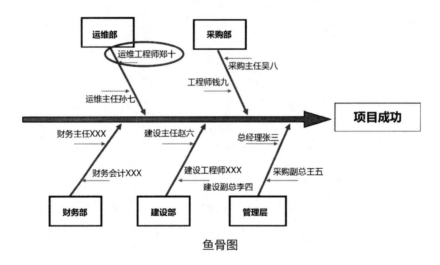

鱼骨图

在这张图上，我们更加清晰地表达出了所有客户关系对于项目成功的影响力。也就是说，谁距离项目成功最近，谁就最具备影响力；谁距离鱼骨图的主干更近，谁就具备更强的决策力。这样一来，鱼骨图就具备了比决策链更加直观的属性。

不仅如此，在我们此前的决策链图上，有一些非关键要素的人物，其实并没有出现在图中。比如，在鱼骨图上的运维部工程师郑十。然而，一般来讲，运营商项目的决策周期十分漫长，在此期间，华为的销售项目组需要根据实际情况来适时调整自己的进攻策略。因此，这样的决策节奏也就需要源源不断的来自客户侧的关键信息。不过不巧的是，往往位高权重的管理层，或者是关键岗位、敏感岗位的工程师们，他们不敢随意向厂家吐露一些关键项目信息。比如，某次客户内部讨论中，某领导曾经说出不利于华为的结论。这样的信息如果没有人及时通知华为，那么在项目运作期间，很有可能就会出现一个可怕的盲区。

如何避免这种情况的出现呢？

华为必须拥有大量的"信息员"，用英文来表达的话，可以被叫作"coach"，也就是教练员。这样的人往往并没有出现在鱼骨图中的重要位置，甚至可能连鱼骨图都没有上去，但是他们往往不吝于向关系好的厂家传递重要信息。比如，我们注意观察上图中并不起眼的运维部工程师郑十。郑十这样的人很多厂家都可能忽略他，但郑十手中却往往会掌握大量的即时项目信息。因为从客户侧的组织架构来看，运维工程师、采购工程师、建设工程师这三个人之间的项目信息，原则上是应该同步的。

至此，真相大白。销售项目的成功，重要的角色往往只有两种，一种是决策者，一种是信息员。

从这个角度而言，那些非常广大的空间之内，有些人并没有出现在决策链中，甚至没有出现在鱼骨图中，但是他们往往可以为我们项目的最终成功助一臂之力。这些人，甚至可以是总经理办公室门口的保洁员，因为他们清楚地知道总经理今天有没有过来上班，有没有空闲接待厂家。当然，这些人也有可能是客户大门口的传达室老大爷。因为老大爷比谁都清楚，到底是哪个厂家抢在了华为前面拜访了总经理、副总经理。

所以，客户关系的工作之深之广，细细品味起来，其乐无穷。

当然，对于客户经理来讲，尽管他们已经知道了决策链和鱼骨图的奥妙，但客户关系的工作千万不能围绕这些东西展开。因为客户关系的工作对于客户经理来讲是一个长期性、常规性的工作，客户经理所要建立的是一种类似于银行型的客户关系。客户关系的积累在平时，就像是我们在银行存钱一样，而客户关系的使用，则在项目期间，就像是从银行提取我们平时积累的存款。

因此，不仅是客户经理本人，就算是华为公司整个企业，基本导向都是围绕着培养长期客户关系来进行的。比如华为早期比较著名的CRM系统，系统内部就是日常录入的各种华为客户信息，这些信息可能细致到了客户们的生辰八字。而一旦客户的大名进入系统，你就可以经常收到华为总部寄来的《华为文摘》《华为人报》，甚至大量的华为方案宣传资料。如此关系一旦确立，客户也就会成为华为的长期营销对象，甚至是客户在单位内部屡次三番更换部门，都不会影响华为对该客户的邮件投递。这种坚持，确实让很多客户感觉到华为人做事之执着。

其实，对于客户经理来讲，他们最大的成就感，可能就是对于一些潜在合作伙伴的培养。有些应届毕业生进入客户非关键部门，但是因为和华为客户经理的某些机缘巧合，互相之间可能会拥有关系密切的私交。这种并非带着某种刻意的客户关系培养，跟客户级别无关，跟项目进度无关，甚至跟信息员的培养都毫无关联。而稚嫩的客户在新进入单位之后，可能在本单位也会遇到各种各样的困难，但在华为人看来可能举手之劳就可以帮其摆平。尤其是，这样的关键回忆，会出现在一名客户尚未掌握核心权力之前，只是单纯地喜欢同华为人建立一种工作之外的友谊。一旦有朝一日，客户一方大权在握，华为客户经理的好日子就来了。

这种客户关系培养方式，被称为"希望之星"之养成。

总而言之，华为的客户关系维护，讲究的就是"养兵千日，用兵一时"，最失败的客户经理，就是那种临时抱佛脚类型的。倘若一名华为客户经理经常出现这种情况，则说明这个人压根就不适合做销售这个行当。

关于客户关系的深层次探讨，比如其拓展方式和维护方式，我们将在接下来的章节中，缓缓铺陈。

陪客户文化：不要保姆，撕掉饭票

对于一名华为客户经理来说，最神圣不可侵犯的一句话就是，我正在陪客户呢。这句话一出口，哪怕是上司来电，你都可以理直气壮地拒听，更不用说其他兄弟部门。当然，这个论断针对早期的华为客户经理，尤其有效。

陪客户，是华为代表处客户经理的常态。

陪客户大概有几种情境，最普遍的就是工作状态。

华为客户经理往往会有很多业务同客户强相关，比如合同盖章、验收签字、催款回款，这只是常规活动。此外还有频繁的产品拓展、方案宣讲、关键客户拜访等工作。也就是说，华为代表处客户经理的很多工作，其实并不是在华为代表处办公室完成的，而是在客户办公室完成的。于是，很多代表处客户经理的工作日程，经常是早晨起床洗漱完毕，简单吃个早饭就直奔客户办公室。有时候，这种客户拜访是无目的的。所谓"有病治病，无病强身"，也就是说，有事没事都要往客户办公室溜达一圈。万一有一天你没有去客户那边转悠，而竞争对手的客户经理跑过去了，并且获得了价值连城的竞争消息，岂不是百密一疏？

换个角度看，如果一名华为代表处客户经理有事没事就泡在办公室，哪怕你只是为了表现自己的敬业，依然会被视为无能的表现。原因很明显，你见不到客户或者约不到客户，不是无能又是什么？

于是，很多代表处客户经理早晨哪怕是没有拜访客户的安排，也要刻意多睡一会儿，要么睡醒了直接拜访客户，要么睡醒了在代表处迟到半天，至少能证明你的业务还是很忙的，或者至少昨天晚上跟客户的业务还是忙到很晚的。

凡此种种。

所以悖论来了，一个敬业爱岗主动加班的客户经理，不是一个好客户经理。

不过，客户经理的功夫都在室外，而不是在客户办公室。这就是第二种陪客户的方式——业余时间陪客户。

说白了，客户都有自己的圈子，未必肯容纳你一个华为客户经理闯入自己的生活。况且，华为的客户经理往往都很年轻，跟本地客户都有代沟。即便是没有代沟，华为的年轻人们也往往都是异地就职的外地人，又怎么可能进入本地人的圈子呢？尤其是在中国南方，圈子里人人都说一口本地方言，你一个张口闭口普通话的华为小哥，怎么看都是个异类。

其实，这正是考验一名客户经理是否合格的关键。

如果没有这样的难度，华为用八个月的时间给你免费培训，又用代表处的各种资源帮你进步的意义何在呢？如果你只是像其他公司的一个普普通通的销售经理一样，又怎么能承担起华为客户经理这个千斤重担呢？

客户关系拓展，是华为客户经理的必修课之一。

其实按道理来讲，这样的课程压根就不应该开设，因为拓展客户关系应该是客户经理与生俱来的本能。如果连这点本事和套路都要教，那本身就说明这名客户经理不怎么适合干这行。当然，出于对自己客户经理从理论到实践，又从实践回到理论的不断升华，华为为客户经理提供客户关系拓展的理论储备，这件事情也并没有错。

大量的客户关系经典理论，其实都来自实战。

最早的实战，其实来自对年轻人追求妹子的考验。渔夫在进入华为时曾经被自己的导师安排过向酒店前台的女孩搭讪，或者跟饭店就餐的随便一个身边的路人女孩搭讪。当然渔夫也曾经做过别人的导师，我给我的客户经理学员安排的第一课，也是跟旁边随机的一个路人妹子搭讪并拿到联系方式。这样的岗前培训，其实是十分符合现实场景的，因为在很多情况下，你只有把客户当成自己的女友，你才能实现业余时间的"陪客户"。

所以，真相又被揭开了。你不用在意自己是否跟客户有代沟，你也不用在意自己是不是能够用本地方言跟客户交流，你只需要记住一点——只要把客户当成女友来追求，就没有什么办不到的事情。

追求女孩的第一招——投其所好。

很多人告诉渔夫，有一些客户是油盐不进的。他们刚正不阿、铁面无私，除上班时间之外，坚决不跟厂家的人发生任何形式的联系。实际上，这种情况往往是客户经理给自己找的借口。

从哲学上讲，凡人必有"三念"。所谓"三念"，就是贪、嗔、痴。人必有"三念"，所以只要识破三念，你必然有机会跟任何人接近。

贪念很容易理解，红尘俗世中的酒色财气，都属于贪念的一种，贪杯好色、贪财好胜都是贪念。有贪念的人，其实很容易结交。往小了说，酒色财气；往大了说，吃喝嫖赌抽，都是贪念。用华为客户关系拓展理论来定义，这些东西都属于马斯洛需求中最为低级的部分。这些东西未必是好东西，但却是任何人之间迅速拉近距离的媒介，对客户经理来讲是和客户交朋友的利器。

贪嗔痴中的"痴"，也很容易理解。就拿渔夫本人来讲，渔夫喜欢看球赛，不管是中超联赛还是欧洲五大联赛，只要是个球星或者豪门俱乐部，渔夫都能够如数家珍。所以如果想和渔夫做朋友其实也很简单，只要跟我侃一侃梅西、C罗就可以了。如果想跟我做好朋友，那也容易，再往深处跟我聊一聊当年的"战神"巴蒂斯图塔、"外星人"罗纳尔多。好朋友之上呢？如果你还能够由此而上溯到AC米兰三剑客、德国三驾马车，以至于当年的普斯卡什、迪斯蒂法诺。那么，咱俩就可以把酒言欢，促膝长谈了。

贪念和痴念都解释过了，唯独嗔念很难理解。为什么嗔念也可以算作人性的弱点之一呢？

我们抛开理论，直接看实战。

假设你作为一名华为代表处客户经理，经常出入客户财务部。为了按时完成回款指标，你经常有求于一位资深财务会计。不巧的是，这位资深会计是位大妈，关键是这位大妈无欲无求，既没有贪念，也没有痴念，甚至连广场舞都不碰，对你冷若冰霜不说，你连她身上的弱点都找不到。然而，有一天你突然发现，这位大妈最痛恨的，就是那些科室里面二十几岁花枝招展的年轻女同事，她会有意无意地对这些年轻女孩嗤之以鼻。

那么这个时候，困扰你很久的问题也即将迎刃而解。这位大妈显然有嗔念。

于是，你会暂时收敛起你的客户经理本能，对财务部所有的年轻女孩都保持距离。反过来，你会有意无意跟这位资深会计大妈一起聊天，点评一下现在娱乐圈那些歪风邪气，尤其是那些已婚夫妇的风流韵事。于是，话题渐渐转到了周围那些年轻女孩，你跟她一起指点江山，激扬文字，这个时候，大妈的嗔念也就顺势被释放出来。你和她之间，终于有了进一步发展客户关系的基础。

参透贪嗔痴，客户关系拓展的大概套路，也就万变不离其宗了。

当然，按照华为客户关系拓展的经典马斯洛需求模型来讲，真正高级的客户关系拓展，绝对不是最低端的吃喝玩乐这个层面。

由生理需求到安全需求，比如客户的工作，你能不能用华为的产品和方案帮助客户增值，从而让客户能够慢慢升职加薪，和你共同成长？由安全需求而社交需求，你能否帮助客户进入另外一个层面的圈子里面，让客户能够成为行业内的通讯明星、通讯达人？或者让客户能够接触到"百家讲坛"的老师？由社交需求到尊重需求，你能否帮助客户拿到华为大学的高级培训机会，让客户成为华为大学的客座教授？又或者你能否帮助客户联系到某名牌大学的MBA名额，让客户拿到梦寐以求的名牌大学烫金毕业证书？

至于马斯洛模型的最高境界，当客户自我感觉已经衣食无忧、功成名就、志得意满、拔剑四顾心茫然的时候，你能否适时地提出更高的人生理想？比如带客户去爬雪山，带客户去跳伞，甚至和客户一起考一个私人飞机驾驶证？

实现这些，才真正接触到了华为客户关系拓展的藏经阁中的明珠。

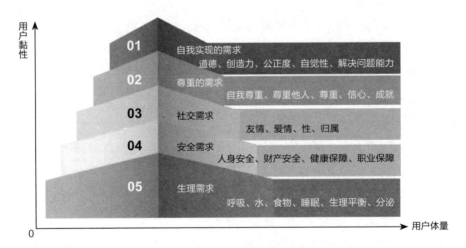

马斯洛夫需求模型

不过遗憾的是，绝大部分的华为客户经理，都还徘徊在最低端的层面。在此期间，很多年轻的华为客户经理，沦为了客户的"保姆"甚至"饭票"。这两种情况，都是华为内部深刻批判的反面教材。

什么是保姆呢？

客户的衣食住用行，你都熟稔于心，甚至客户的生日，客户老婆的生日，客户孩子的生日你都记得。只要是客户提出来的需求，你都想尽办法帮忙了。哪怕客户没有想到的事情，比如情人节客户需要给女友送花了，客户本人忘记了，但你却及时地想到了。你和客户之间，似乎真的成了挚友，推心置腹的挚友。然而，关系的建立是双向的。但悖论就是，华为客户关系的建立初衷却是单向的。也就是说，客户关系拓展的终极目的，不是交朋友，而是要你的客户为你所用，为华为所用。在重大项目中好钢用在刀刃上，最终帮华为实现项目成功。

所以说，如果有哪位客户经理说跟客户成了朋友，方向肯定就偏了。厂家和客户之间，永远不存在超越业务本质的友谊存在。

如果真有了很深的私交，问题反倒来了——在重大项目决策期间，你可以求客户理解你的苦衷让客户帮忙；客户也同样可以利用你们之间的私交，求你理解他的苦衷，如果真帮了你，那么在客户单位那边，他的名声就完了。如此一来，做朋友最后反而做出了反效果。

客户是典型的只愿称兄道弟，不愿担责任，这样的客户关系，聊胜于无。

同样的关系，反而成了客户自己保护自己的利器，最后你什么也得不到。但是关系已经发展到了这一步，人家毕竟是甲方，你说放弃也不是那么容易的。骑虎难下之间，你也就彻底成了客户的"保姆"。

"保姆"固然不好，"饭票"就更加愚蠢了。

客户经理一天到晚在客户办公室摸爬滚打，到了饭点一起吃个便饭其实很正常，不管是午饭还是晚饭。这样，客户经理和客户之间就有了很多一起吃工作餐的机会。当然，作为乙方来讲，为客户买个单也很正常。然而，怕就怕客户吃着吃着吃出了惯性，最后发展成了客户请他自己的朋友吃饭也要拉你一起，让你厂家做东。但这只不过是你搭台他唱戏，最后他朋友把人情记在他身上。至于客户是不是把他的人情记在你身上，我看未必。

因为客户非常清楚，作为华为客户经理，你本来就有市场活动经费。这样的花费，根本就是例行公事，常规操作。

最糟糕的情况，渔夫也见过。

渔夫的一位朋友，也是华为客户经理，对他的客户来说他只是一张能多次使用的饭票。常见的场景是，晚上到了十点左右，他的客户一个电话打给他：兄弟，出来一起吃个饭吧。十点了，还能吃什么饭呢？结果我的华为朋友打车疾驰到了现场，却发现一桌子的残羹冷炙，他的客户以及他客户的朋友们，酒足饭饱正在聊天瞎侃，只等着华为的这位小哥过来买单了。

陪客户陪成这样，简直是失败中的失败。

只是，不管何种陪客户的方式，华为客户经理的时间对客户都是完全敞开的。

当年渔夫的系统部主管，曾经每天都追问渔夫的业务活动，主题就是有没有"陪客户"。如果陪客户的话，有没有陪出什么花样。尤其是周末和小长假这些客户的业余时间，渔夫的主管就会提醒渔夫，赶紧带着客户们享受八小时之外的空间。所以，五一长假前夕，渔夫的主管就会追问，五一安排活动了吗？准备怎么陪客户？端午小长假前夕，渔夫的主管又问，安排活动了没有？有没有跟客户一起去看赛龙舟？中秋小长假前夕，渔夫的主管还是问，安排活动了没？有没有跟你的客户一起去阳澄湖吃大闸蟹？

只不过有一次，清明小长假，渔夫的主管追问渔夫有没有计划，渔夫终于忍不住回了一句：领导，要不我约客户一起去上坟？

然而，就是这样的刻板要求，刻板到极致的要求，才成就了华为早期的客户线，也成就了华为的国内市场团队，成为华为野蛮生长期最强大的战争机器。

酒桌文化：酒肉穿肠过，订单手中握

马斯洛需求模型里面，最低级的就是吃喝玩乐。

实际上，在中国，至少到今天为止，吃喝玩乐很多时候并不是真的客户喜欢吃喝玩乐，很多时候都是互相被绑架。也就是说，在大多数情况下，吃饭不是真的馋那顿饭，喝酒也不单是为了喝那点酒。所以，站在这个角度上看的话，渔夫此前的"贪嗔痴"三念的理论，也未必能够完全站得住脚。尤其是喝酒，喝酒多的人大部分情况下都不是真正贪杯之人。

古代人的意境，"青梅煮酒论英雄""李白斗酒诗百篇""武松三碗不过冈""酒逢知己千杯少"，那种大碗喝酒的荡气回肠，喝酒之余的文化气息，似乎只存在于古人的记忆之中。明清以降，中国人酒文化中的黄酒或者浊酒，慢慢被清理出了酒文化梯队，代之以高度数的蒸馏酒，甚至到了近代还被改造出了各种香型。这样的高度酒，最早只流行于古代下层人民中间，明清开始进入上层社会，并彻底成为此后中国酒文化的主流。

不得不说，这是中国历史给我们开的一次大玩笑。

然而，比这件事情更加异化的，则是酒文化中的糟粕慢慢取代了此前的精华，古人的那种"一壶浊酒喜相逢"再也看不见了，单纯为享受酒之醇香的畅快感觉对我们现代中国人来说似乎已经成为极为奢侈且遥不可及的事情。

酒文化渐次堕落为拼酒、劝酒、酗酒，以及酒桌上论尊卑，排座次。

于是中国人根本就没人在乎你喝的到底是什么味道的酒，我们只记住了某人能喝半斤，某人能喝二斤，我们只记住了我喝的是八十块钱一瓶的酒，或者是八百块钱一瓶的酒。中国人一场场的酒宴，似乎总能够让大家悟出点弦外之音。领导随意我干了，你随意我干了，不管是白酒洋酒葡萄酒，统统一口闷，似乎只有这样才能显示我对你的虔诚、尊敬或者卑微。

我们痛恨今天的酒文化，但我们每个人都摆脱不掉酒文化。我们喝醉酒上吐下泻，痛苦万分，但只要恢复如常，回到了人群之中，依然把喝大酒当成一种嘲笑别人兼带自嘲的谈资。

不以为耻，反以为荣，今天的酒文化，终于成了集中华文化糟粕之大成者。

从某种意义上讲，所有的现代中国人，都在被这样的变态酒文化所折磨。那么，对"陪客户"文化至上的华为而言，华为的客户经理们几乎不可能自外于这种变态到极致的酒文化。

渔夫所见过的华为国内市场部的客户经理们，酒场上个个都是英雄好汉。

渔夫当年参与客户线与产品线双向选择面试时，一位和渔夫同龄的一起培训的二营同学曾经不假思索地对面试官说，我家开酒厂的，我就是酒缸里泡大的，做华为客户经理是我的使命，也是宿命。

华为人的喝酒，经常被年轻气盛的客户经理们当作视死如归的一件事。别说享受酒文化，也别说低级的拼酒、劝酒了，华为的客户经理们几乎是用生命在证明华为人对客户的谦卑态度。

就渔夫本人来讲，当年参加过的最凶残的一场战斗，就是"团队协作"。

当时的客户老总盛情邀请，客户做东，一共有十个人参加了酒宴。凑巧，华为和客户，各自都是五个人进了酒场。这下，中国式酒局上最怕的一件事出现了——制造话题。一旦一件事情成了大家的公共话题，那么大家喝酒的借口就随之出现了。人情和面子面前，只要是被话题逼上了风口浪尖，不喝都不行。所以，一般情况下，酒场上谁话多谁就喝得多，这个几乎就是个铁律。那么华为团队与客户团队各自都是五个人的情况下，一个很有意思的话题就来了：我们搞一次"团队对抗"如何呢？

客户率先甩出了这个话题，华为显然不能拒绝。

渔夫第一次遇到这种情况，根本不知道这件事情的深浅。在我们答应完客户的提议之后，饭店服务员马上给上了两个喝扎啤用的大号杯子。然后，每个扎啤杯子里面，被现场倒进了一瓶一斤装的60度的白酒。当时白酒瓶子已经见底了，扎啤杯子还没有满，由此可见，客户组织这种游戏，已经不是第一次了。接着就是宣布比赛规则：五个人团队合作，排出出场顺序，轮流喝，接力喝完所有的扎啤杯中酒。

这样一来，就把年轻的渔夫逼上梁山了。

首先我不能让领导先喝，我也不能让产品线和售后主管们先喝。关键是，渔夫第一个出马打头阵，绝对不能少喝，要把困难消灭在最开始，同时要体现出自己身为华为客户经理的豪侠之气，不管对客户还是对内部。

当时的那个场景，至今历历在目。

渔夫一边喝，一边用眼睛的余光扫视着客户一边的"先锋官"——同样是个二十出头的年轻人，当然也足够"二"。他同样用他的余光瞄着我的举动，我不放下杯子，他也绝不妥协。第一个回合结束，我们俩几乎平分秋色，分别一口下去半斤多。虽然心里烫烫的，脑袋晕晕的，但是这样的场合输人不能输阵，还是要硬撑着不倒。肚子里已经翻江倒海，你还是要表现得闲庭信步，凭借的也只能是意志力。即便你难受，想睡觉，要呕吐，都必须要熬到客户和领导们都走了才可以。

这次之后，渔夫一战成名，外部被客户抬举，内部被领导高看一眼。只不过这样的高光时刻，却是用自己的身体健康为代价换来的。

国内征战多年，"酒精沙场""酒精考验"的渔夫，身体已经逐渐扛不住如此频繁的超负荷的推杯换盏。其实不仅渔夫，国内代表处还有大量的华为客户经理，他们用自己年轻的激情帮助华为攻城略地，同时也不可避免地被中国式酒场文化所摧残。

客户经理的职位，在外人看来光鲜亮丽，甚至还有很多华为内部的兄弟调侃，华为客户经理们酒池肉林、灯红酒绿、西装笔挺、挥金如土。但越是从事这种职业，就越是明白物欲横流的世俗社会之无奈。

所谓色是刮骨钢刀，酒是穿肠毒药。这句话，曾经从事国内市场客户经理这个行当的我，比任何人都更加心知肚明。总而言之，喝酒文化是华为国内代表处客户经理必须掌握的一项必修课。酒场上的辞令，酒场上的套路，酒场上的"团队协作"，你都必须心中有数。如果遇到任何有关客户关系、有关项目成败的重大场合，你必须能够"轻伤不下火线"，必须能够经得起客户和领导的考验，最后还能圆满完成既定任务。

这样的单兵作战要求，只属于那个人才辈出的英雄时代。

三板斧文化：大巧若拙

凭良心讲，喝酒文化不管你掌握得多么炉火纯青，这件事充其量只是华为对客户经理基本要求的下限。

对华为客户经理要求的上限，是"三板斧"。

三板斧，是华为内部非常流行的一个词，即便你并不是市场相关的职位，你也听说过客户经理的"三板斧"。只不过听过归听过，很多人只是挂在嘴边，他们并不知道三板斧的具体含义，而且也不清楚三板斧这套打法究竟应该怎么使用。

三板斧——公司考察，高层拜访，样板点参观。

三板斧并不是常规打法，从某种意义上来讲，三板斧类似于华为的战略武器。虽然华为人天天都在聊三板斧，但三板斧却距离每个普通华为人的生活很遥远。真正能够使用三板斧的场合，是面临重大项目决策的关键时刻，甚至是面临重大项目即将丢标的关键时刻，这个时候祭出"三板斧"才算是恰如其分。三板斧的执行人，一般情况下是客户经理或者系统部主任，在极端情况下也可能是代表和代表助理（后来的代表和副代表）。

我们先说总部考察。

华为的总部考察早期一定是去深圳坂田华为基地，后来华为在全国各地的各种名目的基地层出不穷，从很大程度上淡化了坂田基地的作用。然而，历史上最为经典的那些接待场面都出现在坂田。

标准的公司考察流程，一般包括展厅参观、高层会谈、生产中心参观、数据中心参观、培训中心参观、百草园单身公寓参观、贵宾楼用餐等等。根据需要，会适当加入研发中心参观、深圳外场参观、上海研发基地等其他城市参观。

我们以上列举到的项目都属于常规意义上的参观程序。实际上，华为所有的接待流程都是在细节上见功底。也就是说，硬件的强大实力只是震撼到你的观感，真正的细微之处才能震撼你的心灵。

比如从接机环节开始。

华为的接机人员通常是穿深色西装的小帅哥，这部分小帅哥也恰好对上了客工部实习的二营学员。换个角度，如果时空能够穿梭，多年以后带着客户到深圳总部考察的客户经理渔夫，同客户一出机场，迎面遇到的那个笑脸，恰好就来自于客工部培训时期的国内市场部新员工渔夫。年少版的渔夫，带着客户经理渔夫和客户，一边手拉肩扛着我们的行李，一边用手机跟司机联系，这样就可以保证客户刚刚走出机场大门口，就可以进入凉风习习的华为专车。

早一点不行，因为机场门口不准随便停车；晚一点也不行，因为可能会让客户等太久。要的就是恰到好处，考验的就是年少版的渔夫对时间拿捏的准度。

华为的车非常容易辨认，因为小车基本上就是奔驰起步，再往上走的话有高配版的雷克萨斯，再高端的还有加长版的林肯。如果人数比较多，则可能有七座丰田，人数再多的话就有丰田考斯特小巴。当客户进入车内，首先映入眼帘的是一位西装革履的司机，且还带着白手套。司机同样彬彬有礼，和整个的华为客工部风格整齐划一。坐在副驾位置上的，就是客工部时期的渔夫，他一般会在第一时间递上本次深圳考察的日程表。日程表必须细化到某日某时某分某秒，并且还在背面打印出深圳未来几天的天气预报。

一路上，客户不会觉得烦闷，因为二营学员渔夫会借机展示自己的导游功力。

事实上，在接下来连续几天的接待过程中，对全流程负责的就是这位客工部版的渔夫。作为二营学员，这样的年轻人非常尽职尽责，大到接机送机，小到订酒席，订酒店，车辆调度，酒店入住，参观安排，只要不是非得亲自出马不可的情况，客户经理版的渔夫往往不用对接待的细节操心，所有的衔接环节都会由二营学员渔夫来全部搞定。

来到坂田华为基地的第一项内容，通常是展厅参观。展厅参观环节其实也是由二营学员担纲主力，而那些专职讲解人员只负责S级（VIP客户）和A类客户，而B类和B类以下的接待都是由二营学员来完成。

客户踏入华为展厅大门的时候，客工部渔夫就会第一时间提醒展厅人员准备接待，所有人员肃立在自动扶梯两侧，面带微笑。这个时候在展厅前台会有合影环节，合影这段恰好就是留给所有展厅人员的准备时间。准备的不光是仪容仪表，还有有可能用到的展厅讲解用的耳机等装备，所有耳机必须按照一定的规律绕线，必须整齐划一地摆放在托盘里。

华为的展厅很大，带客户完整走一圈往往特别累，因此在展厅的末端，华为专门设计了带有沙发和智慧家庭的体验区。据说那个供客户休息的场所，所有的家当，包括一草一木一砖一瓦都是来自印尼巴厘岛的真材实料。

待客户休息片刻，第一时间通知二楼会议室的接待人员，准备二楼接待工作。于是带客户走电梯，到二楼一出电梯，就有笑容满面的礼仪小姐领路，这个时间的衔接也是无缝的。于是大家信步走进了会议室，会议室内早有挂名VP的公司高层恭候客户大驾，其他的无论茶水咖啡、会议材料、小点心、小礼品，一应俱全。

会议结束的时候，除了公司高层亲手交给客户的伴手礼之外，往往还会给客户人手一份带着精美相框的合影——还记不记得，当客户进入展厅的时候，那个故意让你留步，给展厅讲解做准备活动的合影环节？

没错，现场拍照、现场打印、现场装帧，最后热气腾腾地交到客户手上，这就是华为效率。当然，整个接待流程下来，你所看到的细节其实都是华为人演练过很多次的环节，这些细节体现的是华为人的高效、大气、严谨，还有对客户的奉若上宾。

这样的感觉，在其后的参观中还会不断闪回。

在数据中心，正当你在二楼百无聊赖地踱步的时候，讲解人员信手掀开背后的幕布，一个类似于中国航空航天发射中心的指挥大厅的华为数据监控大厅，会像变魔术一样豁然出现在你的眼前，那种视觉冲击力保证让你终生难忘。

在就餐环节，当客户拖着略带疲惫的步伐走到二楼的时候，贵宾楼二楼大厅穿着民族服装的华为版本"女子十二乐坊"，会在一片民族音乐的鼓瑟齐鸣之中对客户进行热烈欢迎。这个时候，我们的华为客户经理往往会适时地补上一句：我们老板说过，资源是会枯竭的，只有文化才是生生不息的。

一句话总结一下"三板斧"中的第一招——细节决定成败。

正因为对自己公司考察这一"板斧"的充分自信，往往在客户考察华为总部的时候，华为并不害怕中兴公司的客户经理会出来搅局。比如今天考察中兴，明天考察华为，这样的安排对华为客户经理来说，反而是求之不得的事情。

没有别的理由，因为没有对比就没有伤害，人比人得死，货比货得扔。

第一个"板斧"之后，就是第二"板斧"——高层拜访。

高层拜访其实很容易理解，当重大项目面临关键决策的时候，或者是战略市场需要重大突破的时候，或者是华为败局已定需要反败为胜的时候，华为高层就必须出马了。这里一定要注意，我们此时此刻提到的"高层拜访"跟前面公司考察的"高层拜访"并非一个概念。公司考察的"高层"一般都是VP头衔满天飞，与其说是高层，倒不如说是满足客户虚荣心的华为内部演员。然而，在重大项目决策之前出现的"高层"，则是货真价实的高层了。

如有必要，任正非亲自出马也不是不可以。

其实说白了，真正的销售项目铺垫工作，在高层拜访之前其实就已经完成的七七八八了。如果代表处敢于在电光石火之间放出"高层拜访"的大招，就一定是万事俱备，只欠高层。要知道，华为高层也是稀缺资源，尤其是上升到EMT（后边会讲）这个层面乃至任正非本人，他们绝对不是为你二十四小时待机的。所以说，在有限的单位时间之内，高层来了讲什么内容，怎么个讲法，最后要起到什么样的效果，都必须在此前全部理顺。等到华为高层一到，一张一页纸见方的"高层会谈材料"递到手上，半个小时之内熟悉完材料就能接待客户了。

"高层会谈"这一招，在华为内部还有其他变种。比如代表处内部也可以有"高层拜访"。如果说省局的项目，对应的高层是华为公司高层的话；那么地市和县一级的项目决策，对应的高层拜访，需要出马的就是代表处代表或者代表助理了。关键时刻，同样有效。如上文所说的高层拜访，来到展会期间，就变成了短期内集中性的"高层拜访"。比如，一年一度的通讯业内闻名遐迩的巴塞罗那通讯展（MWC）。

巴展期间，来华为展区参观的各国各地的客户几乎踏破了华为门槛，因此华为的高层也是严阵以待，每天的会客时段确实是用分钟来计算的。所以，巴展期间你就看华为展区的门口，各种眉头紧锁的华为领导，每个人手里都拿着一份高层谈参，在那使劲研究。只不过，这样的"高层拜访"已经算是高层拜访中的"流水席"了，所起到的效果一定是不如平时的。

高层拜访，是华为三板斧中的第二斧，我们还是用一句话来总结这一招——态度决定一切。

三板斧中的第三斧就是样板点参观了。

很多人不太理解"样板点"这三个字，这个倒是情有可原，因为即便在华为内部，样板点也有狭义和广义之分。

狭义的样板点就是样板点。

高端一点的如北京样板点。华为在北京二环以内买下了一套四合院，四合院里面用华为解决方案实现了最便捷的通讯，不管中外客户，对这个四合院样板点几乎是赞不绝口的。稍微没那么招摇的样板点，分布在各个省的省会，各地代表处资源共享，一样能把接待工作搞得风风火火。再往下走一走，还可以有偏远地区的原生态，比如当年搞CDMA450期间，西藏样板点、贵州样板点，这些都是名噪一时的好去处。

狭义的样板点，总是要放一点商务考察或者现场会的噱头。但是对于很多所谓的商务考察来讲，出行的目的未必就是考察样板点，关键在于跟甲方、乙方结伴出行，重在沿途的风景，而目的地反倒并不是那么重要了。用华为客户经理的视角来看，客户如果在客户自己的办公室接受你的方案洗脑，往往会有十足的主场优势，还会有"十万个为什么"一样的戒备心理。而如果换一种方式，尤其是调虎离山地把客户拖出客户的办公室，那么厂家的机会就来了。

道理是举一反三的。

对于广义的样板点来说，就没有了技术领域的限制。只要你愿意去琢磨去设计，在桂林、周庄、丽江，乃至在香港、迪拜、巴黎，都可以有华为的设备，有华为的设备，也就必然会有华为样板点。

我们把话题再拉回到此前一个章节中的场景，当时的系统部主任时不时就语重心长地对我说：渔夫，××节就要到了，有没有跟你的客户一起出行的计划？这句话其实换个句式也成立。渔夫，最近各种新技术新场景很多啊，有没有安排好客户的样板点参观呢？

所以，我们一句话总结华为的这第三板斧——思路决定出路。

正因为如此，我们再来审视华为的"三板斧文化"，就会发现这三板斧之间组成的强大的逻辑内核——总部考察、高层拜访、样板点参观，分别对应了三句话"细节决定成败""态度决定一切""思路决定出路"。

华为三板斧，值得我们去学习。

客工部文化：精诚所至，金石为开

前面一节集中讲到了华为的三板斧。有人很可能会产生一个疑问：华为在深圳的接待实力非常强大，但如果是样板点参观，在其他城市难道也能实现华为式的职业化接待吗？

这个问题虽然不能完全给予肯定回答，但在很大程度上，华为在国内不同城市，可以调动所有能够调动的资源。

首先出场的，就是华为客工部。

华为客工部在前文中已经出镜过几次了，只不过都是集中在深圳客工部。除了深圳，华为在北京、上海等城市，也早早配备了客工部这个成建制的战斗单元。你在深圳能够享受到的待遇，在上海同样可以享受到，其职业化程度一点不逊色于深圳。关键是，和深圳一样，只要在该城市涉及住宿、餐饮、用车之类的基本需求，只要是在本地客工部的华为协议所覆盖的范围，客户经理陪同客户来这座城市参观期间就根本不用自己垫一分钱，极大减轻了华为客户经理的经济负担，产生的所有费用都由本地客工部承担，事后账单由本地客工部寄回客户经理所在代表处，部门之间统一结算。

当然，话说到这里，如果你认为华为客工部的作用只是初级的接待，或者庸俗一点讲，客工部只是负责本地娱乐资源的协调，那就大错而特错了。

举个例子，渔夫曾经有一个关系非常好的客户，这位客户得了一种肺病。在代表处所在省份，这种肺病几乎是无解的。因为当时电信总公司会议召集，客户需要到北京参加会议。客户跟渔夫聊天的过程中，渔夫了解到客户生病的现状，客户希望这次到北京，能够找最好的医生给自己看一次病。但因为出差日程满满，他自己也不清楚是不是有时间，是不是有资源，能够实现顺便看病的愿望。

这个问题抛给了渔夫，渔夫当时抓起电话就打给了北京客工部的同事。

北京同事的反应出奇平淡，只是简单问了渔夫一句看病时间，以及需要看什么样的科室。悻悻地挂掉电话之后，渔夫没有抱太大期望，转头又开始去忙工作了。

当天下午，北京同事回电话给我，内容也只有非常平淡甚至冷淡的一句话：北京协和医院国际部，某年某月某日，某科室专家号。如果对该专家不满意，请至少提前一天给客工部打电话更换。

其实，在当时的渔夫看来非常重要的一件事，也就只是客工部同事的一次简单的资源调动，那么再平淡的语气，也都可以理解了。

如此而已。

大城市有客工部，小城市呢？

事实上，华为几乎在每个省都有代表处，每个代表处所在地都在本地的省会城市。华为客工部的精神，被无缝传递到了每个省会城市。

当时的代表处行政平台，秘书、文员们会时常总结、更新一份传家宝——《×代表处行政服务指南》。几乎所有来到代表处报到的新员工，都会被秘书们要求好好学习这份文件。因为这份文件几乎囊括了所有你可以想得到的本地资源，从吃喝玩乐到旅游出行，从求医问药到协议酒店。代表处的新员工能够以最快的速度获取本地资源、融入本地生活，这份《指南》功不可没。当然，这份《指南》对于外地客户接待来讲，同样也是一把利器。

说到这里，还是有人有疑问：华为客工部，是不是就是公关部？

答案是否定的。

简单来讲，华为的对外资源协调部门，包括了客工部，也包括了公共关系部，乃至行业系统部。这里面客工部是作为甲方存在的，客工部可以去各种酒店、餐厅、会展中心签订华为协议。但后两者都是乙方。

区别在于，公共关系部虽是乙方，但地位同甲方相对比较平等。公共关系部虽然国内和海外都在做，但最能够体现公共关系部实力以及最能够大展拳脚的地方在海外。华为海外代表处所在国的政府、海关、各大部委、政党领袖，以及中国驻外使领馆、经商处等机构，统统是华为公共关系部的服务对象。而行业系统部则是将华为设备卖给行业客户的这样一个机构，用以帮助非运营商的企业级客户的内网应用华为设备。由于业务相关性，行业系统部会接触大量较为高层的行业客户，比如政府、军队、金融、教育、医疗等。所以，行业系统部的战场，主要在国内。

华为的很多项目，尤其在海外的很多项目，都需要涉及各种客户。因此，在项目开始之前，客户还没有介入项目，华为所对口的各种客户经理就已经在一起开会讨论项目走向了。

举个例子，当年渔夫在海外某国，有个项目是本地运营商转售项目，也就是说本地运营商负责帮助本地最终客户来集成，而这个最终客户又是本地政府类客户。这个项目由于所在国的经济所限，只能用中国政府的贷款来实现，所以这个项目的性质又是融资项目。但只是融资的话又无法保证资金回笼，又必须中国信保参与。这样一来，当时的华为内部会议首先就整合了华为的各路客户经理，其中有所在国华为代表处运营商客户经理、华为代表处公共关系客户经理、北京工商银行总部华为客户经理、北京中信保总部华为客户经理。所有人，分别对口不同的客户单位，各司其职协调整合不同的资源。

这样的公司外部资源动员能力在中国几乎首屈一指。

华为客工部只是一个符号。所有的一切工作的成功，背后都离不开华为客户工作的扎实进行。华为真正的成功来自"客户工作部"的孜孜不倦。

灰度文化：水至清则无鱼

渔夫讲完华为的"陪客户文化"、华为的"客工部文化"，很多人自然而然地萌生了一个非常直接的结论，华为这难道不是搞不正之风吗？说严重一点，这难道不是一种变相的收买和贿赂吗？

其实不是。

渔夫负责任地讲，如上所提到的所有动作，都在法律允许的范围之内。说白了，华为内部有一种哲学逻辑，叫作灰度文化。

什么叫作"灰度文化"呢？

中国几千年的历史跟西方历史完全不同，中国人的文化内核是人情社会，辅之以法律法制，而不是完全的一刀切。在这一点上，西方社会跟中国社会早在一千多年前，就已经走向了完全不同的两个文化分野。这种思维方式，在很多场合都有所体现，比如绘画，西方人讲写实，中国人讲写意。又比如说西医，讲究头疼医头，脚疼医脚，有必要的话还需要锯胳膊锯腿乃至开颅开膛，但中医则讲究宏观人体内小周天的运行是否顺畅，所谓"痛则不通，通则不痛"。

当然，有人会进一步纠结东西方不同文化内核究竟谁优谁劣的问题。如果从最近几百年的发展来看，显然是西方人占了上风，但从几千年的宏观大视野来分析的话，倒也未必。比如我们中国人的兵马俑，两千年前就走了写实的艺术路线，但此后中国人开始写意。那种追求照片式逼真的西方艺术曾经一度引领了整个世界的潮流，但随着复印机、照相机以至摄像机的陆续问世，西方人的写实风已经完全落伍于时代，反而是西方人中的"写意"派凡·高或者毕加索的画作，被人趋之若鹜。如果从这个角度看，我们的老祖宗显然是比西方人更早地跨越了文明的蒙昧状态。

让我们再次回到中国式逻辑方式中。如果说靠纪律和法制无法完全约束中国社会的话，中国社会肯定还是要回归到老祖宗的观点，凡事未必非黑即白，需要有一些缓冲和中间地带。那么这样的区域，就被称为"灰度"。

在华为内部，灰度文化非常流行。

比如说部门和部门之间的部门墙，开会的时候被双方的部门领导联手打通这堵墙，并且在此基础上双方会后把酒言欢，表示以后不要把各自的界限搞得那么清晰。如果再把某一项工作落实到每个员工，华为人之间有时候也需要灰度，有很多工作有非常清晰的工作边界，但每一个人都是活生生的人，不是机器，即便工作边界清晰，人和人之间同样可以拥有互相帮助或者互相配合的灰度存在。如果有必要，全民皆兵、肩挑人扛，就是为了把事情做好，这才是一个快速发展期的公司应该有的公司氛围。反过来讲，如果所有人都"丁是丁，卯是卯"，对处于发展期的公司来讲未必是好事。

华为是一个典型的中国式公司，在内部强调灰度文化确实因地制宜。

尤其对客户线工作来讲，更是如此。

当年渔夫结束八个月的华为培训周期，最后一场培训考核，也是最重要的一次培训考核，就是客户线双向选择面试。当时渔夫一改往日的侃侃而谈，在风格上甚至都没有平时饭局上的积极活跃。当那位貌似忠厚的华为老客户线前辈问我：小伙子，你认为客户线工作最重要的是什么？渔夫只说了非常简单的一句话：我觉得，做客户经理不能够把事情做得太黑白分明，因为"水至清则无鱼，人至察则无徒"。如果做人做得太明白了，也就不会有客户会愿意跟你打交道。

当时面试结束，很多华为的老同事都觉得渔夫发挥不好，对我的以上言论表示不理解。然而事实上，渔夫却从所有参与培训的男同学中脱颖而出，成为那一期学员由青涩少年成功转型为客户经理的三个人之一。

其实，渔夫只不过是运气好，恰好这番话暗合了华为"灰度文化"，所以才正中面试人的下怀。瞎猫碰上死耗子似的一次面试经历，却从此改变了渔夫本人的人生轨迹，一直到今天。

所以我们回到这个问题的起点，华为的"陪客户文化"和"客工部文化"其实都不是违法行为。或者退一步，华为的客户经理们只是在法律允许的边缘上行走，打的都是擦边球。陪客户，只不过是增加客户黏性，这种黏性所带来的润滑作用，对华为和客户所在单位都有好处；客工部文化，也只不过是为客户以及客户单位提供更好的便利条件。

有些东西在中国文化的大背景下，大家只要在灰度允许的范围内便宜行事，绝对是"他好我也好"的双赢结局。

所以我们看到，华为的灰度文化来到客户线，更是变本加厉地成为整条线上的潜规则，不管是对内，还是对外。

华为的客户经理，我们前文已经讲过，工作时间和工作地点是没有约束的，只要对客户工作有利，哪怕一天、两天甚至一星期不来上班都没关系。不仅如此，客户经理的报销，华为的客户经理主管也几乎从来不会仔细看。我把权力交到你手上，但是你需要"把信交给加西亚"，大家的这种互信是双向的，也是心照不宣的。

华为的客户经理主管对客户经理是如此，华为的客户经理对客户也是如此。

华为的运营商市场，客户经理跟客户建立的是一种长期合作关系，而并非一锤子买卖。客户对我的一点求助，跟工作无关，难道就跟我没关系了吗？客户在生活上遇到了困难，如果客户凭借一己之力很难解决这个困难，但是对我来讲只是举手之劳，难道我就不能伸出援手吗？哪怕对路人甲乙丙丁，我们都可以"赠人玫瑰，手有余香"，而对我们朝夕相处的客户，岂不是更应该凡事冲在前面？退一万步讲，日行一善也算是我行善积德。

如此一来，这个灰度的概念也就不是"灰度"了，我们完全可以把它清晰化。华为的客户经理与客户，灰度的上限就是法律，灰度的下限就是工作关系。工作关系之上，法律允许之内，客户经理尽可以做自己想做的事情。

渔夫从事销售行业多年，看到了很多这个圈子里面的各种各样的商业行为，乃至砸钱行为。比起很多小公司所拥有的预算，预算之外的临时预算，华为在法律所允许的范围内，已经算是非常克制的一家公司。

然而，华为最终的成功，在某种意义上靠的却是一代代华为年轻客户经理同客户之间所建立起来的这种"灰度"。

这样的哲学层面上的顿悟，恐怕是其他很多公司所想象不到的。

拿规划文化：春江水暖鸭先知

灰度文化的"灰"，奥妙在于不会一直"灰"，当需要清晰透亮起来的时候，就一定揉不得半点沙子。一张一弛的哲学，在这里被阐释得淋漓尽致。

比如说华为内部的灰度吧。

华为客户经理们平时尽可以生活在灰度的荫蔽之下，但华为有一种说法叫作宽进严出，秋后算账。也就是说，客户经理平时大可以放心大胆、放开手脚、放飞自我地去做客户线应该做的事情，但华为一年一度的"内审""内控"可不是吃素的。而一旦在"内审""内控"中无法过关，华为的审计人员，流程控制人员是绝对跟你没有任何"灰度"可谈的。如果你脑子里面没有这根弦，有意或者无意触碰了这样的"高压线"，那么等着你的可能就是末位淘汰，甚至是牢狱之灾。

从另外一个侧面来讲。

客户经理也算是内部客户，内部各部门对客户经理的信任额度就像是银行里存钱一样，零存整取。等到有朝一日用到客户经理的时候，要从客户经理这里拿到华为内部想要的东西，这也是不能打任何折扣的。

比如，每年年初的"拿规划"行动。

众所周知，国内的运营商都是央企。或者换个说法，国内拥有运营商牌照的都是国企。通信这个事情，在中国是涉及国计民生的大事，也是能够关系到国家信息安全的东西，在国家掌控这件事情上打不得任何折扣。像华为这样的企业，即便拥有强大的自己做运营商的能力，国家也肯定不会把牌照发给这样一家私企。所以，国家架构下的国内三大运营商，其国家政策导向非常清晰。他们的投资预算来自国家，其所需要完成的工程项目，也必须跟着国家的大局大节奏大方向来走。

所以，国内运营商，也就拥有非常完备而且长远的发展计划。

比如，早期运营商在2G时代，具体是部署GSM还是部署CDMA，曾经引发过方向性质的争论；后来有一段时间，电信小灵通的大量部署，一些边远地区的CDMA 450的广泛应用；进而，前些年的3G革命性地替换掉2G，一路走到今天的4G、5G。像这样的重大技术演进，背后必然是国家的海量建设投资。

对于华为这样的通信厂家来讲，如何最快、最准确地觉察到这样的政策变化，至关重要。这样的信息，不管是一年规划还是三年规划，不管是三年滚动投资还是五年滚动投资，只要你比别的厂家早一步拿到，就掌握了生存先机。

所谓"春江水暖鸭先知"，最可能获取第一手信息的，一定是华为客户经理。

往往，来自运营商侧的投资规划，都会在元旦前后完成定稿。那么，属于华为客户经理的活动时间，也就恰好卡在了元旦之后和春节之前，大概就只有一个月的时间。

很多人说，华为的这个做法，涉嫌经济犯罪了。实则不然，尤其放在中国发展大背景下。

每一年的运营商投资规划，从原则上讲保密级别是最高一级的，因此运营商内部对于保密纪律也是反复强调。尤其是在今天，保密技术越来越上档次的情况下。很多时候，拷贝档案出来非常困难，即便是想直接发送邮件或者打印，也有可能会有水印。因此，如何拿到运营商投资规划，从技术上讲难度非常之大。

但是反过来讲，今天的运营商本身并没有研发能力以及设备提供能力，它的发展和建设，严重依赖厂家的技术演进与革新。如果说运营商只是片面地根据自己的建设需求来部署方案、设置预算，那本身就已经脱离了现实。所以，如何能够让运营商的方案多快好省地落地，正确的做法应该是适当地以某种方式在某种程度上透露给厂家一些梗概。这样，设备厂家才会更加有的放矢地准备帮助运营商实现自己的建设需求。这样一来，无论运营商还是厂家，都不会出现无故浪费资源的情况。

还记不记得这叫什么？没错，这叫作灰度，中国人的灰度。

当然，如果将最高密级的投资规划部分外泄，如何掌握好这个火候，而且对于所有厂家来讲做到公平公正，这是个技术活。比如你只是告诉了中兴全盘计划，而并没有带华为玩，那必然会出现当年的"小灵通事件"，华为几乎被整个排除在了电信小灵通的供货厂家名单之外。这样的极端情况出现，会让个别厂家蒙受非常大的损失。尤其在今天，美国以国家力量压制中国高科技发展的大环境之下。

所以，运营商写规划，华为拿规划，这本身就是合情合理的。

在华为整个公司都是以"服从"为先决条件的前提下，华为客户经理的拿规划行动，显得十分惨烈。元旦之后春节之前，绝大部分中国人都已经进入了节日气氛，很多公司的年会也在如火如荼地进行之中，唯独华为的客户经理，开始将工作的焦点迅速调整到拿规划的工作中来。拿不到规划，客户经理的春节就过不好，代表处都不敢回。没有拿到客户规划的代表处系统部，其成员个个都像是热锅上的蚂蚁一样焦躁不堪。

同一时期，华为的内部规划评审也在进行之中。年度总结容易写，但新年的工作规划则非常难。如果没有客户的规划，你自己的规划等于是空中楼阁，即便写得再漂亮，在你的顶头上司看来都是一堆垃圾文字、狗屁文章。这个时候甚至你连汇报都不用做了，赶紧去客户那边泡着拿规划，拿不来规划就不用做年度汇报了。

这样的压力，是层层传递的。谁也不用找借口，没有数字支撑，任何规划、计划都是空口说白话。

所以，华为客户经理的年关难过，技术活都在拿规划这里呢。

拿规划文化，是华为内部生存压力的真实写照，也是属于客户经理的每年新年伊始的第一场大考。

更多的考验，还在后头。

冲刺文化：颗粒归仓

对华为客户经理的日常考验，就是季度末冲刺。

前文说过，华为早期的考核方式是每个季度一次。因此才有了谈虎色变的季度末冲刺的说法。

华为的项目周期一般都比较长，即便是拿到项目之后，合同在运营商一侧签订的时间周期也很长。就拿电信公司为例，合同签订要分成线上流程和线下流程。线上流程，是指办公OA系统里面要完成所有的审批节点。那么具体说起来，OA系统中又有串行流程和并发会审流程。而线上流程完成才可以走线下流程，线下流程只要相关人签字即可。之后则需要打印合同文本，走小签流程和大签流程，最后就是盖章流程以及法务部备案流程。

整个这一套流程走下来，是十分耗时费力的。如果由着自然法则让合同在电信运营商那边来走流程，其实也不是不可以，但如果这样，就会从LTC流程上影响华为的全流程工作的开展。说白了，合同流程的签订，对华为内部来说是一个标志性事件。其后所有工作都是从源头上开始触发，比如备货、发货、安装、调试、初验、终验等。在LTC这套体系上线之前，用华为内部经常说的一句话，叫作"订收发回"全流程。也就是，订货—收入—发票—回款的全流程，跟LTC的内涵大同小异。

源头就是订货。

这样的话，订货越早录入华为系统越好，于是，每个季度的季度末对华为客户经理的考核，就是系统里面的订货数。平时客户经理都是围着项目做文章，但是一到季度末，重中之重就成了催合同流程。用华为内部的行话来说，这叫作"颗粒归仓"。所以，每到这个时候，就到了考验客户关系的时候。因为对客户来说，早一天晚一天走完合同流程并没有什么区别，何况还有个比较样本中兴在呢，别人中兴从来没有像火上房一样上窜下跳，凭什么就为了你华为要屡屡破例呢？

话虽然是这么说的，但每次的季度末，华为的小帅哥们西装革履地往你门口一站，尤其是那些稍微上点年纪的女客户，哪个能受得了华为人的软磨硬泡？更何况，华为客户经理往往也都不空手来。华为客户经理出门往往都带着一些伴手的小礼品或者小零食。就拿渔夫来说，渔夫不抽烟，但出门基本上要带香烟，别人发烟是一根一根发，我发烟是一盒一盒发。除此之外，就是绿箭口香糖不离手，看到女客户基本就是发口香糖。尤其到了季度末冲刺的关键时刻，还经常给客户单位每个科室配发零食、饮料。

俗话说得好，伸手不打笑脸人。有这样的工作精神，事情肯定是往好的方向发展。

早期的华为管理比较粗放，通常季度末冲刺的目标都是以合同金额为准，也正因为如此，很多代表处的很多系统部就有了投机取巧的可乘之机。

比如说，有这样一种情况。

季度末冲刺时华为内部逼客户经理，客户经理反过头来逼客户。这个时候就不要再谈灰度了，所有事情必须正面解决，必须剑拔弩张。在客户一边系统内走流程的合同金额够用也倒算了，但很多情况下，系统部或者代表处会有很大的任务目标缺口。在这种情况下，华为的客户经理需要客户做出的牺牲可就大了，而不仅仅是临时突击走走流程那么简单。

还有这样一种情况在当时是个别存在的，比如跟客户之间签订了一个价值500万的采购项目，那么为了完成季度末冲刺任务，华为的客户经理们会去利用自己平时的客户关系，要求客户在合同单价不变的情况下，把总成交金额修改成1000万。如此一来，华为的系统部或者代表处，也就在客户的帮助之下完成了当季度的任务。只不过，跟客户之间的默契之处在于，只要季度末冲刺结束，第二个季度的季度初两家就再次更改合同，把金额由1000万重新调整为500万。给华为内部的借口就是客户又反悔了。"客户反悔了"这个借口，在华为内部就是最高指示，这合同不改也得改。

如此一来，客户能够对内部交代得过去，而华为的客户经理对华为也交代得过去。对客户来讲，朝夕相处的华为客户经理落难的关键时刻，在符合法律要求的范围之内拉兄弟一把，也算是还了一个天大的人情。

只不过，这样的极端情况，俨然已经违背了华为的"颗粒归仓"精神。

所以，有一段时期，华为内部也在反思这种粗放式大干快上的增长方式，相应地做出了很多考核上的制约办法。比如，由销售额牵引的销售目标后来就改成了实际发货订单为准，订单上当然要标明本次订单标定的发货数量、发货时间和收货地点等等细则。这样一来，即便你依然像以前那样拿到了一个价值500万甚至1000万的框架合同，但这个数字并不计入你的任务完成量。只有当框架合同下拆分出实际可执行的订单的时候，才算你的任务已完成。

当然，还有在考核周期上的修改。既然很多代表处存在季度末突击任务目标的情况，那么这个事情反过来也说明了考核方式的不太合理。因为华为的项目往往周期很长，三个月可能也只够一个项目的引导过程，还远远看不到实际招投标乃至实际订单的落地。所以，后来的华为考核周期，就顺势由季度改成了半年度。

如此一来，此前喊得山响的"颗粒归仓"也就不太合时宜了。于是，后来的华为代表处统统将口号改成了"时间过半，任务过半"。

当然，上有政策，下有对策。

即便已经如此修改了，但神通广大的华为客户经理，依然有的是点子在半年度考核时动手脚。为了完成任务，这些人可以穷尽自己所有的能量来实现指定的目标。华为早期培养客户经理的方式决定了华为客户经理一定是一群能够扛着炸药包随时炸碉堡的孤胆英雄，这样的人无论对内还是对外，都具备不达目的誓不罢休的个人潜质。

所以，有很多的合同都已经改成了"框架+PO（Phchase Order订单）"的模式。但那些敢于铤而走险的华为客户经理，依然能够依靠自己的客户关系优势，巧妙地让PO数量凑齐自己的任务，甚至是在客户关系暂时搞不定PO的情况下，内部强行让公司将货物发出来。当货物已经堆到了客户的大门口，再想办法去推动客户强行接受，这样的案例渔夫同样见到过。

然而无论怎么说，华为的冲刺文化虽然极端，虽然在此过程中也出现了大量的一线代表处的投机取巧行为，但不可否认的是，在冲刺文化的大潮中成长起了一大批优秀的华为客户经理。这些人具备非常严谨的目标导向工作态度，拥有超出常人的内部、外部综合抗压能力。就像是职业足球、篮球运动员一样，不到最后一刻永不放弃比赛，泰山崩于前而面色不改。这批客户经理中的很多人后来都成了华为的高级干部，有些人一直到今天还在充当华为的中流砥柱。

回款文化：全流程上的完美句号

华为的冲刺文化，不仅仅包括订货。订货只是特色非常鲜明，也是最大张旗鼓的一种冲刺。实际上，整个的"订收发回"全流程，都是冲刺文化中的一部分。

订货冲刺的牵头人是客户经理，录收入的牵头人是售后工程经理，那么开发票和回款的牵头人，则是代表处财务专员。

客户经理和财务专员的职责，大家都很容易理解，唯一有点疑惑的是售后工程经理，为什么会成为录收入的责任人呢？收入，难道不应该也是华为客户经理职责的一部分吗？

其实不是这样的。

运营商项目往往都是比较大型的工程项目，并非其他领域的小项目可比，更不是快餐类的手机项目可比。一个完整的运营商项目，不仅在售前阶段旷日持久，在后期的交付过程中更是状况频出。有一些地形比较复杂的基站和铁塔安装工作，更是存在巨大的危险。渔夫所认识的人当中，有曾经侥幸逃生的客户经理，也有从山崖上跌落再也没有睁开眼睛的项目工程师。

所以，有些特殊岗位在招聘时根本就不会先问你的专业能力，而是直接问你爬高能力。面试第一题：你爬过山吗？第二题：如果爬过，你爬过最高的山是多高？第三题：你爬过楼吗？你爬过最高的楼是多高？

这些问题绝非渔夫的段子，更非杜撰，而是活生生的华为面试题目。

所以，对于大型工程项目来讲，由于工程实施的复杂性，就决定了录收入乃至回款的复杂性。正常情况下，一个标准的华为运营商项目，收款款项可以分为到货款、初验款、终验款三种。一般三者的比例可以是5：3：2，当然也可以稍有调整。存在的变数是华为有可能会为自己争取在到货款之前，拿到一部分的预付款；客户则也有可能为自己争取在终验款之后，保留一部分的质保款。具体情况随谈判结果的不同而不同。

我们说说最基本的划分：到货款，初验款，终验款。

到货款需要到货证明才能够作为回款的附件，初验款需要初验证书，终验款需要终验证书。如果说项目运作主要围绕客户采购部和建设部来进行，那么无论到货证明、初验证书还是终验证书，都是围绕客户的运维部乃至其下属的维护中心等部门的工作来进行。所以，除了华为的客户经理在订货战场上浴血奋战，其实广大的售后华为人也正在忙碌于录收入这条战线。

由此可见，华为客户经理的冲刺，其实只是完成了华为LTC流程中最为基础的一个环节而已。

需要说明的是，LTC流程上线之前，按照"订收发回"的全流程运作，只要售后工程经理们将收入录入到系统，马上就会触发发票流程。后台财务会迅速行动起来，将一张又一张的增值税发票像雪片一样寄到代表处。

负责承接这些发票的，又是苦哈哈的代表处客户经理。因为，客户侧负责挂账的部门，往往又是建设部。

订货固然头痛，带着发票去催客户挂账，则又是一项技术活。

如果说催订货、催合同还带着某种厂家介入理由上的正当性，客户内部挂账则已经基本完全属于客户内部事务了。订货冲刺，很多客户也都乐意拉兄弟一把，出现其乐融融的甲方、乙方好氛围，但到了挂账这个环节之前的氛围就荡然无存了。要命的是，客户挂账的环节经常不可控，而且一旦某个环节出现滞后，客户内部也有充足的理由保护他们自己的员工。

华为你急什么急？晚付几天钱给你，又能怎么样？

关键是，面对这样的情况，你还不能投诉你的客户。万一撕破脸，到时候就非常难办了，不仅是回款的问题，甚至是销售都有可能遇到问题。

渔夫就曾经遇到过这样棘手的情况，客户跟你耍赖，你打不得骂不得急不得哭不得，那种酸爽感受至今记忆犹新。你问："华为发票到了，大哥能不能帮我挂下账？"客户回答："没问题。"结果，发票在他办公室抽屉里一躺就是一个月，纹丝不动。既然人家不急，渔夫只能自己着急。带着发票去财务询问，财务一个冷脸把你赶出来了，说这个项目根本就没有预算，于是又是一种酸爽的感觉。然后再次带着项目找建设部，建设部告知："别说预算了，这个项目的设计都还没有做，你需要找电信设计院。"于是，渔夫只能再腾云驾雾一样去找电信设计院。搞到最后，渔夫几乎兼职成了该客户的工程助理。

曾经有一段时间，渔夫对客户内部的各种挂账流程，比他们的员工还熟悉，对工程的施工方案比他们的施工方更加清楚。

在这样各种折返跑的折腾之下，还有可能发生意外情况。

渔夫拜访客户的标准行头是一个皮包，皮包一般都是多层设计，里面装了各种渔夫的证件、公司文件、笔记本电脑，此外还有本子和笔，香烟和口香糖。当然，很多时候大宗发票也装在其中。

恰好就有那么一次，渔夫的发票从皮包里面滑落遗失。发票的总金额，达到了2000多万人民币。

渔夫整整一晚上没有睡好觉，甚至已经做好了第二天去投案自首的准备。关键是，根本就记不清楚到底是丢在了客户单位，还是丢在了大街上。第二天中午的时候，经过多方查证，才最终找到了遗失的发票。这次意外，让渔夫至今后怕不已。

客户经理如此千难万险、费尽心机将发票送交到财务挂账之后，华为的回款流程也就正式触发了。华为的回款，同样是季度末冲刺的主要组成部分。

在相当长的历史时期之内，对于系统部KPI指标来说，一个是订货，一个是回款。这两大目标的权重远远高于其他考核。只要这两项指标还算光鲜，完全可以起到"一俊遮百丑"的效果。

回款的流程跟订货的流程大同小异，只不过，订货数有时候还有点弹性，回款则就是实打实的硬指标。有就是有，没有你也凭空变不出来。即便你能变出来，华为内部你也变不出相对应的发票。而且往往高一级别的单位回款会涉及下属单位的配合问题，比如市局回款可能需要县局的挂账，而省局的回款则需要市局的材料支撑。因此，不仅是单一流程，在很多时候还需要动员客户各部门、协调代表处内部各部门。

所以，系统部客户经理负责回款的人选，通常都是老成持重的、靠谱的。反过来讲，负责订货冲刺或者项目运作的同志，通常都有点云山雾罩、天马行空。

很多时候，回款本身不头痛，超长期回款才是老大难。

超长期回款，顾名思义，就是已经大大超过了应收期限的应收账款。如果说稍微超过那么一点点的应收账款被称为逾期账款的话，华为内部定义的超长期欠款，已经是到了无法令华为财务容忍的程度了。

我们换个角度讲，超长期欠款的形成一般都是历史问题，要么是合同纠纷，要么是工程问题，甚至有可能是华为此前的承诺没有兑现。也就是说，如果一个超长期回款问题丢给了现任客户经理，往往就是一个非常棘手的难题。没有难题就不会形成超长期，所以从根子上讲，超长期欠款的问题就是一个历史难题回溯和解决的问题。于是，拖得越久的超长期越难解决，越难解决的超长期就越是超长期。

偏偏，华为财务对超长期欠款是十二分的重视。

华为财务在内部，给每个客户都建立了诚信档案。每个客户的诚信等级，都被划分成A/B/C/D/E等诚信标识。最高的级别是A类，最低的则是E类。如果沦为E类客户，以后客户再想从华为拿到任何财务特权，都非常困难了。

当然，这样的极端情况如果出现，伤害的必然就是客户经理和客户之间的合作关系。

所以，这也就印证了我们此前的论断，华为认为，一件事情的最优解或者说最佳解决方案，就是在内部让所有部门充分讨论，充分吵架，甚至是充分骂街。五匹马不分尸，五匹马拉着任务往五个方向分别使力，最终任务停在哪里，哪里就是最佳方案，这是华为的高层管理哲学。但是如果这件事落实到一线代表处，客户经理就必须使出浑身解数，救自己的客户于水火。华为客户经理的润滑剂作用，也就体现无遗了。

渔夫曾经处理过无数的超长期欠款，有些是华为设备早年的工程事故问题所导致，有些是华为前任客户经理伪造客户签字被揭发所导致，有些则是因为客户内部管理混乱，各种挂错账贴错发票所导致。其中最极端的超长期欠款，是十年期的一个超长期。不过，金额并不是特别巨大，在人民币十万以内。

也就是说，十年期的一个超长期欠款，华为还没有申请坏账，还在不依不饶地逼自己的客户经理去搞定事情，拿回欠款。

在这次事件之中，渔夫变身为私家侦探，经过对客户相关人员的拜访，对十年前现场的还原，最终找到了当年的建设部当事人。只不过令人啼笑皆非的是，渔夫依然是晚了一步，那位客户在渔夫找他签字之前病逝了。

这个超长期欠款，最终经过渔夫的努力，成功拿回。这件事也成为当时的一个经典案例，活人要回了死人的钱。

回想起当年的峥嵘岁月，渔夫至今还感慨万千。

填坑文化：承认人性的弱点

华为的异地化文化，在源头上为杜绝内部腐败做出了努力。

然而，沿袭中国古代流官文化的这一套，天生还是有缺点。

因为代表处客户经理们都清楚，自己只是这座城市的匆匆过客，即便是再好的客户关系，可能将来都不会是自己的。如今再好的同事关系，几年之后也都只会成为特定时期的特定回忆。所以，类似前文提到的超长期欠款的现象，并非偶然。

前人栽树，后人乘凉，但前人挖坑，后人就必须填坑。能够不抱怨不推责，既来之则安之，踏踏实实填好前人给挖下的坑，这种精神本身也是华为文化的独特之处。

中华传统流官文化中的关键词——为官一任，造福一方。这句话在政坛上是成立的。

但是，华为代表处给很多空降的客户经理、系统部主任，乃至代表处代表的考核指标，都是基于华为利益的。所以，异地化文化下的华为人，他们在很大程度上是为官一任，造福华为一方，但并不能够保证不损害客户的利益。有很多华为客户经理和系统部主任，他们为了完成内部目标，很多时候都在乱签字、乱承诺、乱拍胸脯。在保证自己任期内安全的情况下，寅吃卯粮和杀鸡取卵的事都属于正常操作。

所以，当一个新的客户经理或者新的系统部主任到任的时候，很多时候都必须先修缮此前的种种做法给客户造成的伤害。

从另外一个角度来看，客户往往也被华为的这种文化锤炼成了大心脏，他们对华为代表处的人来人往显得无比镇静，哪怕是此前的历史遗留问题，也知道这些事情冤有头债有主。只要华为这家公司还在，华为代表处还在，就是跑了和尚跑不了庙。华为和客户的生意是长期的，追究其中某一个人的责任其实毫无用处，重要的是着眼于将来。

所以，挖坑填坑就成了华为职场上最为常见的一件事情。

交接时期，经常有前任的市场人员对后边的市场人员痛陈革命家史：这个摊子就是这样的，我前任的前任就已经是这样了，兄弟还是要戒骄戒躁，未来一定是属于你的。

交的人理直气壮，接的人责无旁贷。正常的交接流程之外，多少明规则潜规则，都在不言之中了。

所以，华为文化，本质上是一种务实文化，它从来不把自然人想象成完美无缺的，也从来不会把自然人所处的组织想象成完美无缺的。在假定某个人和某个组织都是有原罪和漏洞的情况下，尽可能利用规则查缺补漏。在规则允许的范围内，给你一个上限和下限，不把规则内的上限作为道德楷模强制你去执行，也不会把规则内的下限作为你堕落的借口听之任之。只要在上限和下限之间，这块灰度地区华为是默认存在的，即是合理的。

举个例子，当年的青岛海尔没有发迹之前，工厂车间的纪律可谓是涣散成了一锅粥，但是那个时候对工人们的要求居然是"五讲四美三热爱""为实现四个现代化而努力"，这样的要求显然是对工人们的最高要求，而一旦这样的云端道德标准坠落凡尘，就成了毫无意义的空话。所以，当时的张瑞敏来到海尔，他对车间的最基本的要求是——不要随地大小便。接地气的管理细则，带来的就是后来海尔的拨乱反正，名噪一时。

而对于华为来讲，这种务实、接地气的华为文化，更是自公司创立以来就没有改变过。这样的坚持，在时间上是一贯的，在空间上不分国内海外、不分机关一线，也不分基层还是中高层，都是普适的。

从哲学角度来讲，华为没有管理洁癖，这是一家承认"性恶论"的公司。

承认人性有弱点，并努力规避这种弱点，甚至穷尽办法巧妙利用这种弱点，就是成功之道。

团拜文化：客户线上的传家宝

挖坑填坑，再挖再填，如此周而复始，对品牌形象其实是一种损害。

那么几十年走过来，华为又如何保证了自己在客户侧的口碑不倒呢？

这是一个很有意思的话题。

如何让客户相信的不是某一个华为客户经理，而是相信华为这个组织，没有别的秘诀，就是把对客户的工作做到极致。

华为的客户经理，不管负责的主要与关键客户有多少，其实自己都有一本秘密小台账。只不过跟其他台账相比，客户经理的台账上面，满满都是人名。在这些人名后边，备注着客户的单位、职务、联系方式、爱好习惯、关键个人信息，此外最重要的就是最后两列，跟华为目前关系现状和后期关系提升计划。

这个秘密小台账，是不能随便示人的。

这个秘密小台账，是华为设置专门客户线专职人员的初衷。把客户线工作做到极致，就是华为同客户之间最大的口碑保证。

渔夫所认识的客户经理中间，有的人跟着客户研究佛学，有的人跟着客户研究道法，有的人跟着客户研究历史，还有人跟着客户学习给手机刷系统，也有人则跟着客户切磋游戏经验成了电玩高手。还有更多的人，他们跟客户学习，成了钓鱼高手、鉴宝专家、登山驴友、摄影达人、运动健将……华为客户经理几年下来，因为客户线的工作需要，很多就此改变了自己的人生轨迹，成了一个个兴趣广泛、热爱生活的人。

只要把工作当成乐趣而不是负担，华为客户经理的职业就不仅仅是吹大牛、喝大酒、吃大餐。你把这个职业精益求精，对个人又何尝不是一种修行呢？

反过来说，那些年纪轻轻就跟着客户出入牌场、KTV、洗浴中心，最终把客户经理这个职业完全庸俗化，把自己折腾成了"饭票""保姆"，并且也只是满足了客户马斯洛需求中最低等的那个层级的客户经理，最终也是在挥霍自己的职场生涯，蹉跎自己的生命。

换言之，客户经理的职场追求也是有高有低的，但最终能够于人于己都有益的，一定是那些有追求的客户经理。

对客户工作而言，光是细致和提高计划还不成，还需要资金投入。

比如说，你想跟你的客户一起学习滑雪，可是作为刚刚毕业的小年轻，你连一套上点档次的滑雪装备都买不起，就算是客户想带你玩，你也凑不上去。所以很多时候，系统部主任会提醒自己的新人客户经理：兄弟们，你们不能就这么傻乎乎等着靠着啊，搭不上客户的时候，哪怕花钱给自己先买套西装提升一下格调，总比约不到客户傻愣着强吧？

话又说回来了，长期以来，华为的市场活动费用预算，绝对够充足。客户经理完全可以不用有后顾之忧。正所谓再苦不能苦客户，再穷不能穷客户线。

就客户经理的预算来讲，市场活动费用可以分成三类：日常费用，专项费用，团拜费用。

日常费用，简而言之就是每个月给客户经理的花销上限；专项费用，是指某个重大项目期间所需要的费用预算；团拜费用，则是集中在春节或者端午、中秋这些重大节日的费用。

说白了，在同客户一起的市场活动中，花多少钱都是说得过去的。但是，真正能够做到让客户感受到你的一颗炽热的心，这是本事。

从这个角度而言，华为的团拜文化，真的是个传家宝。

很多客户经理觉得团拜属于集体行动，礼物也不太值钱，因此就采取了非常简单粗暴的方式来对待。比如中秋节，很多客户经理直接把月饼券塞到客户手里，告诉客户，到时候凭券就可以到某个酒店去领月饼。这样一来，客户经理的工作倒是做得够简单了，但是效果却没了。团拜的预算，也就真的成了财务报表，每个人的名字后边就是简单的价格。

但是，客户的感知可以用钱来衡量吗？

显然不是。

那个时代的华为客户经理，逢年过节每个人都会做团拜预算。但每个预算后边，有经验的客户经理往往会备注一下客户的真正需求。比如，主打可能不是月饼，可能只是一套书，或者一张电影票。而且哪怕就是一盒月饼，有经验的客户经理也会坚持自己亲手交到客户手上。客户经理和客户之间的关系，并非简单的工作关系，而是一种代表华为公司形象的商务礼仪。华为的客户经理更换非常频繁，但无论怎么变，华为与客户之间的这种长期的鱼水之情，团拜时方能见真章。这种情谊，也不会随着华为的人来人往而让人心生厌倦。

团拜，往往被很多人和很多公司所忽视。但在华为，频繁的团拜往往才是提升、组织客户关系的关键。

这件事情，不能没有，也不能庸俗化，就这么简单。

有了组织关系做保证，华为的各种人事变动，客户也最终习以为常了。

第四章

竞争文化：磨练

华为客户线的汇报材料，其实万变不离其宗，一定是围绕三件事情展开：一是自身分析，二是客户分析，三是竞争分析。

　　前面一章讲完客户，我们这一章集中讲竞争。

打26文化：华为的假想敌

通信圈子内部一个最大的阳谋，就是华为给自己设立的假想敌——中兴。

其实，这是十分容易理解的。

企业的生存需要"敌人"的存在，如果一家公司在发展过程中没有了敌人，那么不可避免地所有的工作也会失去方向。从某种意义上讲，失去方向也就意味着丧失斗志。所以，缺少敌人比缺少朋友还要可怕。

华为早期给中兴起的代号叫作"Z公司"，相应的竞争机构在内部被称为"打Z办公室"，来源于中兴公司的英文缩写"ZTE"，所以"打Z办"也就成了早期华为的专门竞争机构。理解了这个词汇，也就理解了华为后来的另外一个新叫法——打26。"打26"的意思也很明显，"Z"是第二十六个英文字母。而且这个新叫法还有一语双关的作用，"26公司"也就是"二流公司"，中国通信业界只有一个一流公司，那就是华为。随着历史的脚步来到"打26"时代，昔日的"打Z办"也顺势换了一种生存方式，改了个名字，叫作"重大项目部"。

其实无论怎么个叫法，都只是个代号。不仅华为给中兴起外号，中兴同样也在给华为起外号。中兴给华为起的外号是"夫妻公司"。这个绰号在一开始，听上去可能会感到有些奇怪，因为从逻辑上拐的弯稍微多了一些，不如"26公司"来得简单粗暴。华为的英文就是汉语拼音的HUAWEI，缩写就是"HW"。当然在ICT行业，HW还有另外一个意思，就是硬件Hardware的缩写。但在中兴人的解读之中，HW就是Husband&Wife，也就是夫妻的意思。而且和26的含义有点类似，"夫妻"也有另外一层含义，就是华为和中兴的关系就是夫唱妇随，两家在档次上没有本质区别。你能做到的，我也一样能做到。如果我是二流，你也没有强到哪里去。

所以，同样是起外号，华为对中兴的外号有点咄咄逼人，呈现非常强的进攻属性，而中兴给华为起的外号就十分中性，明里暗里还有点示弱的想法。

实际上，两家公司在处事方式上，也有这样的差别。

华为公司在竞争中，一贯把跟中兴竞争摆在战略位置来执行，"打26"这句话，天天讲，年年讲，逐渐成为华为内部最大的共识。尤其是华为的干部同志，如果在述职报告中不提"打26"，那这份汇报材料的成色也必然减了几分。所以在很多时候，有条件要"打26"，没有条件也要创造条件"打26"。

渔夫记得当年，曾经有位老同事写汇报材料，用的工具是EXCEL表格。当时不仅是在省公司层面上，在每个地市层面上都要写出竞争策略。但是，省公司层面上的竞争策略相对比较清晰，而各个地市之间的差别比较小，竞争策略也比较简单一些。所以，为了赶时间，我的这位同事就顺手用了EXCEL表格的小技巧，用鼠标顺势往下一拉，所有的地市搞了差不多的策略，然后再一一做修改。最终在代表处公开汇报时，后面的文字部分倒是没问题，结果在前面的"打26"部分，表格第一行是"打26"，第二行就是"打27"，第三行就是"打28"，以此类推一口气弄到了"打38"。

这样的小故事，听起来颇为黑色幽默。然而在现实中，华为和中兴之间的竞争真的是惨烈异常，来不得半点戏谑，来不得半点温情。

尤其是有了"重大项目部"之后，所有涉及同中兴竞争的战略类项目，都必须有重大项目部的参与，而且重大项目部从公司总部开始，一直到片联（后文讲），再到代表处层面，自上而下形成了一套极为严密的管理方式。重大项目部同事的汇报不在横向上展开，而是直上直下单线汇报。其所能够调动的资源，所能够使用的打法，也是常规项目中并不多见的。

用当年华为人的话来讲，重大项目部不太像是一个企业机构，反而有点像是特务机构。如果说在常规项目运作中间再额外加入一个重大项目部同事一起参与项目运作的话，这件事情怎么看，都像是当年明代前线打仗时候京城派出来督战的监军。

为什么是监军呢？

前线打仗，如果打赢了当然诸事大吉。而一旦打输了，监军们肯定就不会放过这个给你扣帽子的好机会。或者说，监军的到来未必会给你带来取胜的筹码，但监军的存在一定会让你感到脊背发凉，从而在同敌人的竞争中不敢有丝毫怠慢。当然，监军的存在本身，就已经透露了这个销售项目只许胜不许败的性质。因此，一线的项目组组长们，大可以以此为借口，向总部机关申请更多的资源。

所以，在很多同中兴竞争的战略类项目中，就出现了各种离奇的故事。

有的项目，在最终的唱标中居然出现了零报价。当然，随着后期在法律范畴内严格了报价规则，不再允许出现零报价。不过依然有极端情况出现，渔夫记得当年在某代表处的报价中，大几千万的目录价格，两个老对手居然分别出现了十几块钱的折后价格。最后获胜的是价格更低的一方，理由是总价便宜了几块钱。这样的段子，在当时传遍了整个业内。

有时候，零报价还算是客气的，有一些关系特别重大的项目甚至会出现事实上的负报价，也就是说，在零报价的基础上额外赠送设备或者终端。总之是八仙过海，各显其能。

比疯狂报价更加离奇的事情，是在重大竞争性项目开标期间，对方的项目组负责人居然会离奇失踪。所谓的"失踪"其实也很容易理解，就是火线离职了，至于背后的故事，就十分耐人寻味了。我们从"射人先射马，擒贼先擒王"的角度出发，这样的竞争结果，虽然在情理之外，但也在意料之中。只不过，这种情况也十分罕见。前提是，该项目必须足够有分量，而在该项目中，这位项目负责人的确是起到了不可或缺的作用。如此一来，这样的极端操作才算是有意义。

只不过，说一千道一万，"打26"终究还是个噱头。

以华为的公司实力以及做事方式，这些年来，完全不用把中兴摆在如此显要的位置上进行严防死守。所以，问题依然是我们开篇所提到的，这些年来一直号召"打26"，无非就是为华为的存在设立一个假想敌。我们注意到，中兴是一家有国企背景的公司，即便在完全放开竞争的情况下，也很难按照华为的剧本把中兴一举打垮。就算是在海外市场上华为能够攻城略地、节节胜利，在国内市场依然必须有中兴的一席之地。

那么，如此分析下来，华为设置中兴这么个假想敌的理由其实也呼之欲出了。

有了假想敌就有了目标，有了目标就有了动力，有了全员打鸡血的理由。尤其是有了这么个假想敌，在平常的演习中，就会有一个靶子供华为的"士兵们"锻炼杀人术。就像是我们前文所出现的红、蓝军对抗一样，把中兴放在蓝军的位置上，要求大家锻炼出最强大的对敌作战状态与战术，这就是目的。那么在实战中，一旦遇到的对手不是这个蓝军，而是遇到了比蓝军还差一些的绿军、橙军，结果也就可想而知了。

其实恰好有一个案例，就是华为的演习在实战中的具体体现。

这个案例的反一号是港湾。打中兴难，但打港湾，这个任务并没有那么艰巨。实际上，当年港湾确实是惹怒了华为。

港湾的总裁李一男是来自华为的旧将，当年在华为算是最成功的少壮派，没有之一。李一男在相当长的一段时间内，号称是作为任正非接班人来培养的。只不过，由于各种因缘际会，李一男最终选择了离开华为创业。当时创业是华为内部的一股风潮，号称"内部创业"，港湾也只是做华为的代理商。但是最终港湾选择了自主研发之路，于是也就把自己摆在了跟华为面对面竞争的位置上，当时江湖人称"小华为"。

关键是，华为和港湾之间的关系实在太密切了。当时恰逢行业冬天，港湾的出现还是直接瞄着华为软肋来打的。这就更不用说，大批华为人成建制地投奔了港湾。

华为几乎把所有对付中兴的招数，都如数用在了港湾身上，而且还变本加厉。

比如说新建项目竞标，华为不仅零报价，还附赠设备。如果挡住了港湾进入，项目负责人马上提拔，挡不住的就地免职。又比如说港湾的在网设备，华为免费替换，从硬件到软件到售后服务全部免费。不仅如此，港湾的所有一线作战的指战员，也是无缘无故就消失了，不用细究，肯定是倒戈跑到了华为阵营。于是当初大批华为人整建制过去，后来又有大批港湾人整建制过来。

这样几年时间搞下来，港湾撑不住了。

最终的结局也很悲壮，港湾被彻底打垮，同时被华为收编。就连李一男本人，也被迫重新成了华为的副总裁之一，括弧，挂名的。

港湾的故事，是华为在竞争中运用"打26"手段的一次成功案例。

这么多年过去了，当我们再次回顾通信行业的那些大事件的时候，我们惊奇地发现，和华为与中兴同时代的很多厂家都倒下了。但吊诡的是，华为好好的，中兴居然也好好的，他们的身旁却横七竖八地躺着各种友商的尸体。

华为的"打26"文化，并非针对中兴。中兴算是华为的假想敌，也是华为的磨刀石。磨刀不误砍柴工，磨刀霍霍向猪羊。

这些年来，有中兴这样一个对手在，是华为最大的幸运。

信息安全文化：防患于未然

前文在谈"高压线文化"的时候曾经说到过，华为常抓不懈的两条高压线：一个是与中兴的竞争失败，另外一个是信息安全违规。

其实，这两条是强相关的。信息安全的问题，说穿了还是一个竞争的问题。

作为中国ICT行业的领军人物，华为毕竟就是干信息这个行业的。另外一个层面来讲，华为的信息安全教育，实际上是在无数次的教训中逐渐完善起来的。和欧美同行们相比，早些年的华为更加关注的是学习友商，反而不太注重保护自己的知识产权。于是，早年的华为就遇到了核心机密被人窃取的情况，在华为的穷追猛打之下，最终作案人也受到了法律的惩罚而锒铛入狱。

后来的华为，逐渐完善起了自己的信息安全制度。

和业内的很多同行比起来，华为的信息安全制度堪称苛刻。

首先，华为普通员工的笔记本电脑硬盘统统都由华为内置了加密系统，你在自己电脑上的一举一动都会被华为数据中心记录在案，包括你的邮件收发、即时聊天、网络浏览、数据传输等个人信息，都是华为笔记本电脑的监控范围。这个问题在华为早期给员工们的工作便利产生了非常大的矛盾，所以也有很多华为人铤而走险，他们把笔记本电脑的硬盘拆卸下来，如果办公就用华为硬盘，如果私用就换上自己的硬盘。

这只是在硬件设备上对华为人信息安全的统一设置，其次还有软件。

前文所提到的VPN进入内网，只是其中的一种方式。其他的还有文件加密系统，华为早期用的都是RMS（Rights Management Services）加密。RMS加密的密级一般分成几级，最高密级的要求设置非常麻烦。举个例子，如果你要发送一封带附件的邮件给你的同事，早期你必须用华为数据监控下的公司内部笔记本电脑，登录华为内部邮箱NOTES（IBM出品的内部邮箱系统），此后要给需要发送的附件文件设置RMS密级。设置的同时，要把你所有的要发送邮件的同事邮箱地址复制粘贴到你的RMS密级设置中。有的人可能是只读，有的人可能是可读可写。

而且如上所有操作，都要输入密码与口令。关键是，华为的硬盘启动密码、WINDOWS密码、NOTES密码等等，这些都需要三个月更换一次，三个月不更换的话，同样属于信息安全违规。

即便如此，华为人的笔记本电脑依然不准随便带出和带入华为园区。以华为坂田基地为例，大部分的办公场所都实行了非常严格的便携检查制度。便携检查的程序十分严格，是必须细致到便携资产编号的。当然，即便有天大的事情，你也不要试图逃脱这道检查。比如说你带进的时候因为太着急而没有检查，那么你的便携只有出门记录没有进门记录，你的便携就要被没收了。

然而，如此烦琐的操作，仅仅是华为普通员工的日常。比华为普通员工更加夸张的，是研发类华为员工。

研发类华为员工当年使用的手机一律不准有摄像头。或者说，有摄像头的手机也可以，但不准带进办公区。所以在很长一段时间内，研发兄弟都只能找那些只能够打电话和收发短信的手机用。除了电话短信，就等于是块砖头。

如果是这样，那么当年的即时通信又如何来实现呢？

还是要指望华为配发的电脑，但是前文已经说了，华为的电脑管理非常严格，一般的电脑上，不允许装任何华为授权范围之外的软件。比如当年的QQ，当年的SKYPE，这些有一个是一个，都是违规的，一旦发现随意安装使用，妥妥的重大信息安全违规。那么如此一来，内部的即时通信如何解决呢？于是当时的华为就出现了一款用于内部使用的电脑通信软件——Espace。

Espace可以被认为是华为内部QQ，不仅能够满足内部员工的即时通信需求，而且还能够查找任意一名华为员工的通讯方式。而且Espace还设置了群发短信功能、拨打手机功能，所以很多人都会直接使用Espace召集内部会议，效率非常高。

不过，如果涉及安全等级比较高的会议，用Espace显然依然存在一些风险。所以，华为内部会议系统也就派上了用场。

华为给内部使用的会议系统，有最简单的电话会议，有普通视频会议系统，还有智真视频会议系统。后两者在说法上差不多，但内容和价格上差别则很远。智真视频会议，能够做到与会几方之间的眼神交流，这一点在普通的视频通话中，是很难实现的。

不过，即便使用了安全级别很高的华为内部会议系统，泄密依然是防不胜防。最知名的一次泄密事件发生在华为某地区部总部。

在一次电话会议之前，负责预订会议的文员给参加会议的每个领导都设置了加密会议ID。也就是说，每个人进入会议都必须有一个固定的口令，且必须在华为内网登录。然而，据说这位文员当时的男朋友，就是友商的一位高管。所以，在预订会议的时候，文员也偷偷给自己预留了一个ID。于是，当时这次安全级别极高的高层会议，全程被友商监听，造成了一次重大信息安全泄密事件。

由此我们就可以明白，华为的这些已经非常极端的信息安全保密措施，其实一点都不多余，所谓害人之心不可有，防人之心不可无。作为华为的传家宝之一，信息安全文化也在随着时间的推移、通信技术的更新，不断与时俱进。

一指禅文化：化繁为简

华为的信息安全文化，有时候也给自己的信息传递带来重重困扰。

比如，在一营培训的代表处实习时期，有一些对于现场开局和调试工作十分重要，但对于信息安全又无关紧要的合作工程方发给我的文档。只要是收进了我自己的华为电脑，再想传出去这份文件就非常困难了。尤其在急用这些材料的时候，我想转发出去几乎要费尽九牛二虎之力。用U盘不行，用邮箱内存太大发不出去，用内网找不到内网入口。最后逼得没有办法，只能用一根网线把两台电脑对接，组成一个最简化的局域网，然后再在局域网内部进行硬盘共享。

即便如此，这也是信息安全违规的擦边球。

这事，只是一次售后的信息传递问题。如果涉及售前呢？如果涉及要跟客户传递信息呢？

其实，客户经理们的这个担心，完全是多余的。

因为还是那句话，华为的所有政策以及策略的制定，都是基于"性恶论"的。信息安全就是典型的"性恶论"，我首先对所有华为人的信息泄密事件进行有罪推定，也就是说每个人都有可能成为信息的泄密者，然后在此基础上再制定防微杜渐的最高等级的信息安全制度。而不是反过来，我先假定你是个道德高尚的人，我所做出的信息安全制度都是基于这个假设。

所以，从某种意义上讲，华为的所有政策都是防小人的，而不是防君子的。

理解了这个问题，也就很容易理解客户经理同客户之间的信息传递的问题。

华为默认信息在传递过程中是会丢包的，这个问题其实也是通信这个行业需要解决的基本问题之一。既然是做这个行业，也就十分了解信息传递的本质。比如，我们经常在电视娱乐节目中看到的"传声筒"游戏，一个人在一端接受信息，之后再依次传递下去，到最后一端的最后一个人，一定会有大量的信息损失。所以，信

息的丢包是正常的，不丢包反而是过于理想化的。过于理想化的场景假设，是和华
为文化不符的。

所以，如果某个新产品上市，研发的兄弟们费尽心机总结出来的产品卖点，一
旦传递到一线产品经理手中，一定会有信息的丢失。而从产品经理这里再传递给客
户经理，又是一次丢包的过程。最后客户经理再讲给客户，那是否还能够保证信息
保持了最初的原貌，是否已经将最有价值的产品闪光点告诉客户了呢？

谁都不敢保证这一点。

然而，偏偏越是那些看上去并不熟悉技术的客户经理，才是和客户接触最多的
人。客户线能干的活，产品线和研发谁也替不了。

如此一来，怎么拆解这个问题呢？

很简单，信息安全对每个人有罪推定，假设每个人都可能是犯罪嫌疑人，那么
来到客户经理这里，就默认每个客户经理都是傻瓜，只能做最基本的复读机或者传
声筒，其他技术含量太高的事他就干不了。

那么这样一来，问题反而简单化了。

要求研发用一线产品经理的语言把方案总结出来，然后再由一线产品经理把产
品的卖点总结成一页纸左右的材料。最后一步，要求客户经理把这一页纸的内容记
住，然后伺机传递给客户。

这样的一页纸的傻瓜式信息传导载体，在华为被称为"一纸禅"。

逻辑清晰吧？默认客户经理都是技术傻瓜，用教傻瓜的方式做个"一纸禅"。
这里的"傻瓜"这个词，也绝对不是贬义。这个词就跟当年的"傻瓜相机"一样，
把摄像这个需要专业培训才能够学会的技术活，教傻瓜一样普及给普通人。这样的
逆向思维方式，才是弥足珍贵的。

有了"一纸禅"的技术加成，客户经理的竞争事业才算是焕然一新。

当然，华为的"一纸禅"文化后来也不限于教育客户经理。既然跨行业的信息
传递默认都存在信息丢失的问题，而且信息的发出者本身词不达意要丢包，信息的
接收者心不在焉更是存在信息没法到位的问题，那么华为内部干脆全部提倡"一纸
禅"的精神，对所有跨部门或者初学者的教学，都采用"一纸禅"。如果需要在最
短的时间内达到最好的效果，"一纸禅"是必由之路。

黑材料文化：主动出击

对于竞争项目来说，"一纸禅"只是华为客户经理的入门篇。

实际上，如果客户经理的客户关系好到了一定程度，对客户的影响力已经到了一个段位，那完全可以尝试进阶篇——递送黑材料。

"黑材料"这名字可能起得有点重了，严格意义上应该算是对竞争对手产品或者方案短板的定向打击材料。

黑材料的形成过程，其实跟"一纸禅"大同小异。到了项目十万火急的时候，华为的销售项目成员，往往需要急切地传递给客户一些关键信息。确切地说，传递给客户一些有关竞争对手的黑材料，起到在项目最紧要的时刻打击竞争对手的作用。所以，这个时候客户经理一定要想方设法见到客户，并且把需要传递的信息完整无缺地传递给客户。对客户经理的素质要求，一个是客户关系过硬，第二个是必须具备单刀赴会、直捣黄龙的精神气质。

所以，黑材料就是暗黑版的"一纸禅"。"一纸禅"和黑材料，就是一件事情的正反两面，项目决战这场大戏的男一号和反一号。

一手握着"一纸禅"的客户经理，未必是个优秀客户经理，但另外一只手同时还握着黑材料的客户经理，往往是一位见多识广、经验丰富的资深客户经理。

黑材料和"一纸禅"的成因虽然相似，但黑材料却具备非常强的排他性。如果黑材料使用不慎，可能达不到应有的效果，反而会被一些不够朋友的客户转手送给竞争对手。到那个时候，华为客户经理可就骑虎难下了。当然还有一种可能，就是竞争对手会利用这件事情大做文章，同样会把华为放在非常尴尬的位置上。

所以，使用黑材料这件事情即便在华为内部也是十分敏感的。

首先，使用的时机选择一定要恰到好处，必要的时候连客户经理也不允许知道。只有在最需要的时候，才能把黑材料拿出来，就像是一个秘密武器一样发挥最大的效力。这个武器如果拿早了，风声就走漏到竞争对手耳朵里面去了，可能人家会有反制措施，必要的时候可能还会动用研发力量、客户关系的力量来亡羊补牢。但是，这个武器使用晚了也不行，用晚了过了开标、评标的最佳时机，黄花菜都凉了。

此外，黑材料的变现，一定要转化成客户语言，让华为最信任的客户，也是在客户单位发言相对比较有分量的客户出来现身说法。所以，黑材料的目的不是用华为客户经理去说服客户，而是要用客户来说服客户。

说到底，对于竞争项目来说，如果把评标小组的客户细分，华为需要达到的目的无非有三个。第一个目的，将那些关系较好的客户培养成华为的铁杆，他们不仅能够传递信息，还能够在客户内部评标会议上帮华为说话，而他们要说的话，最好是经过华为"一纸禅"引导过的。第二个目的，在这些敢于出来帮华为说话的铁杆客户中间发展一些更铁的客户，这些客户不仅能够帮华为说好话，还能够时不时地拿暗箭射一下华为的竞争对手。打击竞争对手所用到的论据最好是经过"黑材料"引导过的。

除了以上这两种，还有一类客户，这类客户往往也是实际评标现场的大多数，这些人不想发言，也不想得罪任何人，他们只是把评标当作自己的一份正常工作。至于江湖上的腥风血雨，跟他们无关。对于这些客户，华为想要实现的目的就是，如果说话，至少不要讲华为的坏话，不要拿着竞争对手的黑材料"黑"华为，这就够了。

总而言之，商战中没有好人和坏人的区别，只有能不能赢得最后胜利的区别。

所以，只要在法律允许的范围内，无论何种招数都不算错。

集采文化：大兵团作战

如上所提到的无论"一纸禅"还是"黑材料"，其实都是在常规项目中非常常见的常规武器。

不过，随着时间的推移，中国的电信、移动、联通三大运营商（这里是笼统地按照现状来说，实际上中间有组织变化，后边会讲）都被厂家折磨得精疲力竭。

华为能够做到的，其实所有厂家都可以想得到。只不过，就看哪个厂家的手段更加推陈出新。

但是，在县市公司、省公司层面上年复一年、日复一日地这么搞，三大运营商的客户也渐渐察觉到了被各个厂家各个击破的一种酸楚。很多项目看上去是赠送，但只是首期建设赠送。一旦你得到甜头了，后期的扩容升级以及软件LINCENSE都需要重新从厂家购买。到最后一细算，三大运营商发现利润还是被厂家给拿走了大头。

而且，由于早期"农村包围城市"的路线走得太过成功，华为在县市客户侧的客户关系极深，早期的客户也相对比较淳朴，谁对我好我就对谁好。尤其华为能够自外于外国厂家和中国其他厂家，主动投入自己的资源耕耘一些穷乡僻壤，更是让很多客户备受感动。当时的县市客户对华为无条件支持，这件事情看上去是天经地义的。至于说后来客户知道华为的死对头是中兴，拿着中兴跟华为漫天要价，已经是多年以后的事情了。

因此，县市一级很多跟华为有关的项目，经常动不动就跟华为定向议标了。可以说能够定向议标的绝对不引入竞争性谈判，能够搞两家竞争性谈判的，绝对不搞公开的三家以上的招投标。这样一来，华为在县市级别上的品牌号召力，就太过强大了。很显然，这种做法对于三大运营商来讲，同样不是一个好现象。

所以，早期走粗放式发展之路的运营商客户们，后来也开始慢慢琢磨出一些对付华为和其他厂家的方式方法来。比如，县市公司的需求统一收集到省公司，由省公司统一跟厂家进行招投标操作。这种方式，叫作"统谈"。

统谈开始之后，华为的"农村包围城市"路线渐渐不再灵光。然而，华为在这个过程中早已羽翼丰满，他们抓住了千载难逢的一瞬间的机会，将自己的江湖地位拉升到了国内数一数二的位置。即便这个时候各省的省会城市再上收权力，其实已经无法阻挡华为的疯狂崛起。因为华为的这套战车前期所欠缺的就是体量，如今巨大的体量一来，发展动能产生的惯性持续，再加上华为文化基因中有别于其他公司的优势之处，华为的高速发展一定是不可遏制的了。

所以，明白自己在国内市场上的江湖地位已经不可撼动之后，华为开始发力于海外市场。精神领袖任正非适时地喊出了"雄赳赳，气昂昂，跨过太平洋"，大踏步地冲向了更加广阔的世界通信市场。当然，也是蓝海市场。

新世纪初叶的国内市场，显然已经不是蓝海市场了。不仅是跟港湾的殊死一搏，不仅是经历行业的冬天，甚至统谈的大门一开，三大运营商的集团公司也都开始意识到权力集中的好处，于是开始张罗"集采"。

集采，顾名思义就是集中采购。也就是说，不仅是县市公司沦为了权力边缘，甚至是各个运营商省公司也都成了集团公司的权力边缘。运营商集团公司统一招投标，各省公司只有报需求的权力，陪同参与评标的义务，以及后期工程项目落地承接的责任。

这样一来，国内的运营商市场招投标项目空前集中起来。

当然，对于特别擅长应对国内政策变化的华为公司来讲，也适时地根据当前形势推出了"大T运作"模式。所谓"大T运作"，就是在北京成立三大运营商的大T系统部，由大T系统部统一运作北京的集采项目，并且统一协调各代表处系统部的资源。这件事情还跟当时的铁三角运作关联在了一起，从集团大T系统部开始，一直到每个代表处系统部，统统配置了铁三角，而且在每个代表处层面上，也由之前的"代表+助理+服务主任"的三巨头模式，改成了"代表+铁三角"的作战小组模式。

当然，当时的"大T运作"也及时地推广到了海外各地区部和代表处。不过这是后话，我们后文还会涉及。

集团"大T运作"开始之后，对应配置了非常强大的资源，以应对集团运营商每年各种各样的大项目。在此基础上，集采项目运作的标准流程，也在历次实战之中慢慢成熟并规范化起来。几乎每一次的集采项目运作，都像是打了一场大的战役。

就代表处层面来讲，虽然少了很多针锋相对的代表处项目运作，但代表处和系统部客户经理们的职责却并没有减少半分，而且华为也并没有因为集团集采力度的加强，就放松了对省、市、县三级客户的全方位、立体式覆盖，人员投入保持不变。

渔夫参加的第一次集采项目，是某集团运营商的某数据项目。

当时的渔夫还是个毛头小伙子，但是当时的客户关系却被渔夫理得很顺畅。随同渔夫一起去参加集采的，还有一位代表处产品经理，等于是我们两个人陪着两位客户进京。当然，人盯人，这也是系统部大T以及代表处的统一和一贯要求。两位省公司客户，主要参加集团公司集采的客户参与评标，此外还有一位设计院人员在侧室列席参加，主要任务是同华为对清楚工程配置。期间，客户同渔夫的沟通极为顺畅，并且互相之间也都有非常好的互动。场内是客户在评标，场外则是华为的客户经理每天开碰头会。

华为的场外碰头会，是一天一碰，必要的时候随时开会。

碰头会的主要内容，是要求各省过来的陪同人员拿到客户信息。说直白一点，能够拿到越多信息越好，在整个集采中表现突出的先进个人，回去之后还可以被评为战斗英模，被各大代表处学习、膜拜，一些英雄传说还可能被口口相传，传颂多年。在会议中，渔夫拿到的客户信息应该算是比较多的，虽然复盘的时候没有成为一级战斗英雄，但总体来说，渔夫当时第一个摸清了评标小组的构成，评标流程的具体操作模式，也算是立下了大功，集采之后被通报表扬。

会议期间，最大的花絮是和中兴客户经理的一次遭遇战。

当时中兴的客户经理堵在了客户酒店门口大堂，碰巧我也在大堂。我是一身西装革履，周身上下散发着一股咄咄逼人的气息，并且一个最大的特点出卖了我——我总是趁势跟前台的服务员妹妹搭讪几句。这样鲜明的职业特点，让中兴的客户经理信步走了过来，开门见山：兄弟，你的客户能不能让给我一天？我不干别的，就跟你的客户吃一次晚饭就好。我也是打工的，我也要回去交差的，兄弟……

一句话，胜过万语千言，渔夫感到深深的抱歉，还有悲哀。

总而言之，那一次的集采记忆是美妙的。临行前的最后一天，我们还和客户一起去了一趟故宫。

多年之后，即便早已离开华为，但渔夫依旧和当时的几个客户保持着一种业内朋友的关系，时不时，还能唠唠家常，谈及一些故人。

不过，集采并非全是美妙感觉。

尤其是，有些时候评标小组的人员构成是不固定的，集团客户在规则上为那些希望在集采项目运作中施加影响力的厂家，凭空设置了很多难度。比如集团运营商会搞一个评标专家资源池，这个池子所包含的人员不可谓不多。因此，能够进京参与评标的专家，华为客户经理未必熟悉，甚至未必认识。这样一来，集采就出现了很多变数。

渔夫最难忘的另外一次集采经历，发生在一年之后。

当时渔夫手头上正在处理另外一项工作，但是没有想到的是，突然就接到了系统部主任的一个电话："渔夫，你马上收拾行李准备进京，有个集采项目马上要发标了。"

渔夫突然就蒙了，怎么不早说呢？

而且，客户的航班信息没有，客户的酒店信息没有，客户是男是女都不清楚，只给了我一个人的名字，还有就是一个电话号码。系统部主任非常抱歉地跟我解释：这个人我们都不认识，就靠你了，兄弟。

兄弟什么啊兄弟，这种差事分明就是害兄弟啊！

要知道，对于陌生客户来讲，其实也不是不能接触，一般只要能够确认航班，一趟飞行旅程下来，鞍前马后一接触，再陌生的客户也混熟了。所以在很多时候，一旦客户的航班信息被拿到手，几乎所有利益相关方的厂家都会倾巢而出。渔夫所经历的集采中，有一次，小小的机场候机厅，居然挤满了客户，有来自华为、中兴、贝尔、西门子整整四家的客户经理，可谓不是冤家不聚头。

然而，就这次集采而言，连航班信息这个最基本的信息都没有。

但是，渔夫是华为培养出来的，应届毕业生出身的客户经理。像渔夫这样的人，在华为天生就有一种情怀和使命感。一直到今天为止，多年从事销售工作的渔夫既不市侩，也不油滑，就是有那么一股子初生牛犊不怕虎的倔劲儿。

就是这一股子倔劲儿，刀山火海也得去闯一闯了。

渔夫过去后的第一件事情，就是利用自己掌握的资源，搞清楚了客户的酒店地址，接下来又搞清楚了客户的背景资料，比如这是个女生，年龄不大，等等。在最开始的彷徨无助之后，渔夫迅速稳定了情绪。只不过，当时来到华为北京系统部大

T的第一感觉并不好，因为集团系统部领导问了渔夫很多问题，渔夫统统都回答不知道。关键是，一开始是所有陪同客户经理一起过堂开会，发言按照顺序即可。第二天的时候，就改成了分别单独过堂，也就不存在客户经理们人云亦云、滥竽充数的可能了。

某运营商集团集采评标的时间一共是八天，在这八天之中，渔夫终于成功地见到了这位女客户，并且同这位女客户迅速建立了一种在外地老乡见老乡似的友谊。事实证明，这样的感觉，对于一位女客户来讲非常重要。

这次集采，还有一件出乎渔夫意料之外的事情发生。

我的这位女客户有一次明确地告诉我，小渔，我们几个来自各省的评标代表互相之间也熟悉了，我们知道你们华为的客户经理陪同来一趟也挺不容易的，你们也是带着任务来的。这样吧，我们在不违反内部组织纪律的情况下，会把我们所知道的信息告诉你们。这样的话，你们也就不用天天都找我们了，那样反而显得刻意。同样的话，其他省客户也会对其他省华为客户经理去讲。

换句话说，八天的时间，华为客户经理与客户之间建立起了某种友谊，客户之间也由陌生人成了新朋友。于是，华为各省跟来的几个客户经理之间，也成了攻守同盟的关系。

这样一来，问题反而更加简单了。

客户要的就是好好评标，完成任务好好回家。华为客户经理，要的就是能够在集团系统部过堂交差。于是，这个群体之间最后索性就信息共享了。最后，客户几个人玩在一起，华为的几个客户经理也成了好朋友。而信息，在不违法的情况下，最后居然成了共享的。

这是一次堪称奇遇的集采经历，至今还历历在目。

华为的集采，每一次都有每一次的新故事，也必然会有新的传奇故事流传在各个代表处。多年之后，集采文化也成了华为文化的一部分，历久弥新。

展会文化：客户关系大阅兵

对于华为竞争战线来讲，一次集采已经算是十分浩大的一场战役了。从集采的组织到实施，从报价到方案，从内部讨论到外部宣讲，从获取信息到屏蔽对手，这些都是一整套的系统性的战法。

渔夫所提到的部分，只是从华为客户经理视角得到的观感，并不代表全部情况。

在代表处的实际竞争操作中，比集采更加宏大的战役，叫作展会。展会，在华为内部是一场战役。

展会对于很多消费者或者企业网级别的通讯厂商来讲，实际上是正常工作的一部分，并没有太惊艳的特殊之处。也就是说，不同于华为的销售项目运作以及长期客户关系维护，很多非运营商设备厂商，人家吃饭的途径就是跑展会。

所以，我们这里所讲的"展会文化"，也并非指普通展会。

简而言之，对华为来说意义非同小可的展会只有两个：国内的叫作"北展"，也就是北京通讯展，也叫作"中国国际信息通信展览会"；国外的叫做"巴展"，也就是西班牙巴塞罗那通讯展，英文叫做"Mobile World Congress"（世界移动通信大会）。虽然渔夫主要强调的是运营商设备展会，但是自2010年前后华为高调进入智能手机领域，实际上华为在巴展上是分成两个展区的，一个是设备，一个是终端。

然而，即便是终端今天比较高光，但其文化传承依然来自设备展会。

国内的北展一般在每年秋天，国外的巴展一般在每年春天，都是一年一度的。正常情况下，国内的各代表处一般邀请客户到北展，海外的代表处一般邀请客户到巴展，当然也有个别国内客户去巴展的，但比例较低。

为了同竞争对手抢夺客户资源，华为的展会组织，一般也要当成项目来运作。

谈到项目运作，就必须多说两句了。

华为早期的销售项目运作，都是需要正式立项的。一般来讲，一个项目组的成立，首先要有立项文件，接下来要有项目分工。项目早期比较粗放，一般就是设立项目组组长这个角色，当然这个角色一般都是由客户线来担任，要么是客户经理，要么是系统部主任。一则因为客户线距离客户最近，最容易拿到有价值的客户信息；二则客户线在早期华为的人设比较强势，在调动资源的时候拥有说一不二的独特属性。因此，客户线也就成了早期华为项目运作的主力军。

后来华为项目运作逐渐规范化，项目组比较重要的两个角色，一个是Owner，另外一个叫作Sponsor。翻译成中文，一个叫作项目所有人，一个叫作项目赞助人。一般一个是客户线，一个是产品线领导之类的角色，互相搭配。

当然，后来逐渐规范化项目运作之后，客户线的活力也被空前削弱了。早期的华为一言不合就立项，但是后来要求立项必须有理有据有节，先要写立项材料，而且还要录入iSpaces系统。这样的话，项目运作也就不劳客户经理大驾了。到了该开会的节点，项目经理自然会召集项目开会，客户经理只不过是普通的参与者而已。而且，项目经理会要求每个人定期输出自己负责部分的项目进展，作为每一次项目周例会或者双周例会的上会材料使用。

项目虽然渐渐规范起来，但早期那种大开大合式的风格也不见了。

所以，对于很多国内中小企业来讲，先不谈你的行业性质跟华为有没有相似性，那些在高速发展阶段就铁了心要规范化项目运作的公司，其实都是耍流氓。动不动就要求一线输出立项材料，更是按图索骥、缘木求鱼的具体体现。

让我们再回到展会运作的话题。

展会既然要当成项目来运作，所以一般都要有行政平台秘书担任项目组组长，此外有时候还要求有客户线相关主管担任副组长。别小看秘书们的作用，她们在组织展会项目运作方面，往往有一言九鼎的作用。只要是展会项目组所召集的会议，所有客户线人员以及相关的产品线人员都必须到场。一般情况下，项目组例会都必须提前两个月开始，并且随后做到一周一次例会。

项目组周例会，主要要求更新邀请客户名单，比如邀请的客户范围、客户级别、参观时间、接待资源组织、客户的特殊要求等等。此外，还有最重要的一项内容，就是客户是否答应华为全程安排。

明眼人其实已经看出来了，这就相当于是一次客户关系的大检阅。这样的大检阅，一年一次，你和客户的关系到底怎么样，拉出来遛遛就知道了。

很多客户经理口才不错，脸皮也够厚，时不时就要夸耀自己的客户关系如何好，如何为坚不摧。但是只要从事这行的都知道，有时候客户帮你是举手之劳，有时候则是顺水推舟。至于那种敢冒天下之大不韪来帮你的客户，少之又少。如果说因为某次项目的成功，就贪天之功以为己力，然后在代表处内部为自己树立起优秀客户经理的形象，来到展会邀请客户的时候，就要露馅了。

展会期间组织商务活动，运营商客户和厂家之间的这种默契，其实是公开的，也是合法合理合情的。因此，既然已经放开了所有厂家竞争，那就真是考验客户经理的真功夫的时候了。

愿意跟着华为走的客户，首先要认可华为这个品牌，其次要认可华为本地代表处的形象，最后还要认可对口的华为客户经理的人品。这三样东西组合在一起，才是客户经理扬名立万的时候。

渔夫很荣幸，曾经参加过北展的客户邀请，也参加过巴展的客户邀请，总起来说，邀请的客户都算是客户单位的一把手、二把手。尤其是其中跟渔夫关系深厚的一把手，那个时候真的是对渔夫本人赞赏有加，特意给出来的时间和面子。

作为中国的客户来讲，一把手能够给你厂家一个面子，已经是无上的光荣了。

毕竟，一个客户单位的一把手只有一个，人家跟哪个厂家走都是走。最后所达到的效果，对于人家客户来讲，其实并没有任何差别。从这个角度而言，渔夫是值得为自己骄傲的。

当然，像北展、巴展这样的展会是例行任务，有的时候还会有特殊任务过来。比如，像2008年北京奥运会、2010年上海世博会这样的中国空前盛会，也是以展会为名义邀请客户的好机会。

只不过，其他展会的邀请跟北展、巴展大同小异。

一句话，展会文化是华为内部对客户经理的大阅兵，是华为传统客户活动，也是屏蔽掉竞争对手，单独跟客户高层接触的好机会。

手机文化：糟糠之妻不下堂

上一节讲展会文化，顺带提到了华为手机的今非昔比。

其实，华为手机在华为发展史上，长期以来都是一个尴尬的存在。

当年的中兴手机除了走运营商定制，还能够从容地搞一搞公开市场，在消费者领域捞点油水。但是华为手机却长期以来处于不尴不尬的运营商定制的紧箍咒中不能自拔。当然，华为手机一直也没有限制自己的产品卖到代理商手中，只不过当年的各种支持力度，基本上聊胜于无。所以，如果在同中兴的竞争中涉及手机类的捆绑销售乃至免费打包赠送，当年的华为手机真的是一肚子委屈。

首先来讲，当年华为人自己都不肯用华为手机。

渔夫在客户经理生涯中，曾经用了很多部手机，其中有诺基亚、摩托罗拉，还有一些比较低端的小灵通。但是唯独不怎么用华为手机，偶尔用一用华为手机，也只是带到客户面前推销手机的时候，才假装用自家手机撑撑门面。否则，客户一句话就扔过来了，渔夫你自己都不用华为手机，凭什么让我们用呢？

其实，这样的场景，这样的问题，在当年确实大量存在。

渔夫对于这样的问题，其实有一个统一回答模板。首先华为的手机定位不是高端机，但渔夫作为一名追求上进的好青年，必须要学习业界最先进的手机性能，所以必须用更加高端一点的手机。其次，华为手机也不是不用，只不过我只是将他放在包里测试性能，以保证华为手机卖给您的时候不出问题。有问题，我先测出来，等到您用的时候就万无一失了。

那么，放在包里就能测性能了？这不跟撒谎一样？

其实不然。

早期的华为，很多手机的主打性能就是超长待机，在当时功能机时代，有的华为手机，尤其是CDMA手机，动不动就能够达到待机两个星期不用充电。这样的表现，放在今天就是个神话式的存在了。除了超长待机，华为手机在当时的另外一个主打性能，就是结实耐摔。一般的华为手机掉在地上，很有可能没有任何反应，即便是摔得七零八落，只要你能把所有的部件粘在一起，照样可以用来打电话。

很明显，华为手机的这个设定，就不是走高端路线的。所以，对于华为客户经理这个"商务人群"来讲，华为手机简直太掉价了。

对于这样的手机，华为高层其实也有自己的清晰定位。

据说当年的任正非曾经说过，华为手机的定位不是赚钱，而是要保证中兴不赚钱。也就是说，华为之所以长期保有手机这个产品线，并非想把这个产品线做大做强，而是因为中兴有这个产品线，并且中兴在当时也算是国内国产手机中的一方霸主。涉及运营商这块的投资，就必然会有预存花费拿手机或者零元购机这种预算给到手机这边。如果这块运营商预算被中兴吃下去，中兴就很容易依靠这块利润形成对华为其他产品线的相对优势。中兴用多余的利润来打击华为的主业，那么华为的麻烦就来了。

这个逻辑，虽然有点绕，但确实是说得通的。

所以，华为手机在华为这些年的发展中，虽然没有立下不世之功勋，但是在阻击中兴盈利这块面对面竞争的阵地上，其实一直起到了无名英雄的作用。

正因为如此，华为手机在那些最灰头土脸的日子里，都没有像艾默生电源、赛门铁克安全等产品方案一样被转卖掉。同时，也没有像当年的各种流言说的一样被华为整体剥离上市，抑或单独成立公司。最终，华为手机的兄弟们熬到了自己的春天——2010年左右，华为正式进入智能手机市场，并且单独成立了自己的BG，从此开始了另外一段奇幻旅程。

关于华为手机，并非本文关注的重点，且后边章节中还会部分涉及。我们放在这里讲华为手机，只是为了纪念一下当年的那个倔强的孩子，那个曾经在华为竞争文化中默默甘当人梯的小小少年。

此致，敬礼。

国际惯例文化：人生十字路口

看到这节标题的时候，估计很多人都会发出疑问。

看懂标题的人会问我：这才哪儿到哪儿啊，怎么就扯到"国际惯例"了？看不懂标题的人也会问我：什么叫作"国际惯例"，这节不是讲竞争吗？

这两个疑问都很正常。

华为人管离职就叫作"国际惯例"，所以只要提到国际惯例，华为人可能就会第一个反应出来，这不是离职了，就是跳槽了。

那么为什么要把离职这件事情摆在这里来讲呢？

因为对于国内市场部来讲，混迹国内代表处几年之后，会逐渐失去对工作的那种激情。长期的陪客户生涯，会消磨人的意志，会让人觉得即便是客户经理这项工作，最终也活成了老国企"喝茶看报打毛衣"的千篇一律的生活。尤其是对一些戏谑人生的华为人来讲，这些人往往真的会把自己的生活跟国内客户经理的生活绑定在一起，所谓戏如人生，人生如戏。你如果没有入戏，就会觉得难受，想跳出这种生活；你如果入戏了，很显然这样的生活方式是不可持续的，或者至少是不健康的。

当你是个浑不吝的小年轻的时候，客户经理生涯搞得虎虎生风，风里雨里只要华为领导一句话，也就趟过去了。但每个人的年龄都会增长，到时你就必须考虑自己的家庭问题、自己的职业规划问题、自己未来人生的下一站的问题。

很多人又要有疑问了：华为给那么多钱，有什么可担心的呢？

这件事情，要分成几个层面来看。

首先，华为之外的媒体往往都是看热闹不嫌事大的主儿，华为的收入在外界的炒作之下，已经严重失真了。搞得不管华为内部、外部都是雾里看花，水中望月。实际上，华为得到实惠的只有一些早些年进华为的老员工，尤其是工号（后边会专门讲工号）在一万以内，2000年之前进入华为公司的老员工。这些人哪怕是当年离职，都获得了一笔不菲的股票回购金（后边会讲）。至于后来进入华为的兄弟，只能说是在华为战车的节奏下尽力奔跑，同时赚点脚力费。

其次，华为的公司文化决定了只要你在公司一天，你就必须面对来自内部、外部的各种压力，尤其是把场景放在华为所招聘的这些应届毕业生身上的时候，这种压力有时候大得吓人。还是我们前文所提到的，很多毕业就进入华为的同学，他们在学校要做个好学生，在公司就要做个好员工，如果他们暂时没法让自己达到心中的要求时，就会不断给自己的敬业精神加码。

渔夫当年在做客户经理期间，曾经有几次因为压力通宵睡不着觉，不是因为工作本身没法交差，而是自我施压。比如说，有一次也是涉及项目开标，因为要去接触某个客户，渔夫就活生生在酒店走廊坐了一晚上，期间没有眯一分钟的眼。渔夫内心有一个强大的信念，就是无论代表处领导们怎么给我定目标，我首先要对得起我自己。在我的能力范围之内，我必须搞定这件事情；哪怕在我的能力范围之外，我穷尽方法寻求资源，哪怕把天捅个窟窿，也要达到目的。

所以，华为人尤其是市场口的华为人，往往会把自己逼上绝境，然后再置之死地而后生。

这样积年累月地不断给自己施加精神压力，神仙也会觉得身体被掏空。

除了以上两个原因，华为人经常琢磨离职这件事情，还有工作强度的问题。华为的工作强度，在加班文化的耳濡目染之下，确实是要高于业界同行的。尤其是在巨大的精神压力之下，肉体上还要背负很大的劳动强度，很多人撑不住。哪怕很多华为人还很年轻。

所以，很多华为人都在内部偷偷地默念三字诀防身——"忍、狠、滚"。也就是说，在华为只有三种生存状态，要么忍，要么狠，要么滚。事实上，华为致力于打造的各种公司文化，都是围绕着一件事在进行，就是如何把公司利益最大化，如何能够保证华为公司的可持续发展。具体到每个员工的人文关怀上，其实华为并没有下多大功夫。恰恰相反的是，华为的高层们还经常有意无意地跟现役华为人讲，你们走了，华为外边还有十个跟你一样的候选人排队进来。

话糙理不糙。

企业就是企业，不是慈善机构，企业只有保证自己活下去，才能谈其他。如果在此基础上还能够让自己的员工觉得自己的收入在行业内是顶尖水准，并且还能保持每年不断增长，就已经不错了。如果再去绞尽脑汁搞人文关怀，那这个企业就成了全能的了。这样的企业，基本不太可能存在于现实中。尤其是，很多时候企业的高速增长就必须以员工们的全情付出为代价，此前所有的公司文化铺垫，比如板凳要坐十年冷，比如烧不死的鸟是凤凰，不都是在讲全体艰苦奋斗？保增长和人文关怀，从某种程度上就是两个相反的极端，谈何兼顾？此外，华为的员工们基本还是靠本事赚钱的，华为不看你的出身，也不看你的家世。这样的公司，其实已经算是很良心了。

如此华为，说得略显残酷，但这其实就是一个真实的华为。没有追捧，也没有不顾事实地推上神坛。

所以，话题重新回到这一节的开始部分。

其实，很多人自从进入华为，就已经知道，自己只不过是华为的一名匆匆过客，区别只是自己到底能够熬多久。"熬"这个字，其实并不夸张。当从一开始就知道自己本身同华为文化格格不入的时候，每多待一天都是熬。

渔夫知道，很多华为人都在熬。

有的人觉得华为是个非常好的平台，他们想离开，但离开之后还能够保证在华为一样的待遇吗？有的人大学一毕业就在华为，从某种意义上讲，他们的思维还停留在学生时代，有朝一日让他们离开华为，他们自己都不敢想象。此外，还有的人，已经熬了很多年了，虽然没有得到自己想要的东西，但是他们自己也不知道自己到底还能干什么，所以只能就这么跟着华为一起往前奔跑。至少，逢年过节在亲戚朋友面前，说自己在华为，还算有面子吧？

事实上，在渔夫看来，华为的生涯可以有三个里程碑。

同样是熬，但可以把"熬"合理化，解耦化。一句话，两年熬资历，四年熬收入，八年熬升迁。

两年熬资历的意思是，只有在华为熬够两年，你出门求职的时候才有底气，才能够跟猎头或者人力总监们说一句，我是华为出来的。千万不要为了一时冲动，拍桌子甩袖子就离开了华为，那样除了能够凸显自己的愚蠢，对你的职场人生毫无裨益。四年熬收入的意思是，你只有在华为干满四年，你的收入才能够有一次大的飞跃。这事也很容易理解，由新员工到老员工，由菜鸟员工到资深员工，你给华为带来的价值一定会收到回报。八年熬升迁，更加容易理解，如果熬过了八年，基本上就可以进入华为的关键岗位干部后备梯队。那么从另外一个角度看，熬过了八年的华为老员工，基本也就是铁了心在华为一辈子了。忠诚度的基础上如果再加上能力出众，你想不做华为的干部，组织上都不答应。

所以，说了这么多，这些东西才是华为那些打算"国际惯例"的朋友应该注意的，而不是对周边人发发牢骚，或者是每天就带着这些牢骚，一年又一年。

我们再回到最开始的那两个问题，为啥在竞争这一章，加入了"离职"这个话题呢？其实很简单，华为人的国内职场到了一个瓶颈，就要面临"离职"这个选项了。而且，因为长期接受"打26"文化的洗礼，华为人即便离职，也多半不会选择去中兴。因为在华为人看来，这是一种"下嫁"，于情于理于自己内心都过不去。

不过，处于人生十字路口的国内市场的华为人，其实还有一个选项。

那就是去海外。

第五章

海外文化：进阶

上一章提到，华为人在国内发展如果感觉遇到了瓶颈，其实还有一条路比离职要更好一些，那就是去海外。从国内去海外，还算一条退路，但是去海外之后，在华为就基本意味着没有退路了。

　　华为文化中，从国内到海外是正向流动，而从海外到国内则是逆向流动。就海外已经开拓二十年的历史而言，大量的海外人员等着祖国的召唤叶落归根，正常的话，国内一个位置排队的人都一大堆。

　　正因为历史悠久，人员丰富，华为的海外文化自成一体，具备非常鲜明的自身特征。

外派资源池文化：徘徊在游泳与上岸之间

华为人奔赴海外，虽然是正向流动，但并不意味着可以免试入学。

早期的华为人派驻海外，是无条件的，那个时候只要是国内华为人报名，基本上马上就给你办签证、订机票。但随着华为早期本地化探索的告一段落，大量的华为海外子公司也纷纷成立起来，华为人的外派开始渐渐严格起来。所以，才有了外派资源池的说法。

为什么会有这个机构呢？

因为当时的海外代表处虽然大量缺人，国内代表处也有大量青年才俊具备报效祖国、报效公司的雄心壮志，但直接让这些人出国，无论对海外组织，还是对愿意奔赴海外的个人而言，都是不负责任的。所以，在正式外派之前，就要把所有有志于奔赴海外的华为人集中起来搞培训。培训表现合格的，才可以派往海外代表处。

培训的作用，还在于遴选，第一是对动机的遴选，第二是对能力的遴选。

早期华为人外派，那都是死活不肯出去的，尤其是国内市场人员。毕竟他们在国内待得太舒服了。这个舒服不是物质与精神上的舒服，而是这些人完全就生活在自己的"舒适区"。让国内市场的人离开自己的固有客户群体，离开自己熟悉的语言环境，简直比杀了他还难受。所以，那时候外派太缺人了，对动机就并不怎么甄别。

但是，随着后续年轻人越来越多，海外的早期市场环境越来越好，很多年轻人都希望到海外多挣点钱。尤其是外派到艰苦地区、战乱地区，还有额外的津贴可拿，更是刺激了一代又一代年轻人勇于奔赴海外。

所以，就动机而言，兄弟你告诉我，你去海外是为了赚钱还是赚经验呢？

标准的答案是，我是为了响应公司号召，继续到海外艰苦奋斗。

虽然我们知道，你小子去海外，就是为了多挣几年钱，然后就撤了。但是没关系，这个程序是必须要履行的。

再说能力问题。

在早期的华为人到海外的过程中，基本上跟抓壮丁没什么区别，哪里还有人管你的能力问题，有人能去海外开"盐碱地"就不错了。当时，海外的空白市场很多，真的难保哪个市场真的就三年颗粒无收，就这个悲壮，还真管你的能力问题？

尤其是英语，早期很多华为老一辈人不懂英语。

渔夫有位老领导，他的英语渔夫基本听不懂。别说他的英语了，他老人家的普通话，渔夫都半懂不懂。所以，在海外开会的时候，他身边经常有一位中方的销售管理，时不时把他的方言英语翻译成正常英语，视情况而定。

所以，外派资源池培训，基本内容会在两周之内结束，但最难的一关，还是英语。此前的考试，无论专业知识还是驻外文化礼仪，都没有那么困难，唯独英语这一关，不简单。

说这一关不简单，并不是题目本身很难。关键是，英语考试分成卷面和口语两个部分。

卷面又分成笔试与听力，其实就卷面考试来讲，对于大多数参加过高考的华为人来说并不是什么新鲜事。关键是，这些年的国内工作生涯是不是让你把英文给扔了，尤其是听力。当然，对于大多数人包括渔夫在内，最难的环节是口语。口语之难，在于面试老师往往不是老外，而是华为从第三方聘请的专业英语从业的中国人。

老外对中国人说英语很宽容，只要你表现得从容自信，即便你胡说八道，文不对题，可能还是会跟你说Good、Perfect、Great。但中国人对中国人的英语，就要死抠字眼了。因为不这么玩，就没法证明他英语的权威性。

所以，难点在这里，很多人也就倒在了英语考试上。然而，在很多情况下，很多兄弟都是跟国内代表处的领导撕破脸，才为自己赢得了奔赴海外的权利的。所以，他们的退路已然断掉了。即便英语考试不过，也没有脸面再回原代表处了，只能硬着头皮出国去海外代表处。

在这种情况下，外派资源池管理单位往往也网开一面，你可以"戴罪立功"，背着英语挂科的成绩先去海外接触业务。三个月之后，外派资源池再给你组织一次补考，还不过就再接着考，反正每三个月就给你一次机会。但是，在这个期间的驻外补贴是暂缓发放的，直到你有一天英语过关为止。

因此，华为人的外派虽然是正向流动，但确实机会来之不易。真正拿到外派资格的那一天，还是值得骄傲嘚瑟一时半刻的。

当然，除了外派人员的正向流动，外派资源池还有个功能：收容那些不想在海外继续常驻，或者被海外代表处末位淘汰的员工。很显然这些人都是"逆向流动"，而且往往这些人一时之间没有办法在国内找到正式职位，只能在外派资源池里面待着等待机会。等待资源池回流人员的，往往就是三天一大考，五天一小考，在此期间，带班老师会经常给你送来国内不同岗位不同部门的内部职位需求，供你选择。

这样，如果你能够从池子里面成功上岸，也算是一条好汉。

反过来讲，如果不能成功上岸，华为也不可能无限期养着你这么一个只吃饭不干活的闲人。考试的力度越来越大，考试不过可能就要受到惩罚，时间久了不出池子，可能就要降薪。直到最后，你的信心耗光，主动退出为止。

这样一来，我们也就理解了为什么有"外派资源池"这个叫法，而不是叫作外派培训班。因为资源池的说法本身就是所有人都要跳进池子里游泳，有本事的就上岸，没本事就等着窒息。这事是双向的，是公平的。

外派资源池文化，又是华为的独特文化之一。

本地化文化：以夷制夷

和国内很多其他公司的海外之路完全不同，华为向海外进军，从一开始就是准备要在海外扎根的。国内的企业到海外，如果不分行业大类笼统来看，大体上会有几种选择。

第一种，贸易模式。

贸易模式基本是走展会、谈客户、接订单这套流程。这套模式的好处是投资少、见效快，如果形成了长期客户供求关系，则完全可以远程维护海外代理商。这样的话，对于很多公司来讲，只需要做好工厂运营，一线则不用投入太多人手，只需要在必要的时候进行客户走访、定期拜访、团拜拜访或者借助展会顺访，即可坐赚黄金万两。所以，这种本地化模式，有时候也被称为"坐商"。

这种模式的坏处显而易见。本地代理商充其量只是了解梗概，而远远谈不上渠道经营。所谓的赚钱模式只不过是短平快，而无法形成持续性增长，如果代理商关系破裂，则可能前功尽弃。

当然，即便是同一种模式，也可能会有两种套路：一种套路叫作OEM，也就是贴牌代工模式；另外一种套路叫作自有品牌模式。对于很多工厂来讲，最早以OEM的方式进入海外市场，可以算得上是两全其美的一种方式，既能保证工厂的持续运作，又能够借船出海看到海外早期的运作规则。当然，还有一种情况，比如欧美等发达国家，对中国品牌并不感冒，你只能依托OEM进入当地。中国货，贴欧美牌，也是比较流行的一种组合方式。

OEM的运作难度显然比较小，自有品牌难度则较大。但还是那句老话，把命运掌握在自己手上，才能够持续发展。尤其是那些既搞OEM，又是坐商模式的公司，其实有很大的隐患。

第二种，办事处模式。

这种模式可以视作贸易模式的升级版。当海外贸易额越来越大，或者说OEM带来的利润越来越多，那么很多公司就开始想办法卖自己的自有品牌，这是一种符合我们逻辑的认知过程。

如此一来，那些下决心要做自有品牌的公司，也就开始了海外办事处的建设。

当然，最初的办事处建设，都带着一定的投机性。比如，严格意义上来讲，很多国家法律规定，如果一家外国公司过来开设办事处，一定要注册子公司，此外要在本地缴税。但是中国人的早期办事处建设，没有如此之多的条条框框限制，因此很多都打了擦边球，比如一开始只是租个宿舍，然后租个民房做办公室，在此基础上，那些本地外籍员工的工资也是由国内统一发放美金。

虽然条件简陋，还冒着被本地法律起诉的危险，但这样的模式是一种常态。中国人在这种模式之下，就可以放开手脚发展自有品牌，同时还可以兼顾OEM的拓展。并且有了本地外籍员工的协助，就可以对本地的渠道进行梳理与管控，同时对价格体系进行建设与维护。

办事处模式，是海外中国公司精细化运营的重要参考样板。

第三种，子公司模式。

这种模式是一种比较彻底的本地化模式，随着中国公司海外扩张步伐的加紧，越来越多的公司开始采取这种模式。

子公司模式下，公司法人要在本地法律的许可之下注册在本地所在国，并且要求制定规范的公司章程，要求必须在本地招聘员工，本地发放工资，在本地合法纳税，并为员工缴纳社保等劳动法规定的福利。

之前的办事处模式，所有东西都是打擦边球，而在子公司模式下则完全按照一个正规本地子公司的模式来运转。只不过，对于中国人来讲，依然有灰度可以操作，比如给老外发放工资以及缴纳五险一金，而给本地的中国人则完全按照国内的劳动法来办理，所有工资与福利都是按照国内的方式来做。所以，很多子公司虽然已经成立了，但中外薪资实行的依然是二元制。

这件事情，依然有点钻法律漏洞的意思。

当然，对于子公司模式来讲，还有子公司模式的升级版，那就是在本地设立仓库，设立组装厂，设立物流中心。这种大张旗鼓的做法，就基本接近本地化的终极模式了。

实际上，我们所说的终极模式，基本上就是华为目前所采用的模式。

首先，华为从一开始，就是按照子公司模式来运作的，所有事情都在本地法律与政策允许的架构下进行。子公司的体系内，所有本地外籍员工与中方常驻员工，统统在本地发工资和福利。当然，外籍是百分百的本地人，而中方则在满足法律所规定的本地最低薪资的基础上缴纳。所以，中方常驻人员的工资，在很长一段时期内都是两部分，一部分国内发，一部分国外发。

当然，这依然算是灰度的一部分，更大的灰度来自那些并非中方常驻人员的中方出差人员。这部分人往往也是长期在代表处工作的，但是他们很显然是没有本地工作签证的。这件事情依然有法律风险。关于这件事，后边还会讲。

在本地子公司正常化与彻底本地化的基础上，华为的其他本地化也在进行。比如，物流的本地化，财务的本地化。

华为的海外总架构，所有海外地区部都依附于片区联席会议的管理之下，片联会单独设置一位片总。这样的话，片联以下有地区部，地区部以下有代表处，代表处以下有时候还会设置办事处。

我们以欧洲为例，欧洲在片联的统一领导之下，被分成了西欧地区部和东北欧地区部。不管是西欧还是东北欧，都可以享受到设置于匈牙利的欧洲供应中心（简称"欧供"）的本地供货福利。与此同时，欧洲还单独设置了财务共享中心，总部在罗马尼亚。

机构本地化，人员本地化，薪资本地化，供货本地化，财务本地化，所有这一切，造就了今天华为在全球海外市场的巨大成功，这种成功碾压了很多号称走国际化路线的品牌。

当然，除了华为的这种本地化模式，还有一些不怎么需要本地化的公司。比如中国"中字头"的一些路桥类、建筑类、工程类企业，这些企业基本上采取的模式是销售拿单、售后交付，然后一次性搞定所在国的工程。这种模式基本上在前期就是围绕销售，后期就是围绕工程。即便是开设了办事机构，也是属于临时性质的。只不过这类项目往往旷日持久，所以，即便是临时的本地化，依然要踏踏实实、本本分分地做好。

当然，这类公司还有个特点，因为中字头企业往往不缺资源投入，所以基本上在本地运作中会大量招聘本地翻译人才。所有项目运作、工程实施，基本上都是靠中方人员外加翻译人才完成，即便是招聘本地外籍，也是围绕项目按需投入，且身份多为销售。换个角度而言，这些大型工程类的本地化，同样会搞得轰轰烈烈，但如此本地化同样不具备非常强的持续性，本地招人用人带有非常强的针对性和临时性。

不仅是外籍人员的临时投入，到了项目交付阶段，这些公司在国内还会临时派驻大量的工程施工人员，从工程师到普通工人乃至随军厨师，都会大量从国内调拨。所以，这种本地化的本质，就是围绕项目和工程来行动的。这种本地化方式，我们不妨称之为"工程式本地化"。

讲到这里，不妨稍微花点时间说说贸易模式、办事处模式、子公司模式以及工程式模式之外的其他本地化方式。渔夫不提名字地说几个走"国际化路线"的老牌企业，他们做本地化的方式，堪称反面教材。

具体来讲，就是收购并购、合资公司几种模式的本地化。

收购并购这种模式不能说不好，然而从目前来看，效果并没有那么明显。想要依靠外国人的力量帮助中国人在海外站稳脚跟，这件事情本身就是悖论。因为，站在人家外国人的立场上，人家还想利用中国人的现金流让自己起死回生呢。

所以，收购并购这种事情，本身就是同床异梦的两口子在一起过日子的典型案例。要想把收购并购的模式做好，第一要对自己和对对方有一个清醒的认识；第二对技术和市场的转让要有时间点和节奏，话语权必须掌握在中国人手中。

国内有很多擅长扯虎皮拉大旗的公司，往往吹牛吹得山响，在国外则对外国人卑躬屈膝，各种丧权辱国的条件统统答应。因为说白了，这些企业并不具备在海外立足的实力、经验与勇气。他们在海外折腾一点动静的目的，无非还是想要出口转内销，给国内造势，然后利用这样的噱头在国内获利。这样所谓的本地化模式，其实跟买办没有什么区别。

当然，还有更加令人哭笑不得的所谓"本地化"——合资公司。

合资公司这种模式在全球来讲，从结果来看，成功案例微乎其微，关键是不管这种模式究竟是好还是不好，这种海外开拓方式是在20世纪八九十年代中国企业"走出去"的初期阶段才出现的一种模式。当时中国人缺技术、缺资金、缺市场、缺国际化人才，总之什么都缺，在这种情况下，合资公司模式是逼不得已才选的一种模式。然而，时间已经到了今天，在一些故步自封、思维僵化的企业内部，居然还有一些公司高管在推行"合资公司"模式，而且奉之为金科玉律，在满世界地找

"合资伙伴"。这样的经营模式，不得不说太过奇葩了，太过刻舟求剑了。

后边的这几种所谓的"本地化"，我们不妨统称为"投机式本地化"。

这样的投机跟华为比起来，简直是云泥之别。

海外食堂文化：兵马未动，粮草先行

俗话说，兵马未动，粮草先行。

华为的本地化，和其他中国公司相比有个最大的特点，就是食堂的专业化。这件事情，跟华为的本土企业文化是强相关的。

前文说过，如果你应聘进入了华为，你很快就会发现，在华为你几乎不用操心除了本职工作之外的事情，因为其他东西早就被华为考虑在内了。这件事情到了海外更是明显。食堂的专业化，只是最最基本的。

华为的食堂大师傅，大部分都是专业厨师出身，他们在国内被招募，随着华为进军海外的脚步一起来到了海外。这些厨师的性质，并非前文所说的随着大批中国工程项目到海外的大食堂厨师，而是妥妥的可以在饭店独当一面的"小灶厨师"。正因为如此，也有大量的华为海外厨师，在华为海外赚了几年钱后，就凭借这门厨师手艺摇身一变成了本地的华人饭店老板。

转过头来想想，这些厨师有这个本事自立门户，他们做出来的饭菜，华为人能不喜欢吗？

有了专业厨师，有了专门食堂，华为人也就完全可以安下心来生活和工作了。平时的一日三餐都是在食堂打发，基本不需要自己操心。到了周六周日，可以出去尝尝本地的中餐，或者本地餐。当然，也有些比较机智的华为人，他们一到周末就跟食堂师傅们一起活动，有的甚至还把宿舍搬到了食堂师傅们旁边，如此一来，生活也就彻底有了着落。

食堂的存在，使得华为人平时的活动地点也有了很大的限制范围。

比如说早餐吧，一睁眼就直奔食堂，食堂里可以吃到家乡的油条、豆浆、咸菜、腐乳，甚至还可以吃到南方的汤圆、米粉。美好的一天也就从食堂开始了。一个上午的忙碌结束，几乎全球的华为人都是中午十二点雷打不动地开饭。这一点，甚至会让老外十分诧异。每天中午十二点，中国人就会瞬间集体消失，成了海外代表处的一个魔术一样的现象。只不过如此魔术，到了晚上六点钟又会重新上演一次。对于习惯了分散就餐，不太固定时间就餐的老外来讲，中国人的这种生活模式，他们确实感到很新奇。

所以，在工作日的一天之中，除了蹲办公室，华为人的大量时间都是在食堂度过的，对于老外来讲，找不到中国人的时候就去Chinese Canteen，基本一抓一个准。

平时尚且如此，到了重要节日的时候，更是如此。

华为人的中秋节、春节等中国人的传统节日，中方人员基本没有时间回家，往往就齐聚中方食堂。在形式上，往往也是中西合璧的玩法，有自助餐的形式，也有集体包饺子的形式。当然，如果时差允许，大家一起把酒言欢，同时还能够看看春晚，也是一种海外中国人的自得其乐了。如果还有条件，再弄一台流行于20世纪90年代的卡拉OK点唱机，那就再美不过了。

中方食堂，在大部分情况下都是中方人员十分放松的一个场所。当然，偶尔也会有不和谐的音符。比如，食堂师傅们的采购必须要有行政平台人员严格管控，否则每天的一出一进，会有非常大的管理漏洞。再比如，食堂是独立于宿舍和办公室之外的场所，且使用权隶属于华为，而且除了吃饭期间，其他时间会比较僻静，因此，也发生过一些风流韵事。

这些事情，也算是华为海外食堂文化的一个另类组成部分。

总而言之，华为海外食堂，是华为海外文化的重要载体之一。

海外宿舍文化：半封闭小社会

提到华为人的海外食堂，就不能不提到华为人的海外宿舍。和海外食堂一样，海外宿舍也是华为人的重要日常活动场所。

早期的华为，不仅海外有宿舍，国内代表处也有宿舍，宿舍由代表处行政服务平台统一租赁、统一管理。只不过后来国内的宿舍纷纷开始社会化，也就凸显了海外宿舍文化的独特地位。当然，后来的海外华为宿舍，也开始慢慢尝试社会化，这是后话。

原则上，华为的宿舍男生跟男生住，女生跟女生住，领导干部或者带家属的华为同事单独住，这个是潜规则。当然潜规则下也有特殊规则，比如某个国家比较小，代表处宿舍资源比较紧张，有时候男生跟女生也会混住。但男女混住这种情况确实会比较尴尬，尤其夏天比较炎热的情况下，而且对外说起来有时候也说不清楚，属于比较极端的情况。

在宿舍没有社会化之前，华为宿舍会有保姆统一打扫卫生，包括整理被褥，换洗床上用品，等等。当然，也有个别非常敬业的保姆，有时候甚至会把中方常驻人员的衣服也统一洗干净。所以，我们还是那句话，华为整个公司的导向，就是让所有员工把精力都花在工作本身，其他的事情公司能帮你料理明白。

在很多情况下，海外华为人的宿舍也只是个晚上睡觉的地方而已，因为工作时间必须待在办公室，吃饭的时候在食堂，晚上还需要加班加到很晚，所以大家只要回到宿舍，基本也就剩下洗漱、睡觉这两项内容了。当然，周末的时候除外，周末的华为宿舍相对会热闹些，有很多华为的中方男男女女，聚在一起打打牌、做做饭、涮涮火锅，一般都会聚集在某个人缘比较好的员工宿舍内。吃完饭一抹嘴，大家还可以侃侃大山，摆摆龙门阵，之后再一起出游或者打打球，这样的周末时光，算是忙忙碌碌的华为人忙里偷闲的一种难得的惬意了。

当然，谈到出游的话，需要补充几句。

在海外的很多代表处，食堂、宿舍，包括车辆都是行政服务平台统一运营的，因此早期大量的华为代表处都有车，这些车有的产权属于代表处，有的则是租赁的。所以相对应地，华为代表处还会配有司机。不过到了周末，司机也都回家休息了，这样这些车辆的使用权，就交到了华为中方员工手上。会开车的华为人往往会呼朋引伴，一起自驾游，甚至开车出国游。当然，这种情况下的安全隐患也不是没有，华为在早期因为员工开车出游，就出现过很多死伤的事故。所以到了后来，车辆的问题跟宿舍一样，也社会化了。

有了中方食堂、中方宿舍，甚至于中方用车，这样一来一个现实问题就摆在了所有人面前，海外的华为中方彻底形成了自己的小社会、小环境。我们可以设想一下华为人每天的生活：早晨一睁眼，和中方员工一起直奔华为食堂，白天除了办公室的工作，午餐、晚餐还是和中方员工在一起；到了晚上，外国员工回家，中方加班，这样一来还是一群中国人在一起；加班完毕回宿舍，毫无疑问，还是和中国人在一起做室友。

自不必说，华为海外代表处很多都跟国内有非常大的时差，也更加不用说，因为信息安全严格管理的原因，华为在很长一段时间内的即时通信，也基本都是依靠内部QQ——ESAPCE来进行联络。这样一来，生活中的"三点一线"彻底形成，三个点分别是办公室、宿舍、食堂，一线就是公司用车。于是，这样的工作和生活方式，也就彻底把中方员工禁锢在了一个极为狭小的华为内部圈子之内。

所以，在外界看来，华为人很神秘，基本都是跟自己人在活动，跟外界几乎不怎么保持联系。第一是没时间，第二是没渠道。

正因为如此，在很多外人看来，华为人一头扎到海外很多年，以为他们从此之后开阔了自己的视野，成了具备国际视野的海外专家。实则不然。华为人到海外，并非鱼儿进入了大海，反而更像是一条鱼儿进入了一个鱼缸，只是这个鱼缸被放进了大海中而已。实际上，鱼儿的活动范围，只有这个鱼缸罢了。

所以，也就出现了很多怪现象。

很多华为人一到了海外，更加两耳不闻窗外事了，更加像是在一座学校学习，而不像是在一家公司工作。关键是，这座学校的福利条件还很好，吃喝拉撒睡的后勤事务，统统不用你操心，而且所有人都是各司其职，只是安安心心做好自己手头上的那个模块的事情，华为这台精密运转的机器中的其他部件不用你操心。所以，很多没有那么严格要求自己的华为人，他们来到海外多年，依然只会说英语，至于本地语言一句话也没学会；另外还有一些更加极端的例子，在海外十年的华为销售，连个做外贸的基本常识都没有，出来华为甚至都不懂什么是FOB，甚至都不懂什么是LC。

所以，即便有一天离开华为，还能够具备很强的大局观的海外华为人，一定是在海外没有荒废自己的人，也是在日常生活中非常热爱生活的人。

海外恋情文化：人类社会的永恒话题

即便你再热爱生活，在海外久了，也同样会非常寂寞。

即便华为人有自己的小圈子，但每一个自然人依然是社会属性的。

在陌生的国家陌生的环境里，年轻的华为男女们，又该如何来打发自己的一个个漫漫长夜呢？

你要考虑到的问题，华为公司已经替你考虑好了。

华为公司允许华为人带家属，不仅如此，华为家属来到海外，华为公司还会给家属发放家属补贴，报销往返机票。在个别发达国家常驻的华为家属，她们每个月到手的家属补贴，有时候甚至要高于她们在国内挣的工资。所以，大量家属随军来到海外。

当然，需要注意的是，随军家属基本清一色都是女人。而那些华为女员工，很少带男家属来到海外。

家属随军只是解决了一部分华为人的感情需求，还有很多华为家属不愿意放弃国内优厚的工作条件，不愿意把青春韶华交给华为男，一起在海外艰苦奋斗。况且，还有大量华为的单身汉和单身大龄女青年，这些人怎么办呢？

答案就是没办法，只能熬着。

很多华为人在国外，都可能会被熟识的本地员工问到一个十分相似而沉重的话题：长期远离祖国，远离男女情爱，你们这帮中国人都是囚犯吗？因为这个世界上只有囚犯才会被强制取缔男女之爱。常年如此，你们能受得了？

但是玩笑归玩笑，这事是很多人不得不面对的一个课题。只不过华为人的年龄都不大，单身的男男女女长期在一起朝夕相处，自然而然就会产生感情，何况在华为这个半封闭的小社会。所以，很多华为人就在海外恋爱了。

但是要知道，这是一步险棋。

首先，华为内部办公室恋情，长期以来都不是被提倡的；其次，每一个华为人只是华为这架战车上的一分子，一个家庭已经有一个人跟着华为一起艰苦奋斗做奋斗者了，如果全家都是奋斗者，那这个家庭的日常生活运转可能就会出现问题；此外还有一个原因，华为是典型的流官制度，这一点在海外也是一样的，华为人不知道哪一天就有可能被调往哪一个新部门哪一个新代表处了，每个华为人对另一个华为人都只是华为职场上的匆匆过客，今天在一起并肩战斗，明天可能就天各一方了。这样一来，万一两个华为人产生男女恋情，那么十有八九也只是露水夫妻。

道理既然讲清楚了，眼前也就豁然开朗了。

要么，一颗红心献给华为，踏踏实实熬着；要么，另作他图——与其光明正大地恋爱，最后再接受更加痛苦的离别，还不如偷偷地搞一些地下情。无非就是在宿舍里多摆一双拖鞋的事儿，只要藏好了即可。

然而不管是何种方式，不管是明里还是暗里，中方年轻女员工都是最受欢迎的。

国内的大龄单身女青年多不胜数，但在海外俨然是稀缺动物。华为的招聘，本来就是以工科男为主力，这就决定了女生不会成为公司主力，那么在此基础上再被派往海外的就更少了。这样一来，但凡代表处或者地区部有一些女生存在，不管这些女生是何种职位，销售也好，行政也好，财务也罢，总之都会成为众人瞩目的焦点。

这件事情，倒是还挺能满足一些女孩与生俱来的虚荣心的。

或许在国内，这些女孩无非就是普普通通的路人甲，但是在海外，很有可能成为"万人迷"。这样由于物以稀为贵而造成的奇货可居的假象，确实会让一些女孩迷失自我。这些女孩，从此就生活在了自己为自己所编织的舒适区内。

有的人，借此机会接近到了"华为吴彦祖"；有的人，拿到了比别的同事多得多的年终奖；有的人，甚至还摇身一变，成了那些扎根海外多年的华为老领导的新媳妇。

只是，有新人笑，就有旧人哭，这个自是不必多言。

当然，大家都知道常驻海外不易，尤其是那些在国内有家有业的华为老员工。一般出现了这样的事情，多半上边也都是睁一只眼闭一只眼。也就是说，在国内可能是高压线的一些事，来到海外也只好息事宁人。

当然，也有极个别的华为人，在海外跟本地人发生了恋情。

但是还是那句话，由于华为内部半封闭小社会的根本属性，华为人对于外部的这些恋情，很难正常维系。除非直接离职，办理本地入籍。这样的情况倒也不是没有，只不过华为女生远嫁异国的多，华为男生入赘异国的少。

一句话，海外恋情这件事，在华为内部一直没有特别好的解决方案。

当然，不仅华为。男女恋情一直是我们人类社会的永恒话题，也是几万几千年来根本找不到正确参考答案的一件事情。

更多的讨论和故事，留给后来人叙说吧。

海外家属文化：三个女人一台戏

　　既然海外恋情是个很难说清楚的话题，咱们就只说台面之上的。

　　谈谈海外家属文化。

　　海外家属是值得尊敬的一群人，没有她们在海外数十年如一日的坚持，也就很难有今天华为人前赴后继耕耘在海外一线。这其中的大多数家属，都为家庭乃至为华为做出了巨大牺牲。有些家属在国内有着不错的职业，有些甚至还可能是女强人，但为了华为人的海外艰苦奋斗，纷纷选择了随军。而一旦选择了随军，也就同时把自己送上了一条莫问前程的漂泊之路。

　　有些家属，虽然已经办理了所在国的工作签，但她们的随军是探亲性质的，尤其是那些孩子已经在国内接受教育并快乐长大的家属而言。也就是说，虽然可以长期在海外随军，但她们只是在孩子寒假、暑假时，才会到一线跟老公团聚。平时也只是过着牛郎织女的生活。当然，这样的随军方式，要么家属本人已经不再工作，要么是特殊工作性质，比如学校老师。

　　有些家属，则完全将自己交给华为公司，横下一条心跟定自己的老公了。辞掉国内一切工作，暂时切断一切国内社会关系，一心一意陪老公在海外。这样的家属，不得不说付出的牺牲很大，并且这样的牺牲还会涉及下一代。很多家属就在海外怀孕生娃，海外怀孕会面临医院里语言不通的麻烦，万一遇到突发事件，有时候光是交流就会弄得手忙脚乱。生了娃娃更是问题一大堆，娃娃们小时候还好说，反正在哪里都是懵懵懂懂，大不了推着婴儿车满大街溜娃就好。而且在一个异国他乡的环境里，反而可能会增加一些见识。

　　真正的考验，来自孩子受教育的阶段。

　　能够带孩子上一个条件良好的国际幼儿园当然好。因为对于很多跨国常驻的欧美公司来讲，带家属本来也不是什么新鲜事，所以无论哪个国家的首都，都会有类似这种为外国人开设的国际幼儿园。但问题在于,欧美跨国公司常驻人员,他们很多都是以英语为母语的。所谓国际幼儿园,实际是英语幼儿园。让孩子在这样的环境中长大,倒是可以满足随军妈妈们的虚荣心,但对于孩子们的母语基础以及早期语言开发来讲,实际上未必是好事。

当然,还有更极端的事情。

比如孩子们的幼儿园阶段,可能也是在颠沛流离之中度过的,今年跟着爸爸在这个国家,明年可能就跟着爸爸来到了另外一个国家。而一旦度过了幼儿园阶段,接下来的小学阶段,入学则更加复杂,孩子们需要面对的考验也更多。

我们经常说,海外华人二代的身份其实十分尴尬,他们因为一张中国人的脸,无法融入本地社会。而因为没有在中国的生活经验以及文化背景,往往又不能被中国社会所接纳。到最后,这部分华人二代也就成了生活在夹缝中的人,成了两边不靠的人。那么至少,这部分华人还能有背景相似的海外本地华人群体可以依托。换到随军的"华为二代"们身上,他们缺乏小时候的母语训练,缺乏同其他中国人之间的有效交流,长大之后如何适应这个社会是个非常大的问题。

当然,这样的极端案例,往往发生在发达国家。对于一些相对条件不好的国家,可能家属们也会早早把孩子送回国内了。而对于没有孩子教育牵绊的华为家属而言,在海外的生活则是另外一幅场景。

首先需要说明一点的是,在海外的随军家属不允许在本地有正式工作。因为从法律意义上来讲,持旅游签、商务签、陪同签的中国人不能够在本地工作,如果被本地政府查证,可能会被遣返回国,甚至有牢狱之灾。

所以,很多年轻小家属索性就打擦边球,在本地做起了代购生意,代购的物品从奶粉到化妆品,从包包到名牌衣服,不一而足。做生意未必就能赚多少钱,但好在这是一种打发时间让自己充实的好方法。让自己充实,这话绝对不是哗众取宠。因为华为人的生活相对比较简单和封闭,华为家属们更是如此,基本就是围着华为圈子打转,时间久了自然会无聊。而且关键是,即便你到了一线随军,也未必能够经常见到自己的老公,他们每天加班回来很晚,早上又早早跑到办公室。

这样的生活,能够匀出来陪媳妇的时间,少之又少。

除了代购之外,家属们还有其他工作选项,比如被华为行政平台组织起来,成立生活委员会。生活委员会可能会帮助行政人员记记账、管管食堂,也可能帮着大师傅们包包饺子。只要动员得当,家属们的参政议政热情还是很高的。于是,很多家属行动由分散变为集中，家属和家属之间甚至成了朋友。

当然，这种亲密接触式的家属群体活动，有时候会引发矛盾。

俗话说，三个女人一台戏。女人们的心思比较缜密，念大学时候的女生宿舍，区区四个人就能分成六个帮派。只要女人多了，各种排列组合的小圈子就会出现，而且因为空闲时间太多了，时间久了难免就会各种嚼舌头，各种东家长李家短的流言蜚语。有时候大家无非就是聊天瞎侃，各种有的没的一些闲话。但人类社会的本质，聊来聊去可能就会涉及情感方面，甚至于抓小三揪小三的问题。

更加严重的情况，如家属们之间的关系恶化，还可能波及华为员工的关系。

像这样，家属们没有稳住华为员工的情绪，反而激化了华为人之间的矛盾，这就跟家属随军的初衷背道而驰了。

所以，合理利用和引导家属文化，为华为人创造一个健康积极的工作氛围，也是海外华为人的重要课题之一。

海外移民文化：文化与信仰之争

有一些华为人，家属随军时间久了，可能会萌生另外一种想法——移民。尤其是，那些在欧美发达国家常驻的华为人。

我们从根子上说，华为人尤其是那些刚毕业就进入华为的华为人，其实思考问题的方式是十分简单的。他们身上，往往带着非常深的学生时代的烙印。长期在华为的职场打拼，他们身上虽然带着十分鲜明的艰苦奋斗精神，但他们往往对待生活的态度十分直接，我付出劳动，我得到我的劳动应该换回的东西，比如钱，比如地位，等等。

这样的思维方式，在华为人中间能够占到主流。

在华为内部，大家除了工作，谈论的话题往往就是艰苦奋斗，艰苦奋斗之外呢？话题就不会那么多。可能就要谈谈买什么样的皮带，穿什么样的西装，戴什么样的手表了。因为除此之外，大家确实不太清楚要聊点什么东西。原因想必大家也可以猜出来，华为人都生活在华为这个小社会之中，往往对外界的一些变化不太敏感。哪怕是国家的发展，国家的大政方针的变化。

所以，华为是一家伟大的公司，甚至这几年，华为还被很多媒体包装成了一家伟大的爱国的公司。但是不巧的是，和华为的流光溢彩不同，一个典型的华为人，可能反而会视野很局限，甚至可能会很反潮流。

这个，就是华为和华为人之间最大的二元对立。作为一家公司，华为很伟大，但华为人往往很局限。

这里并没有贬低华为人的意思，因为华为人的群体努力，才有了华为公司的成功。只不过，这并不能说明，华为很伟大的同时华为人也很高大全。

最早让华为人苦心孤诣，要求上进的动力，就是改变自己的家庭经济地位。那么，有了这个先决条件，其后的任何人生抉择，其实都是合理的。

于是，从应届毕业生开始，华为人有了越来越多的存款。用这些存款，华为人可能会不断改变自己的外在，比如前面说到的穿衣打扮，以至房子、座驾。再之后，当经济地位不断改变的时候，他们甚至可能会不满意自己贫贱时期所选择的人生伴侣，于是接下来对这件事也可能会辞旧迎新。再之后呢？钱、地位、物化的外在、人生的伴侣这些都有了之后呢？很多人第一个想到的，就是移民。

这件事情，其实不仅发生在华为人身上，也发生在今天和昨天的很多中国人身上。很多中国人辛辛苦苦努力一辈子，当所有的物质条件都实现了，他们的人生就会朝着自己的终极目标迈进——移民。

然而，很多人的移民，都是盲目的。他们可能有钱有地位，但对西方社会的历史和现实，基本一知半解。

首先，渔夫历来是反对移民的。

我个人从根子上是一个中华文化信仰者，也是传播者。渔夫认为，中华文化本身就是中国人的信仰，这个信仰并非宗教信仰，因为信仰的概念要高于宗教。反过来说，宗教信仰只是狭义信仰的一种。所以，说中国人没有宗教可以，但说中国人没有信仰，则是视而不见。用十二个字，来概括我们的信仰，就是"敬天法祖，儒家思想，多神崇拜"。

再进一步讲，中国人是一个文化民族，而不是一个血统民族。老祖宗告诉我们"华夏入夷狄则夷狄之，夷狄入华夏则华夏之"。移民了的中国人，哪怕在这一代还是中国人，那么两代三代之后，他们的后代也已经不再是中国人了。

所以，中国人的移民，跟西方人的移民是两个概念。中国人如果移民了，也就意味着准备放弃自己的信仰了，西方人则不是。

一个中国人，如果只是为了改变物质条件，而放弃信仰，值得吗？

即便如此，渔夫尊重所有移民海外的中国人的选择。这是个人选择，也是个人自由。

从这个角度而言，一些华为人也并没有逃脱这个窠臼。

移民带来的肉眼可见的好处，大概有几个：第一，可能会呼吸到更加新鲜的空气；第二个，欧洲有很多国家都有非常好的福利，比如生孩子这种事，甚至即便你不移民，也可以拿很高的政府补贴，换算成人民币，当年也是十分可观的；第三，跟自己的亲朋好友说起来，自己已经移民欧美了，看上去确实比较有面子。很多中国人热热闹闹一辈子，并非为了自己的幸福，而是为了让别人觉得自己幸福。所以，很多中国人眼中有着非常独特的"成功学"定义，这个定义要么就是创业做老板了，要么就是移民国外了。大街上那些贩卖成功学的案例，基本都是以有钱人为榜样。然而整个社会又在继续暗示，有钱之后的终极选择就是移民欧美。这样算下来，你的"成功学"里可能并不包括成为特别有钱的人，但和他们殊途同归的是，你也移民了。所以，同样可以成为很多中国人眼中的"成功人士"。

于是，在这种浮躁的社会氛围中，很多华为人选择了移民，落户的地方要么在美国，要么在西欧、北欧。尤其是在美国市场很难进入的情况下，华为欧洲的两个地区部搞得风生水起。

因此，大量华为人在欧洲办理了移民。

渔夫很多的老同事，他们最终的归宿也是移民海外。这其中，有的人为了移民，钻华为政策的漏洞，千方百计赖在某一个欧洲发达国家不走，然后再拼命学习本地国语言，这样经过一定的常驻年限，自动入籍。当然，还有一些华为女孩，直接选择嫁给外国人当媳妇，也同样能够顺利入籍。除此之外，还有一些华为人通过各种手段，绞尽脑汁入外国籍，即便自己不能办理移民，也要把孩子生在国外，让孩子入籍。如果这个愿望也实现不了，那就宁肯把孩子生在香港，先入香港户籍。

自大航海时代开始，中国人在文化上慢慢势微，逐渐养成仰视欧美各国的习惯性姿态。这种情况，并没有因为华为这个品牌在海外的强势崛起而改变。华为很多人的移民选择，只不过是这个大背景下的冰山一角。我们不要以道德绑架的方式来要求华为人，更不要因为华为人供职于华为，就要对他们的爱国情操施加更高的标准。

事实上，万事皆有因果，每个人都有自己的个人选择，别人无可指责。

关于华为人移民这件事情，渔夫对此不再做过多阐述。只不过，移民文化，同样是华为的独特文化现象之一。

仅此而已。

海外奋斗文化：兄弟，干了这杯疫苗

　　海外很多人选择移民，其实很多时候也是对自己的一种补偿。

　　很多华为人，在选择奔赴海外的时候，并没有机会自主选择代表处。在随机分配的情况下，很多人都被送到了非洲。

　　从大的区块上来看，非洲可以分成北部、东部、南部、西部这几大块。北非的风土人情、宗教信仰、人种构成基本跟中东其他国家没有什么区别，可以视作非洲大陆比较另类的一个区域；东部非洲，拥有壮丽的山川河流，拥有水草丰美的自然馈赠，这里算是常驻非洲的华为人的一个不错的选择；而南部非洲，虽然会有大量的疾病，但总起来说无论经济发展还是人文条件，这个地方还算可以接受。

　　最艰苦的常驻地区，出现在西非。

　　尽管，外派到这里的华为人，拥有超出同龄人几倍乃至十倍的年薪加补贴，但渔夫依然要说，西非是整个华为海外最艰苦的地区。

　　西非的历史不可谓不长，早期的西方殖民者最早发现和开发的非洲大陆海岸，就在今天的西非。所以，我们看到这里有了很多别样的名字，比如象牙海岸，又比如黄金海岸、胡椒海岸等称呼，均出现于西部非洲，并且带着非常鲜明的殖民痕迹。而且，西部非洲当年是将非洲大陆上的黑奴转运到新大陆美洲的转运站，因此，这里的人们对于各种各样的贸易都见怪不怪。

　　西非最大的问题，跟我们以上所讲到的内容都没有关系。对常驻的华为人威胁最大的，是西非当地的疟疾。

　　疟疾在西方被称为"Malaria"，也就是我们中国人俗称的"打摆子"，主要通过蚊虫叮咬来传播。疟疾其实广泛存在于撒哈拉以南非洲，但在西非的发病率是最高的。这种病的危险之处在于，如果患者不能够得到及时治疗，其死亡率非常恐怖。关键是，这种病存在潜伏期，假如你被一只作为疟疾传播媒介的蚊虫叮咬，疟原虫随之寄生到了你的血液（红细胞）之中，真正发病的时间，可能要推迟到7到10天之后。而等到发病时，其症状可能跟感冒、发烧十分相似。一旦误诊，就会耽误治疗时间，造成生命危险。

曾经有一个活生生的案例，讲的就是疟疾潜伏期造成的生命大营救。当时的一位常驻非洲的某公司员工，在乘坐飞机回深圳之后出现了发烧、头痛的现象，于是就按照感冒治疗了几天，不过随着病情的加剧，他终于向医院主治大夫说出了自己曾经在非洲出差的经历。于是，医院紧急调整治疗方案，才让这位兄弟捡回了一条命。这些年下来，即便是在条件相对好很多的华为非洲一些代表处，也同样存在疟疾不治身亡的情况。

很多人说，如今的医疗技术如此发达，况且前文也说了，华为人在奔赴非洲之前不是都会去统一打疫苗嘛。遗憾的是，人类的医疗技术已经发展到了今天，依然没有非常好的疟疾疫苗出现。换个角度讲，疟疾疫苗一般只是抵抗一部分的疟原虫，却没法抵抗非洲那些五花八门的疟原虫。

这样没法做到百分百抗病的疫苗，有了作用也不够大。所以，特效疟疾疫苗的出现，还有待于将来医疗技术的持续进步。

疟疾的危险之处，还在于治疗过程中的副作用。

疟疾在世界历史上长期以来并没有特效药，一直到17世纪，西班牙殖民者才在印第安部落中得到了一种家传秘方，也就是后来的奎宁。然而实际上，奎宁治疗疟疾的方式属于杀敌一万，自损八千。奎宁在对疟疾病人的治疗过程中，会给病人带来一些非常强烈的副作用，而且会给病人的肝脏造成不可逆的损伤。要知道，疟原虫同样会对奎宁产生抗药性，反复使用奎宁的地区，往往已经起不到非常好的疗效。

疟疾以及其他很多恐怖的传染病，从客观上来讲让当初的西方殖民者谈虎色变，从而也保护了非洲大陆没有像美洲一样成为欧洲人口中的"新大陆"，而非洲的原住民也没有像美洲印第安人一样遭到种族灭绝的下场。

所以，我们可以重新审视一下诺贝尔奖得主屠呦呦，她和她所提取的青蒿素的横空出世，堪称非洲人民的福音。

对于常驻非洲的中国人或者说华为人而言，非洲地区的其他恶性疾病，哪怕艾滋病，其实都并没有那么恐怖。毕竟，只要洁身自好，艾滋病就算再可怕，也不会找你的麻烦。唯一令人感到无计可施的就是疟疾。疟疾的传播媒介就是蚊虫，而非洲的自然环境十分适合蚊虫滋生，这样的传播方式令人防不胜防。此外，疟原虫的寄生不仅限于人体，还广泛存在于一些动物体内。这样的疟原虫分布之广泛，也让疟疾的发生神出鬼没，疾病防控极其困难。

渔夫有一些华为老同事，他们都有先后常驻西非的经历。就他们的得病经历来讲，也在一定程度上印证了疟疾的可怕。他们中的很多人，在常驻西非期间，最多的时候一年曾经得过五次疟疾。五次疟疾的折磨下来，整个人都像是换了副身板，从此慢慢也就虚弱下来。当然，早期的华为对于第一次得疟疾的同事还有人文关怀，比如补助一万块钱等等。然而，这样的补偿对于身体上的不可逆变化来讲，显得杯水车薪。更何况，很多人即便是治愈了疟疾，医生也会再三嘱咐，两年之内不准结婚生子，随时观察身体变化。

所以，在很长一段时间内，对于常驻西非的华为人的补偿，就是在华为职场的下一站安排他们去常驻欧洲。这样的话，艰苦地区能够升职加薪，而欧美发达国家则可以休养生息，也算是对艰苦奋斗的华为人的一种最大的精神补偿了。只不过，即便如此，很多人的身体已经再也回不到当初。而且有一些华为女员工，对于那些得过疟疾的同事也是敬而远之，或许就是对曾经在血液内寄生过的疟原虫有种说不出的恐惧吧。

讲到这里，渔夫还要多说一句。

西非，其实只不过是华为海外艰苦地区的一个典型缩影，这个世界上还有很多类似于西非的地区存在，还有很多类似于疟疾的恐怖的传染性恶性疾病存在，比如伤寒、黄热病、登革热。就这，我们还没有算上那些战乱地区，高污染地区，甚至曾经被核辐射过的地区。有人统计过，每天大概有1000个左右的华为人坐在不同的航班上。所以，当年的"马航MH370"事件，我们在第一时间就知道航班上还有两位华为人。

整个世界，无论外部环境如何，几乎处处都有华为人的身影。

所以，谈及上一节移民文化的时候，渔夫只是针对移民这种现象表达了自己的一些想法，而且言明无论如何选择，都是华为人的个人选择。那么来到这一节，我们还是要对那些默默奉献、艰苦奋斗的华为人，致以我们最大的敬意。

正是因为这些华为人的存在，大航海时代西方人没有做到的事情，我们中国人做到了，华为这个中国品牌做到了。

我们应该向这些华为人致敬。

回国探亲文化：三过家门而不入

总而言之，海外的华为人还是十分清苦的。

其实，有了高额补贴，还有专门的食堂和宿舍，华为人的清苦并非来自物质享受方面。我们所说的清苦，有的来自"穷山恶水出刁民"，有的则来自"好山好水好无聊"。所以，海外的华为人，还是需要时不时回国探亲的。

华为的探亲假，每年会有两周左右，这是法定的探亲时间段。而且在此基础上，随着海外华为人常驻时间的增加，在系统内还会累计探亲机票。大概每过几个月，你的个人系统内就会自动增加一套探亲往返机票的配额。一般来讲，每年累计三套机票还是没有问题的。然而，对于实际场景来讲，华为人每年三次回国休假显然是太奢侈了。

首先是华为文化决定了华为的用人一般是各司其职，不同的工作岗位正常情况下只有你一个人，没有人可以给你替补。换句话说，一个萝卜一个坑。你在岗你就工作，如果你不在岗，你就需要保持手机、微信、邮件的二十四小时畅通，不管国内还是国外，因为随时都会有人联系你询问工作事宜。尤其是在国外，大部分情况下本地员工不懂中文，和国内联系的事情基本都是交给中方来操作。如果中方不在，其他说外语的本地员工根本不可能帮你协调到足够的国内资源。

所以，预想中的一年两次回家休假，其实很难实现，除非非关键岗位。大部分华为人，基本都是在客户过圣诞节期间回国一次，然后元旦之后就要匆匆赶回一线了。当然，中东地区的宗教信仰不同，回家探亲的时间会稍有不同。

因此，春节期间能够在家陪陪家人，对于华为人来说是相当奢侈的一件事。不仅仅是因为工作繁忙，还因为中国人春节期间，往往正是海外客户紧锣密鼓地"一年之计在于春"的时候，况且一年一度的巴塞罗那通讯展，也恰好跟每年的春节时间交错。

然而，如果不是春节期间回家，回家的意义也就淡了很多。很多华为人，因此会格外思念家乡。

当然，话又说回来了，既然每年都不可能在春节期间回家，在其他时间的话也没法做到尽情休息，尽情放松，况且只是过个阳历年的元旦，搞得意兴阑珊。而且对于路途遥远的海外代表处来讲，回家光是倒时差就要倒三五天，等到时差好不容易倒好了，又要回去倒时差了。于是索性，很多华为人选择常年不回家。不回家有不回家的理由，因为系统内的机票配额，可以为自己的家属提供。这样的话，海外一线的华为人不动，只是家属们飞来飞去。如此，既为华为人节省了体力，又能够解决华为兄弟们的相思之苦，一起在异国他乡包包饺子，过过春节，简直是两全其美的事情了。

其实，这也是华为海外文化的整体导向。

只不过，因为渔夫是客户线，同样有客户线员工的特殊之处。大家还记不记得前文所说的华为三板斧呢？

简单来讲，如果能够促成海外客户的公司考察之旅，基本上客户线的同志们就凭空多了一次回国的机会。只是由于客户经理的工作实在是非常忙，这样的短暂探亲几乎是不可能成行的。所以，如此一来，就形成了华为客户经理"三过家门而不入"的壮观景象。那么怎么办？最后也只能再让家属过来见见客户经理们。渔夫曾经有一个好朋友，也是客户线，当时他的客户行程中有北京这么一站，但匆匆赶来的媳妇只跟他在一起待了四个小时。这样的案例，在华为几乎每天都在发生。

可以说，正是有了华为人大禹治水的精神，才有了华为今天的辉煌。

这话，一点都不过分。

海外管理文化：职场之路大变身

很多华为的客户经理，从国内兴冲冲支援海外的时候，都是带着同样的心理出来的——学好文武艺，货卖帝王家。国内市场上锻炼出来的十八般武艺，来到海外还不是手把里攥，手到擒来？

实际上，理想跟现实之间，还是稍微地差了那么一丢丢。

在海外，搞定客户关系的主力，必须依靠本地员工。当然，并不排除有很多的客户可以说英文，但对于感情维系这件事情，用母语显然更好一些。谈工作还好，一旦涉及轻松一些、生活一些的话题，很显然大家都希望用母语来交流。人说外语时候的状态是紧绷的，生怕在说外语的同时出现语法或者用词错误。所以说，用说外语来跟客户放松，根本就放松不了。

客户放松不了，客户经理的活儿也就没法干。所以，就成了最大的悖论。

外派海外的华为客户经理，反而成了最不容易搞定客户的那群人。跟客户有技术交流的、方案交流的，乃至在客户机房里面摸爬滚打的那些华为人，他们反而更加能够跟客户形成黏性。当然也有个别的客户经理有和客户打成一片的天赋，哪怕是在人生地不熟，语言也不通的海外。但如果将范围缩小到欧美国家，中国人和白人之间的价值观，确实还是有很大隔阂的。再进一步提出融入别人的生活或者娱乐圈子的要求，更是难上加难。

于是，在国内呼风唤雨的客户经理，在海外终于体会到了什么叫作苦涩和尴尬。在这种情况下，很多国内的客户经理在海外会发生蜕变。这种蜕变，未必是坏事。

对比国内，客户经理在海外身先士卒搞定客户的业务场景越来越少。于是，很多客户经理开始修炼内功。比如，对公司内部流程和系统越来越熟悉，对项目运作和胶片汇报越来越熟悉。对于客户线本身的业务而言，中方最后就摇身一变，成了沟通和监管人员。沟通，主要是指中方借助语言优势跟国内的协调沟通；监管，主要是指对本地客户经理的监管，以及总部到代表处的最新政策落地的监控。

仅就这两项功能而言，让外国人理解中国人主导沟通的问题不大。其实不仅是中方客户经理在起这个作用，中方产品经理、中方交付经理……所有的中方都在起到这个作用。华为毕竟是个中国人的公司，其文化内核也是东方式的。即便华为已经做到了普及率十分高的英文平台运作——日常的文件，只要有中文版，马上就会有英文版；日常所用的各种办公系统，基本也都有英文界面。

况且，在此基础上，华为还提倡外国人进入管理团队。一些口才比较好、比较能够见机行事的印度职业经理人，早早就成了华为中基层管理团队中的一员。而且对于个别国家的进入而言，华为还高薪聘请了大量的本地顾问，这些顾问有的有运营商高管背景，有的有政府背景，有的甚至有军队背景。当然，这些人的分布也是以欧美国家为主。这些外国"专家""顾问"的存在，让华为在海外市场开拓方面受益匪浅。

只不过，外国人本事再大，哪怕头衔已经做到了华为的VP，依然不能承担起中流砥柱的作用。一般情况下，负责跟国内总部的协调任务，还是要由中国人来完成。

语言和价值观的差异只是一方面，还有工作方式和工作习惯的差别。

我们前文说过，华为中国人基本上在过一种集体生活。你说这些人是跨国式的职业经理人，倒不如说是现代华为版本的新疆建设兵团。这些人同吃同住同劳动，从早晨到晚上，甚至是睡觉都在一起活动，周末一般情况下也是集体出行、集体打球、集体加班。所以，不论多大的事情，很可能就在大家的朝夕相处中一句话解决了。如果换成老外，光是这种沟通的成本、沟通的效率都很难保证。

这还更不用说，再敬业的外国人也不太可能像中国人一样，吃完晚饭有事没事往办公室一坐，一待就待到半夜了。这样的工作强度、工作习惯，绝大部分的外国人都不太适应。当然，我们也确实不能排除有个别的外国人也是十分敬业的。但老外的敬业一般都是跟工作本身有关，比如第二天有个招投标项目的交标，你让一个外国人通宵达旦制作标书，这事没问题，但是如果让外国人没有任何目的就这么在办公室杵着，那肯定不现实。

所以，白天跟外国人一起见招拆招，到了晚上大门一关中国人"开黑灯会"，就成了华为海外代表处或者地区部一种约定俗成的习惯。换个角度讲，外国人的职位不管多高，他肯定不是接触最核心管理政策和机密的那部分人，至少不是最快知道这些事情的人。哪怕一个部门的主管是外国人，中国人只是部门助理甚至是部门普通一兵，最后向这位外籍主管传达公司最新政策的，往往还得是中国的这位下属。所以，海外华为中国人晚上集中加班的重要性，也就凸显出来了。

还是我们之前所总结过的，在华为，加班本身并不是因为业务已经多到了做不完的程度，而是代表着一种文化传承。在海外，加班更是一种非常必要的沟通手段。

真的不要以为那些在办公室埋头苦熬的华为人手上有做不完的活，可能恰恰相反，很多海外的中国人并不插手客户实际事务，因为这些事情往往都有外国人去张罗。那么，中国人晚上干什么呢？明确方向，厘清思路，整理数据，制作胶片，随时准备开会……如果这些事情已经做得差不多了呢？你还是不能随便回宿舍嗨皮，依然要跟大家一样待到很晚才回去。期间，你甚至可以上上外网，看看新闻，刷刷手机。当然，出于严格的信息安全考量，开外网浏览的权限，也在你的主管手上，而且你的所有浏览记录，华为都有备案。

所以，在海外的中国人，最好是尽快熬成干部。否则，你的处境可能会比较尴尬，尤其是部门主管是外国人的情况下。

有主管任命的外国人逍遥自在，你一个没有任何名分的助理或者部门小兵，却被领导当成晚上练摊儿的主要责任人。那种滋味，就是顶着啃白菜的名，干着卖白粉的活儿；手里抢着烧火棍，你却要天天当成尚方宝剑使。

如此一来，你跟外国人的关系可能就会很难处理。因为，除了沟通这个功能之外，你还有个监管功能。

说到底，中国人的公司，怎么可能放心给外国人做主管呢？而且外国人的文化和价值观跟中国人大有不同。外国人往往只要拿到一点授权或者组织任命的TITLE（头衔），就真的以为自己成了无所不能的"美国队长"。他哪里知道中国人之间的沟通哲学，又怎么会理解公司的现有资源，到底适不适合他的雄心壮志呢？所有这一切的把关，还得靠中方。

所以，华为海外管理过程中的"中外两张皮"现象，是十分明显的。这不仅是华为遇到的问题，同样是所有中国公司到海外需要研究的课题。

因为毕竟从根子上讲，自大航海时代到今天已经五百年了，这五百年中，西方一直是这个世界话语权的掌控者。今天的世界通用语英语就不说了，还有几乎所有行业的行业标准，哪怕是文化艺术方面的标准，其实都是西方人早早就制定好了的。这些标准的制定，往上数可能能够追溯到工业革命和第二次工业革命，再往上追溯，甚至能够追溯到大航海时代之前的文艺复兴和宗教改革。

中国人作为后来者，未来一定是西方这套体系的颠覆者，而且今天所有中国公司、中国品牌海外发力的这个阶段，也正是我们未来颠覆西方体系的历史进程中的重要一环。但是，在这个过程期间，中国人还需要克服许多困难。

中外管理两张皮的问题，就是今天遇到的困难之一。看清了这一点，可能我们的心里会更加容易接受这种事情的存在。

但是即便中国人容易接受，外国人往往还是接受不了。比如在海外，同样会有华为三板斧中的样板点参观。

海外的样板点参观，就更加五花八门了。我们可以带客户去迪拜，也可以带客户去巴黎，当然还可以去"浪漫的土耳其"。但是，考察样板点这件事情本身，必须有中方来进行尺度的拿捏，包括一些明规则潜规则，必须有中方来操盘。

如此一来，往往外籍客户经理好不容易张罗的客户活动，最后还是要有中方客户经理的参与，甚至很多中方客户经理还要跟着一起出差。有些话，真的是没法给外籍客户经理明说的，而且即便明说，他可能也不懂。这样一来，往往一次客户样板点参观行动，就成了外籍客户经理看着客户，中方客户经理看着外籍客户经理。说好听点，中方辅助；说不好听点，有监视之嫌。

这样的事情只是窥豹一斑，现实场景中，中外之间的沟通上的隔阂、管理上的误会是非常多的，而且最后矛盾的焦点，往往就到了中外客户经理这里。

融资文化：背靠大树好乘凉

很多人说，海外项目放手让老外去搞就好，中国人干吗一定要插手呢？

其实，这个问题看起来很小，实际上非常宏大。

说得直白一点，以我们中国的现实力量，企业表面上的一些商业行为，其能够成功的关键要素，都是因为我们背靠了一个强大的祖国。反过来讲，如果没有中国政府的强势推手，很多的海外项目也不会成功。

比如前文所说的中信保（中国出口信用保险公司），就是中国政府为中国企业出海保驾护航的独家特供的国际保险业务。这种以国家出面做平台的保险业务，在其他国家是很难看到的。有了这个宝贝，很多中国企业才可以放心大胆地跟全球做生意，哪怕是非洲。

比中信保这个大杀器更厉害的，是中国政府的对外贷款。在大量海外项目中，中国政府的对外贷款，堪称中国企业的撒手锏。

在海外的很多国家有大量的现实业务需求，华为能够提供的通信设备服务，其实只是非常小的一部分。除了通讯业务之外，大量的关系国计民生的大项目，在很多国家都需求很高。比如路桥项目、铁路项目、地铁项目，在当今这个世界上，"基建狂魔"中国恰好就非常对这些国家的胃口。但是令人尴尬的是，这些国家往往需求旺盛，但没有财政经费。确切一点讲，短时间内掏不出那么多钱。

没钱没关系，中国人有啊。借中国人钱，一下子还不了钱没关系，慢慢还啊。

但无论你怎么玩，中国人的贷款只能给中国企业用。这样一来，大量的国外项目，也就给了中国企业来做，尤其是数额巨大的基建项目。所以，中国企业的出海，带动了中国银行贷款的出海。反过来讲，中国银行贷款的强大实力，又带动了更多中国企业走出海外。

宏观来讲，中国的对外贷款有两种，一种叫作商业贷款，一种叫作低息贷款。

　　商业贷款非常普遍，比如你从中国的各大银行办理的购房贷款，其实就是商业贷款的一部分。那么低息贷款，则是中国对外援助的一种贷款，其利息是明显低于商业贷款的，因此这部分贷款成了海外贷款的重要组成部分。只不过，跟前面提到的中信保一样，能够为海外客户提供低息贷款的中国银行，也是别无分号的，就是"中国进出口银行"，简称"口行"。

　　口行的低息贷款，一般又分成两种，一种叫作"优买"，一种叫作"优贷"。"优买"就是"优惠买方信贷"的简称，简单来讲，对口行借款的主体是国外某企业或者某外国政府。这样一来直接借到的钱就是美元，还钱的时候也是美元。"优贷"，意思就是"援外优惠贷款"，借款的主体是在海外运作项目的中国企业。优贷的典型特点是，外国企业根本看不到借来的钱，因为人民币不出境。所有的操作都是中国企业和中国银行进行，外国企业到时候直接还钱给中国企业。

　　"优买"和"优贷"，两种低息援外贷款，合称"双优贷款"。

　　其实，中国政府的能量还不仅仅是商业贷款和双优贷款。除此之外，对于一些小国来讲，中国从身上拔下一根汗毛，可能都赶上人家腰粗了。我们也可能会进行一些无偿援外的商业行为，那么如此一来就是彻底的中国企业参与、中国企业主导的一种项目了。只不过，这类项目往往也没有银行的参与，其资金的来源基本都是商业部的援外司。

　　如此一来，有了商业贷款、双优贷款，还有一些政府援外项目，属于华为的机会也来了。如何利用好中国政府的帮助，如何利用好中国政府的援外资金，都成了华为海外代表处不同于国内代表处的一个核心问题。

　　所以，华为的国内代表处，客户经理开门三件事就是三个分析，自身分析、客户分析、竞争对手分析；来到海外呢，往往开门就变成了四件事：客户关系，产品与解决方案、售后与交付方案，融资方案。

　　后边这个四件事，在华为内部又被称为销售项目四要素。四要素的最后一个要素，很多时候成了销售项目成败的关键。

　　确切来讲，在中国政府出面帮助中国厂家剔除外国厂家的基础上，中国企业中间到底谁能够从中国口行手中拿到贷款，就成了很多项目的重中之重。

　　我们以双优项目为例。

　　双优项目的是必要不充分条件，叫作五要件。五要件的组成，包括所在国财政部借款函，所在国中国经商处支持函、商务合同、可研报告、环评报告。所以，如此一来需要做的工作就非常之多了。

所在国的财政部如果想要出具借款函，首先就不容易，这个往往需要所在国的国家担保，用的是所在国的国家主权信用等级。所以，有些国家的信用等级经常被划成不可信级别的，比如当年的希腊，这样的国家哪怕以国家主权名义来向中国政府借款，恐怕最后也是借不到的。只不过这种情况属于极其特殊的情况，正常情况下，华为等厂家需要去协调所在国的政府、议会、政党，来帮助华为出具借款函，甚至是站在最终用户的角度上，出具对华为的支持函。当然，这个支持函是五要件标准文件之外的附加文件。

五要件的第二大件，就是所在国中国经商处的支持函。

需要注意的是，在很多国家，中国的大使馆和经商处在权力行使上是有划分的。大使馆大使主要参与本地国的政治活动，而经商处的商务参赞，则全权参与到本地国的经济活动之中。

如此一来，华为在各海外代表处的客户关系运作，可就不限于三大BG——运营商客户、企业网以及消费者客户了。华为的客户关系范围，上至总统、总理，中间到与华为项目相关的各大部委（比如内政部，信产部，移民局）、议会议员，乃至政党领袖，阁揆，这些统统都是华为客户经理们需要维护的关系。当然，必不可少的就是本地的大使馆、经商处，还有大量可能会形成项目攻守同盟的中资公司。

所以，华为海外代表处，很多时候跟国内代表处的项目运作模式完全不同。最具代表性的，就是融资项目。

由融资项目而融资文化，也就最终催化出了国内外都响当当的华为品牌。

第六章

干部文化：掌兵

如果一位华为人，在经过了中国区的工作磨砺，此后又主动调动到海外，在此基础上绩效也还不错，那么，这名华为人很可能就要被提拔了。其实不仅是由中国区到海外，还有海外不同地区部之间的"换防"，这样的履历也是被提拔的标准之一。在华为内部，这样的"换防"被称为"跨区域调动"。

　　跨区域调动首先考验的是这名员工的适应能力，从中国到海外、在海外的不同地区部之间，这样的轮转对员工的适应能力要求还是蛮高的。此外，在轮转的过程中，还可以检验该名员工的忠诚度。比如，这名员工来到海外的目的到底是不是仅仅为了提高收入。通过这种跨区域调动，潮来潮去之间，大家也就能非常清楚地看到谁是愿意扎根奋斗的人，谁是随波逐流的人。

　　当然，对于海外来讲，艰苦地区依然是提拔干部的热点地区。艰苦地区比如前文讲到的西非，这样的地方正常情况下一名员工的常驻时间不会超过四年。而四年之后，往往人的身体状况也非常差了。不管是华为人还是其他中资公司的兄弟，在西非超过四年还从来没有得过疟疾的，几乎不存在。正因为如此，西非的人员轮转也十分频繁，干部的去留当然也十分频繁。如此一来，前面一名干部走了，他下面的骨干员工也就顺理成章地接过了前任的枪，也被提拔为干部。所以，海外各代表处最容易出干部的就是西非。

　　当然，反过来说，像西欧和东北欧这样的地方，人员很容易"沉淀"，而且很多不远万里调动各种关系过来"养老"的干部扎堆，当然也不太容易出现年轻干部被快速提拔的现象。

　　不过，总体来说，华为的干部提拔，还是要以绩效优秀为基础的。

赛马文化：你行你上，不行别BB

华为干部的提拔，得益于内部"赛马文化"的蔚然成风。

内部赛马制度的提出，其实已经相当晚了，然而"赛马文化"本身，却在华为发展历史上长期存在。

赛马文化无非就是内部竞争文化。

这种竞争首先来讲是良性的，也是公开的。部门员工与员工之间，部门与部门之间，都有这种良性竞争的氛围。举个例子吧，比如我们前文所讲的区域客户经理。一般来讲几个区域客户经理之间明确规则，谁表现得最为优异，则就有机会被提拔成为负责省会城市客户的系统部客户经理；系统部客户经理内部竞争，胜出者明确会作为后备干部（后边会讲）使用；系统部之间的竞争也是以此类推，系统部主任之间的胜出者，有可能会被提拔到兄弟代表处出任助理或者后来的副代表这样的角色。

将这种内部竞争以"赛马"的形式固化下来，这样光明正大地比较各自的绩效，比那些藏着掖着，表面皆大欢喜实际暗流涌动的公司更加高明。

奥妙在于，中国人在竞争文化上往往比较含蓄。

古代人讲"文无第一，武无第二"。后来到了近现代，哪怕是"武无第二"这个竞争中的良性概念也被一片其乐融融之声淹没了，于是今天传统武术的各种名头大师，纷纷把自己隐藏在幕后沽名钓誉。对于如此竞争来讲，故弄玄虚的多，抛头露面的少。甚至连古人之间那种点到为止的"赐教赐教""承让承让"之类的客套话都不敢出来说了。华为正是非常勇敢地直面了中国人内心深处的这种害怕竞争或者害怕把竞争挂在嘴边的弱点，直接将"赛马"当成了一种制度和口号固化下来。

干说不练是假把式，干练不说是傻把式。

既不是假把式也不是傻把式，那就干脆站出来展示一下你的身手。面对竞争，谁也别浮夸，大家完全用数字说话，能者上庸者下，被提拔的人没有什么不好意思的，没有被提拔的人也不用在背后各种讽刺嘲弄。这就像极了今天的网络背后的"键盘侠"，没有负担的口无遮拦，往往抵不住别人的一句——你行你上，不行别BB。

这种让所有人都说不出话来的提拔方式，多年以来保证了华为干部队伍的唯才是举。

渔夫本人曾经在很多公司都有工作经历，在中国的很多公司内部，基本没法做到公平公正公开择优录取式的干部提拔方式。举个例子吧，很多公司的干部提拔有明规则和潜规则的区别，看上去给你一套貌似公平的竞争制度，实际上仔细分析起来则另有玄机。只要是领导想提拔的人，完全可以不用考虑这套竞争制度的约束。事实上，在很多时候，这些所谓的表面学问的竞争制度，只不过被当成了"程序正义"的干部选拔流程的一种补充而已。

干部提拔上潜规则，和稀泥，甚至于唯亲是举，大大破坏了公司内部组织氛围不说，最后还要制造一个大家称兄道弟、和气生财的假象。然后，再让那些组织建设中的失意人在背后黯然神伤。

这样的干部培养文化，在中国人中庸哲学的映衬之下，实在是普遍极了。当年渔夫少不更事，经常出入于运营商客户办公室，偶尔也会口不择言地瞎说一些大实话。每当这个时候，就会有客户侧的好心人在私下里提醒渔夫：不要乱说话哈，小兄弟。咱们这个科室的人，有一个是一个，背后哪个不是树大根深，否则又怎么可能坐在省公司这么重要的部门办公室呢？

把干部的选拔和提拔，最后弄成了类似谍战剧的剧情设计，这样的做法，更是违背了企业在商场上追逐商业利益的初衷。

所以，赛马文化跟华为的其他亚文化十分类似，都是抓住人性的弱点，或者说是抓住我们中国人内心深处的心理弱点。把这个弱点解决了，也就让华为比别人高明了那么半步而已。

很多个"半步"加在一起，华为一定会超出别人很多。

奋斗者文化：为防右倾，宁肯左一点

华为的提拔跟能力有关，跟业绩有关，但是还有很重要的一条，你必须是华为定义中的"奋斗者"。

还记不记得渔夫此前在"奋斗文化"一节中所提到的奋斗者标准呢？

——我自愿申请加入公司的奋斗者，自愿放弃所有带薪年休假，自愿进行非指令性加班，自愿放弃产假（陪产假）和婚假。

华为有不少血气方刚的年轻人，他们可能不缺工作激情，也不缺战天斗地的勇气，甚至还不缺拿得出手的工作业绩。但是，面对这份带着半强制性质的《奋斗者宣言》的时候，经常会把自己的牢骚与抱怨写在脸上，甚至是挂在嘴上。

那么对于华为的领导来讲，提拔的时候，可能就会把你的优先级往后推。所以，渔夫前面也同样讲了，年轻人一定要耐得住寂寞，就像任正非所说的那样，"板凳要坐十年冷""烧不死的鸟是凤凰"。

不过，如此文化导向，也催生了一批"奋斗型"的干部。

此类干部的典型特征就是不懂生活，他们能吃苦，能熬夜，工作中折磨自己也折磨他人。尤其是很多从艰苦地区提拔起来的干部，他们的内心深处往往带有一种苦大仇深的心态。而一旦这样的干部坐在了领导位置上，比如某代表处的代表职位，整个代表处可能就完全处于这种"艰苦奋斗"的风气的影响之下了。有时候是确实要奋斗，但有时候完全是为了奋斗而奋斗。有困难要上，没有困难制造困难也要上，就是这类干部的真实写照。

渔夫在这里，对此类干部的作风持个人立场，但不做过多评价。

但是，对于华为整个公司来讲，艰苦奋斗是一个传家宝。在提拔干部的过程中，刻意选择一些奋斗型干部，完全符合整个公司的根本利益。要知道，很多华为内部文化的推行，基本都要有一种极端的矫枉过正的精神。如此一来，才能够保证不会在执行中出现偏差。

也就是说，宁肯左一点，总比右倾要强。

渔夫当年就有幸遇到这么一位华为领导，这位老大白天基本上找不到人，到晚上就开始各种打电话。首先是他的领导电话，夜深人静的时候跟领导敞开心扉，互诉衷肠。当然基本内容还是要围绕本职工作或者在谈项目，在此基础上铺陈自己的不容易。之后，领导则是一顿安慰，并且对目前的工作进行简单指导。

不过，如此场景最好是在酒后，发挥的效果更加好。

另一方面，当这位领导面对下属的时候，同样是在晚上。基本上一到晚上十一点左右，领导就开始挨个给自己的下属打电话。十一点，刚好是你准备睡觉的时候，但领导的电话你不能不接，不接就说明你的电话没有二十四小时开机了。电话基本内容同样是员工们的本职工作和在谈项目，要求汇报得尽量详细，事无巨细都要做出他自己的指示。当然，跟面对领导时候的客气和卖惨不一样，当面对下属的时候，基本上此类领导就完全是一副压榨劳工的包工头形象。

如此长期坚持下来，这样的领导不管业绩如何，往往会给人一种苛刻敬业的口碑。即便是下边员工有反映此类领导的作风，但工作上六亲不认的态度，让高层领导又确实说不出什么。何况如此作风不正是全公司向领导干部们提倡的吗？

所以，总结下来，华为的干部提拔，还需要遵从"奋斗者"优先的规则。有时候，哪怕你不是真正的"奋斗者"，哪怕你是个"假奋斗者"，但这样的吃苦在前，先锋带头的作用，依然是公司想要的东西。

奋斗以及奋斗者，贯穿华为文化的主线，至今未改。

当然，这也是成功之本。

干部部文化：支部建在连上

干部的提拔，起到主要作用的就是华为"干部部"。

干部部，是华为内部人力部门不同于其他公司的重要特征之一。简单来讲，华为HR部门管人力资源事务运作，而华为干部部则负责管干部。也就是说，HR部门管事，干部部管人。再通俗一点讲，华为干部部，就是管干部的部门。

为什么要专门设置这么一个"干部部"呢？

因为华为认为，拥有权力的人天生是有原罪的，因此需要对干部的正常履职进行严格要求，对干部的以权谋私进行严防死守。同时，华为默认，按照唯才是举的方式进行干部的培养和提拔，是非常不容易的一件事情。因此，对新干部的发现和任命同样需要有干部部的统一协调组织。说白了，华为的干部部设置，同样带着一种对人性的深刻透视，体现的是一种严谨务实的态度。

值得注意的是，"干部部"的出现，同样受到了中国共产党党建经验的启发。

当年我党在红军时期，大革命失败之后，尤其是在南昌起义和秋收起义相继失败之后，曾经一度在革命路线上出现了动摇。其根本问题是当年的旧中国长期军阀混战，给中国旧式军队留下了非常浓厚的军阀习气，尤其是军官这个层面，还普遍带着"一方诸侯""有枪就是草头王"的恶劣风气。因此，当时的"三湾改编"创造性地提出了"支部建在连上"的政治挂帅的新式军队典范，并且一举奠定了"党指挥枪"以及"政治建军"的基本治军方略。

讲到这里，大家发现了什么没有？

说到底，不同于其他大部分的中国公司，华为的HR部门就是当年的党委组织部，而华为的干部部，则明显是当年的连队指导员以及连队以上的政委这个角色。

如此一来，几十年来，正是有了这样的组织，才更加匹配了华为的"农村包围城市"的时代战略，从而才有了后来华为的步步成功。

除了正规的行政体系架构，华为的干部部还会配置叫作"老专家"的队伍。老专家的人选有华为内部的退休人员，也有外部聘请的在社会上德高望重的企事业单位退休人员。老专家的职责主要是在干部部的行政干预之外起到当年我军各级组织中的政委和指导员的作用。简而言之，做一做华为一线广大指战员的思想工作。这样的干部部职能，实际上已经无限接近当初我军"党指挥枪"的组织架构了。

只不过，老专家的作用其实十分有限，因为华为给老专家的定位只是做思想工作，并没有赋予其他的行政权力。所以，即便在一线发现了一些问题，老专家们也并不能够先斩后奏。他们只能将所有的意见和呼声进行收集，之后带回总部干部部或者各地区部干部部，各职能部门干部部进行讨论和总结。如此一来，老专家的实际作用是要远远弱于"政委"们的。老专家们到一线进行的明察暗访，也更加像是东厂、西厂的间谍活动，而并非像是钦差大臣一样的生杀予夺。

关于干部部老专家的问题，后文还会涉及。

干部部到今天为止，在华为已经连续不间断运转二十多年了，其起到的作用不仅仅限于特殊历史阶段。即便在今天，干部部依然在对华为各级办事机构的领导干部们，发挥着非常重大的作用。

任职资格文化：华为人生坐标系

前文讲到了很多干部提拔时的基本条件，比如个人素质，业绩加成，艰苦奋斗，干部部关注等等。

不过，干部提拔还有一个非常重要的必要条件——任职资格。

"任职资格"这个词汇在前文已经出现过，其含义就是对华为现有的在职员工按照工作能力的高低进行分级。对工作能力进行分级的好处在于给每个人指明内部发展通道。

早期华为的分级首先要给每个员工一个清晰的坐标系，坐标系的简单构成，就跟我们平时说家庭住址是一样的。家庭住址先说省，再说市，后说区，最后说街道办。那么同理，华为员工自报家门，先说族，再说类，后说子类，最后是职位。比如说客户经理吧，某个系统部客户经理的定位，可能就是"营销族——销售类——客户经理子类——客户经理B"。当然客户经理所属的营销族只是华为内部员工"五族"之一，包括营销族在内的华为"五族共和"，就是管理族、营销族、专业族、技术族、操作族。这样一来，族以下，就分出了各种名目的类以及子类，于是每一个华为人，也都在华为这个小宇宙中找到了自己的坐标。

坐标系，只是对你的现职位进行了精确定位，这个定位显然是静态的。那么如何来体现你在华为内部的发展，也就是如何定位你的动态坐标呢？

这就是华为任职资格需要解决的事情了。

华为任职资格体系，因其鲜明特征，而被称为"五级双通道"。

为什么叫作五级呢？因为华为的各个部门的各个工种，基本上都被分成了五个级别。五级之中，最基础的两层被称为级别1和级别2，从级别2开始再往上，就又出现了变化。因为能够顺利到达级别2并超越级别2的员工，一定已经在华为供职了一定的年限，所以对于华为公司来讲，就需要考虑这些老员工的个人职业发展路径问题。于是，级别2之上，任职资格之路出现了两个通道——管理线和技术线。管理线的代号是"A"，级别2之上就出现了3A-4A-5A的差别，以此类推，技术线这个通道上就出现了3B-4B-5B的差别。管理线和技术线放在一起，就被称为"双通道"。

走技术线的华为人，往往会在内部被尊称为"四级专家"和"五级专家"，当然，出于对技术专家们的无上宠溺，研发类岗位并没有被"五级双通道"的大框架所限制，他们还设有研发六级专家和七级专家。

实际上，任职资格的同一级别之内，还有"等"的差别。比如同样是刚入职新员工的一级，就又被细分成了A/B/C三等。华为的任职资格考核，一般在一年中会有两次升级（等）机会。如果你是个新员工，而且你在刚刚第一个任职资格分级中表现不佳，那么恭喜你，很有可能第一次任职资格你就会被定位为1级C等。但是这个时候你也不要灰心丧气，因为毕竟每年有两次任职资格考核机会。这次表现不佳，下次还能追回来，而且如果你的表现足够优秀，甚至可以跨等。比如从1C直接跳到1A，这样一来，你的任职资格之路就可以加速了。

说穿了，任职资格是对你的岗位能力的一种评定，这个评定原则上并不和你的薪水挂钩，仅仅体现的是你的业务能力，并且和现在的职务以及将来的职务相挂钩。这样一来，任职资格就有点类似于军队上的军衔。比如说，正常来讲，军队上在任命师长的时候，如果被任命人只是个少尉、中尉，那肯定是行不通的。所以，只有那些业务能力过硬的华为人，才会更快地在任职资格中升级升等，并在随后的提拔中顺利通过组织考察。所以，任职资格就是你在华为代表你的能力的硬指标，也就是你在华为的"军衔"。

每年两次的任职资格考评，在组织形式上类似于答辩。

一般会有一个或两个级别相对较高的华为人组成的任职资格评审团，评审团再对下一级员工进行考评。考评的标准，一般分成四个方面：素质、知识技能、操作规范、应负责任。被考评的员工，一般需要根据这四个方面的要求准备材料。同时，还要有一些其他硬件条件。比如，我们在前文曾经提到过的在华为W3发表过的论文。

如此正襟危坐、繁文缛节的任职资格方式，其实有时候会影响对于人才的提拔速度。还是拿军队举例子，如果在革命战争年代，有个杨根思似的基层超级战斗英雄出现，在战争最为激烈的时候，迫切需要提拔这样一位同志做高级干部，但是如果杨根思本人的军衔还不够提拔，那怎么办呢？对于这样的疑问，华为同样给出了"火线提拔"和"破格提拔"的绿色通道。比如，先任命后补任职资格，而且如果有必要，后边补任职资格的时候可以连续跨等。

如此一来，华为的干部任命工作，就有了自己独特的运作模式，并且华为在过去的很多年中，一直在十分严格地践行着这套标准。

任职资格，为华为这些年来人员团队的稳定，提供了最重要的组织保障。

任命文化：宽进严出，瑕不掩瑜

华为这些年的发展速度，超出了很多人的想象。

因此，在很多情况下，很多干部都是火线提拔，大量的华为年轻人进入干部团队。

当然，这些飞速提拔起来的华为年轻干部，华为内部的各种文件上往往会在他们的职务后边加一个括弧——执行工作。中国人的这个文化甚至被推广到了海外，在海外代表处地区部的很多正式发布文件中，有些员工的英文头衔后边，就被用英文标注"in charge"或者"acting"，用来表达中文语境中的"执行工作"的意思。

执行工作一段时间之后，正式的任命就会到来。正式任命往往由干部部发起，任命过程首先会涉及一个联署的模块。

所谓联署，大部分情况下就是你的直接上级对你进行评价，并且被任命后的部门领导同样要对你进行评价。直接上级的评价，决定了出口单位对你的提拔是不是认可，而被任命后的部门领导的评价，则决定了入口单位对你的提拔是不是接受。两下对提拔这件事情达成一致，一拍即合，这位候选人的任命就算是完成了第一步。

当然，这里面也有猫腻产生。

有些领导会借这个机会对被提拔人进行封官许愿的动作，更加恶劣的情况是故意将联署工作拖一拖，要求被提拔人对自己宣誓效忠，对这次提拔的人感恩戴德。

所以，再好的组织保障背后，依然还是有些执行层面的灰色地带。只是，这样的灰色地带，华为管理层虽然知道，但却不能完全杜绝。因为，承认人性弱点，承认灰度，同样是华为文化传统的一部分。

联署工作完成之后，干部部会发正式任命书给干部输出单位。与此同时，正式任命文件会被放在W3上进行公示。正常情况下，只要是进入公示环节的干部任命，不会再有大的变化。只不过，公示期内还有一个360度调查。

所谓360度调查，目的依然是持续收集华为其他同事对于被提拔人的任命意见。值得注意的是，这个360度调查一般是用问卷调查的形式发到被调查人邮箱的。因此，很多时候是悄悄进行的。被调查人的范围，涉及被提拔人的上下前后左右方位上的所有有代表性的有关同事，因此才得名"360度调查"。比如，被提拔人的非直接上级，兄弟部门同事，当前的直接下属等等。换个角度看，此前的联署工作，实际上呈现的是领导视角下的你是不是适合做干部；那么到了360度调查期间，则是呈现了除你的直接领导之外的最广泛的群众意见，看他们的眼中你适不适合被提拔。这样的问卷，一旦有人提出了不同意见，干部部的老专家们会迅速拨通被调查人的电话，详细了解360度调查的不同意或者口中所看到的被提拔人的"真实面目"。

360度调查设计的初衷是好的，而且在华为也执行了很多年。但是，同样有漏洞可钻。

一个人被提拔为干部，联署阶段领导们往往会顺水推舟，让被提拔人宣誓效忠。那么同样的考虑来到了360度调查之中，就成了被调查者对被提拔人的友情提示。如果是关系本来就不错的两个人甚至是华为内部朋友倒也算了，但问题最终会出现在对下属的调查之中。作为同一个团队朝夕相处的团队成员，下属们往往是最了解被提拔人的一个群体。然而下属之中，往往会有些头脑活络的兄弟。这些兄弟只要前脚接到360度调查问卷，就会在第一时间将消息转达给自己的领导，让领导做好准备。但是，这样一来，游戏规则就会被打破，同样接到类似问卷，但却没有及时"友情提示"领导的同学，接下来可能会在部门"宫斗"之中被领导各种不待见，甚至会被踢出局。

所以，360度调查的设计初衷非常好，但最后在执行时往往会变味儿。

而且，华为这些年来好像一个急速扩张的全球帝国，这个帝国扩张的边界在哪里，没人知道。大家唯一知道的是，如此的急速扩张必然带来干部提拔上的巨大缺口。所以，很多时候都是火线用人，很多时候都是等米下锅。如此一来，也就只能是抓大放小。提拔的干部德才兼备当然好，但如果无法做到德才兼备、德艺双馨的情况下，退而求其次，主要考察被提拔人的业务能力。至于道德方面的瑕疵，可以暂时先放一放。况且，在公司的高层企业文化设计总架构下面，也并没任何一句提到要求干部必须还得是道德楷模。对于注重企业发展本质，强调"性恶论"的华为公司来讲，一个有才无德的人上台挑大梁，并不违背公司文化的大方向。反而是片面追求领导干部的道德风尚显然已经流于迂腐，也并不符合一个企业的运营方略。

所以我们可以这样讲，已经进入公示阶段的华为干部任命，其实只是在履行一个必要程序，而至于360度调查的实际效果，可能到了最后也只是聊胜于无。

对于干部任命，华为大多数情况下都采取了"瑕不掩瑜"的态度，并且本着惜才爱才的朴素价值观，注重于迅速挖掘新任命干部的业务能力。华为的做法并非托大，在华为看来，他们在组织设计上还有后手。也就是说，干部任命，只不过属于宽进严出的"宽进"那部分。

对新任命干部的道德考量，还会在此后的工作中被多次提到。

组织气氛文化：个人英雄主义时代的挽歌

　　华为文化，本质上是一种实事求是的文化。所以，本着实事求是的精神，很多时候会显得略显极端。

　　比如前面刚刚讲到的干部任命，虽然在任命环节会设置一个360度调查的小桥段。但是，"唯才是举"这句话，依然会被执行得稍微左一点，于是也就出现了360度调查沦为摆设的情况。虽然有些干部任命会因为360度调查不过，而被紧急喊了暂停。但实际上，最多也就是被延迟几个月。如此几个月，并非取消任命，而是让你对自己存在的问题进行紧急整改。推迟期一过，任命依然是不可阻挡的。

　　华为干部部自信，后边还会有更多的流程设置，扮演"防火墙"的角色。这些防火墙，同样会对干部质量进行把关。

　　第一个值得一提的"防火墙"，叫作组织气氛调查。

　　组织气氛调查，往往是华为HR部门来牵头，所以是面向最广大基层员工的。和360度调查总是出现于干部任命期不同，组织气氛调查可以出现在很多场合，这个调查是经常的、持续的，也是普遍的。一名华为人在他的整个华为职场生涯中，可能会收到无数次的组织气氛调查问卷。这样的问卷同样是秘密进行的，甚至可以是匿名的。原则上讲，被调查人在调查问卷中，尽可以写出他的真实感受，而不用顾及部门领导乃至代表处领导的感受。

　　同样的，内部"好兄弟"的"善意提醒"必不可少，跟360度调查一样，这样的问卷往往成了很多人表忠心的好工具。但总有一些真实的声音被传到上级HR部门，这样一来，组织气氛调查结果太差的部门或者代表处就需要进行整改了。

　　整改的方式，通常会采取现场会的做法。也就是说，召集部门全体员工或者代表处全体员工，由HR牵头安排组织气氛调查结果太差的领导现身说法。与此同时，上级HR部门会将组织气氛调查中的一些关键问题打印成册，然后将这些问题列表交给领导干部自己进行阅读并解释。通常情况下，上级HR部门会对现场会议过程和效果进行笔录，最后输出一份组织气氛整改进展报告。

这样的一种领导被架上油锅低头认罪的方式，确实是一种极佳的整改领导干部不良习气的好办法。对比中国的其他任何一家公司，这样的组织气氛整改都算得上是开风气之先。当然个别部门或者代表处的歪风邪气依然会嚣张很长时间，但这样的活动只要持续进行，这样的风气只要持续提倡，华为的各级领导干部必然不敢太过造次。组织气氛调查，贵在数十年如一日地坚持，贵在在华为内部形成了一种公司民主监督制度。

组织气氛调查之外，还有其他"防火墙"。比如，道德遵从约束。

道德遵从约束，简而言之就是专门对干部本人的领导作风进行监督的一种做法。跟组织气氛调查由HR部门牵头不同，道德遵从约束这件事情在组织设计上被赋予了更高的特权，这个动作的执行单位叫作"党委"。

在相当长的一段历史时期内，华为的党委是形同虚设的。党委的运作和组织生活，跟国有企事业单位肯定没法比。因为华为真正起到干部监督作用的部门是干部部，或者HR部门。如果说在此基础上再设置一个党委机构进行监督，在组织运作上就会出现问题。比如说吧，华为内部很多领导同志并非党员，一个基层党支部运作，如果不能把行政领导包括在内，那这个党支部就是非常失败的。关键是，在国企背景浓厚的企事业单位，你完全可以放手发展党员积极分子，如果有领导干部不是党支部班子成员，那么可以尝试把他吸纳进来，这个只是早一天晚一天的问题。

但是，这件事情在华为肯定行不通。

大家在日常工作中已经很累了，而且公司的整体文化导向是凸显华为是一个标准的营利组织。所有口号，比如艰苦奋斗，比如客户关系是第一生产力，比如板凳要坐十年冷，其实都是围绕一个主题，就是让华为增长盈利。如果脱离了这些去研究党支部运作，很明显是不合时宜的。当然不能说党支部运作和公司价值观是相悖的，但至少关注的焦点不同。如果一个公司组织在运作上散焦了，不是注重业务而是注重意识形态了，显然已经走向了公司企业文化的反面。

说了这么多就一个意思，党委在华为的历史发展中，地位长期不尴不尬。

所谓的基层党支部活动，就是集中所有党员搞搞团建吃吃饭，再不就是组织几场体育比赛，或者干脆就是给各位党员同志收收党费。到最后，把这些党支部活动的照片做成汇报材料上交上级党委，收工。

党委这个组织真正被重视起来，同样是在2010年前后。

当时的华为党委，被赋予了非同一般的地位，至少在组织架构配置上是如此的。一些比较讲党性的华为老党员被吸纳进了党委班子，开始独立于干部部和HR部门之外进行单独的运作。所以，党委的老同志们资格再老，我们不能将他们等同于之前提到的"老专家"，两者在概念和具体业务场景设置中都有很多不同。

事实上，党委职能被重新定义，是跟AT会的常态化运作几乎同时的。

AT的出现，本来就是整改中基层领导干部的个人英雄或者一言堂，将AT会这种集体决策制度进行强化和固化。在AT会的基础上，再强调党委的作用，要求党委老干部们列席旁听AT会。

这样一套组合拳下来，华为领导干部们的权力也就被关进了笼子。

想法是非常好的，而且说干就干。在党委的牵头下，华为自上而下各级先后成立了道德遵从办公室（Office of Ethic and Compliance）。而且，各级党委的老干部们，也经常到下面的基层进行明察暗访，并且顺势健全了基层党组织建设。在党委老干部们的强势推动之下，一时之间，似乎各级华为业务部门的边上都多了这么一个道德监督部门。尤其是海外，长期以来存在着谁都说不清楚的男女关系问题，其中有没有权色交易，有没有以权谋私，是不是需要好好研究一下呢？既然打着"道德遵从"的名头，党委的运作是不是首先就从这里开始？

这场轰轰烈烈的革命，在渔夫的记忆里，并没有圆满收场。

还是那句话，华为的公司文化特点很鲜明，华为文化以下，还有大量的子文化，但这些多不胜数的文化是有优先级排序的。比如说艰苦奋斗和陪客户放在一起，一定是客户优先；比如说干部文化的360度调查，说到底还是拼不过一句"唯才是举"。而且，所有的子文化上，还有一个灰度文化。如果把所有阳光底下见不得人的事情都完全透明化，这样的导向本身就违背了华为文化。

当然，党委的出现还有另外一种解读。

那就是华为在2010年前后正式结束了早期粗放式发展的模式，转而开始进入精细化运营阶段，那么对华为的用人道德标准，也必须提到一个战略级别来进行重视。所以从某种意义来讲，华为领导干部们的实权，会是一个不断被削弱的过程。而道德遵从约束的出现，只是所有大趋势的一个具体表现而已。

太阳底下，并无新事。

天涯社区文化：感情释放的树洞

华为的领导干部到底权力大到了什么程度，值得整个公司出台各种政策限制权力呢？

在华为发展早期，华为的领导干部确实权力大得惊人。尤其在华为广大的作战一线，也就是代表处这个层面，大量代表处代表成了割据一方的英雄好汉，在他们的带领下，华为的大旗插遍全球。但与此同时，内部腐败的隐患也正在悄悄滋长。

华为早期的灰度文化，给了很多掌握实权的代表处代表以重大利好，他们尽可以在自己的独立王国内做自己想做的事情。而且关键是，汇报的时候完全可以用客户的名义来搪塞，除非是遇到非常严厉的内审，这样的事情几乎是很难查证的。

人类的贪欲是永无止境的，所谓的欲壑难填就是这个意思。一旦领导干部们的欲望之门被打开，他们的贪念很快就会蔓延到他所领导下的整个肌体。

如果当初的360度调查不好用，如果后来的组织气氛调查也让领导们轻易化解于无形，甚至如果到了后来连党委的义正词严都可以让那些有道德瑕疵的领导干部们风雨不动安如山，那么几乎可以预见的是，这样的领导干部接下来会变本加厉，甚至有可能会在组织内部对一些对他不利的员工进行打击报复。

如果这样被劣迹干部一手遮天的事情发生，普通员工怎么办呢？好在华为公司长期以来还有一个公司之外的舆论阵地——天涯社区的华为专区板块。

这些年来，华为专区发生了很多大事。

如果大家有兴趣，可以搜一搜2010年之前的华为专区，当年的论坛之火爆，几乎成了整个ICT行业的一道美丽的风景线。华为专区各种吐槽领导，给劣迹干部画像，甚至是直接曝光代表处那些龌龊事，除了文字叙述还要爆照片、爆工号。华为论坛最火爆的时候，连友商中兴的人都跑到华为专区曝光中兴公司内部的暗黑新闻，无非就是想蹭一下华为专区的人气。

那些已经消失在历史长河中的，各种华为基层尤其代表处一级的小道消息、风流韵事、奇谈怪论、都市传说，曾经让华为专区不断冲上天涯社区的热度排行榜。关于那些往事，我们无意再去追究细节，我们只需要知道，曾经有那样一个华为专区，是华为人茶余饭后的情感花园、吐槽圣地，也是华为人的精神庄稼地。当年的那些日子里，有多少华为人晚上加班无聊的时候，都会偷偷开一个天涯华为专区的小窗口，只要领导们过来，马上就把这个小窗口最小化呢？

说白了，平日里工作强度和心理压力的双重作用之下，很多华为人确实缺少跟外界沟通的渠道，长此以往，很多思想与情绪也没法得到释放。那时的华为专区，不过是迎合了广大华为人的真实心态。

所以，那个时代的华为专区才独领风骚。

坊间传言，当年华为专区的巅峰时代，春节之前就会有很多来自华为各大部门和代表处的大小领导，专门去打点华为专区的几位版主。如果这样的传言属实，我们可以想见当时华为专区的影响力之大。

心声社区文化："堵"不如"疏"

天涯社区渐渐成为很多华为人的日常集散地，但也给华为的管理者们提出了一个非常严峻的课题。

越来越火爆的天涯华为专区，给华为公司带来了很多负面效应。各种不知道真假的消息充斥着华为专区，论坛内部充斥着各种谩骂、抱怨以及无处不在的戾气。就像当年的春晚一样，华为专区总是能够在某一个阶段，捧红一些段子，而这些段子转手又开始成为华为人的日常办公室用语。反过来讲，一些在现实中对华为现状不满的段子手，也开始火力全开，时不时就能在网络的掩护之下抖一抖机灵。这样的局面，确实令人啼笑皆非。

华为的管理层们应该庆幸华为专区的红透半边天出现于电脑时代，而不是今天的智能手机时代。智能手机的普及，已经让人类对信息的获取门槛降到了有史以来的最低点。同时，网络评论背后的那些脸孔，也不再具备非常强的早期带有知识加成的网络人群属性。与此同时，华为这个企业LOGO也由通信行业内人尽皆知的ICT领导者，摇身一变成了消费者级别的老百姓喜闻乐见的手机供货商中的一员。

我们很难想象，如果把当年天涯社区华为专区搬到今天，对华为管理者们会是怎样的一种考验。

事实上，华为内部很早就已经找到了解决这个问题的有效途径。最开始的"堵"如果不好用，索性改为"疏"，还是那个实事求是的华为作风。

首先，要承认基层华为人的怨念是确实存在的。

对巨大的工作压力、超强的精神负荷，早期那些耀武扬威的部门领导，尤其是天高皇帝远的代表处代表、地区部干部们怨念。新老员工之间的收入差距，基层与领导干部之间在权力分配上的心理落差，这些都是在短时间内无法弥合的内部矛盾。华为的高层们虽然对这些业已存在的矛盾洞若观火，但是问题的解决并非一蹴而就，而有些问题在特定的历史阶段，作为具有华为特色的管理方略中的一环，还可能长期存在。如果片面地马上否认或者纠正这些问题，则很有可能在泼水的同时，把水里的自家孩子也一起倒掉。

既然承认了华为人的怨念存在，并且还可能长期存在，那么问题的解决方案也就呼之欲出了。大部分华为人的真正问题，无非是在业务之余，他们的灵魂无处安放。那么索性就找个地方，来安放那些四处游走的惴惴的灵魂。于是，华为内部高调建设了自己的华为论坛——心声社区。不用别的，光看名字就知道用途了。

华为管理层需要做的，就是精心打造这个内部论坛，用这个内部论坛引流，让那些长期活跃在天涯社区华为专区的吐槽者或者写手回流到华为内部。这些人往往能够掌握来自华为内部的大量鲜活信息，甚至猛料，乃至秘闻。这些人一旦开始将自己的主要活动区域进行迁移，剩下的不管是来自华为内部还是外部的纯看客们，也就顺理成章地作鸟兽散了。

所以，问题的关键在于第一步引流。

引流之后，天涯论坛华为专区的可看性必然下降，内部论坛的火爆必然指日可待，而一旦内部的心声社区开始流量大涨，那么剩下的事情就太好办了——华为的管理层必然会插手接管内部论坛的管理工作，甚至反向输出一些心灵鸡汤，于潜移默化中按摩大家的情绪，改变大家的态度。而至于说华为之外的那些看热闹不嫌事大的主儿，他们完全跟华为的业务发展无关，这部分人拿不到内部心声社区的用户名、密码，即便拿到了也登录不了内网，最后也就消失于江湖了。

事实证明，华为的这套逻辑方式完全打蛇打到了七寸。

天涯论坛华为专区的那些顶级流量很快回流到华为内网的心声论坛，关键是通过对心声社区的建设与维护，整个板块呈现欣欣向荣、百家争鸣的良好态势。大量来自华为基层的声音，也在心声社区得到了反映。那些半明半暗、半真半假的华为干部层面出现的管理问题、经济问题、作风问题、道德问题，也统统被心声社区背后的华为高层的目光锁定。

华为之外，跟着瞎起哄的人群也都慢慢散去。一来二去，天涯论坛华为专区已经堕落成了一个纯华为手机广告集散地。

又过了几年，智能手机的普及时代全面开启，论坛这个Web 2.0时代的典型产物本身趋于没落。华为内部论坛的心声社区也就彻底接管了当年天涯论坛的功能。

当年华为对天涯社区曲线救国似的强势介入，现在看来尤为及时。

华为管理层的高瞻远瞩，可见一斑。

考评文化：双向寻求最优解

除了对领导干部进行有效监督，其实最大的挑战还是如何把领导干部的作战潜能充分挖掘出来。

说到底，最后还是要回归业绩本身。

前文曾经说过，华为的选人、用人，都在围绕一个主题，就是让当年在学校时候努力学习做好学生的精神，无缝移植到华为内部，延续这种精神让大家争做华为好员工。如此一来，考评的设计就显得十分重要。

实际上，如果我们一直寻根究底，考评的源头就是下目标。尤其对于华为一线销售类干部来讲，如何在年初领一个合适的目标，关系到这一整年的收成，并且关系到个人在华为公司的发展。这个事情马虎不得，也潦草不得。

一般情况下，华为的目标首先要从上往下层层分解下来。

就拿一个标准的海外代表处来讲，首先片联的目标要分解到地区部，地区部的目标再分解到代表处，代表处再往各个系统部和产品部细分；从另外一个角度来讲，在地区部产品部维度同样会有一个分解，地区部产品部又会把这个任务拆分到各个代表处产品部。所以，在地区部层面上领的总任务是一样的，只不过在系统部这边拆一遍，在产品部这边再拆一遍。最后的要求是，系统部和产品部在代表处层面上数字做齐。

当然，这只是说的海外代表处。如果我们把目光调回到国内代表处，情况还要更加复杂一些。

除了代表处纬度的拆分、产品部纬度的拆分，系统部大T同样要有一个拆分。只不过，国内和国外所不同的是，国内的大T运作比较程式化，现成的三大运营商就摆在那里呢。中国区拿到任务，只需要先按照三大T拆分出去，大T系统部自然会给每个代表处的小T分配合适的任务。所以，从本质上来讲，中国区的任务拆分，突出大T任务分解，最后汇总在代表处；而海外代表处则是以代表处为主轴进行任务分解。如果代表处碰巧有小T系统部，这个小T可以是所在国的法电、德电或者Telefonica，那么这个小T就被顺势侧向统计到法电大T系统部、德电大T系统部或者Telefonica大T系统部等部门。

不管是海外代表处还是国内代表处，不管是以代表处为主轴还是以系统部大T为主轴，产品部的分解不受影响，因为产品部只需要做到最后的数字对齐即可。

这里既然说到了国内三大运营商衍生出来的国内三个大T系统部，也不妨讲一讲三大运营商的前世今生。

最早中国负责解决老百姓通信问题的单位是邮电局，但是因为邮电局涵盖了太多交叉部门，所以后来从邮电局分解出了邮政局和电信局，这就是最早的实体邮寄和电子通信的分离。当然，后来邮政局再接再厉，又分出了一个邮政储蓄，只不过这些并非我们的讨论点，我们只看电信局。

电信局，当年负责的其实只是中国固网业务。

不同于今天的全业务运营模式的运营商，早年的固话通讯还是老百姓之间日常联络的主流。家庭和家庭之间通话先拨打家庭座机，小伙子大姑娘谈恋爱煲电话粥，很多都是搂着一个固话开启霸机模式。至于说当年风靡全国的电话亭、IP电话等等，这些都是固网在发展过程中的一个个里程碑。除了固话通讯，早年的网络宽带业务也是固网运营商的看家法宝。

固网一家独大的时候，国家认为全国只有一家电信局，当然竞争会非常不充分，于是又开始对全国的电信局进行拆分。当时的分家模式是北方的电信局普遍改了个名字，叫作网通；南方的电信局则依然保持原来的名字，叫电信。如此一来，中国固网领域就出现了"北网通，南电信"的竞争局面。而为了进一步深化竞争，南方电信开始在北方开设电信分公司，同本地网通竞争，而北方网通则开始在南方各省设立网通分公司，同本地电信进行面对面竞争。

但是后来随着移动通信事业的飞速发展，中国的固网运营商迎来了两家移动通信界新贵的挑战，这两家的名字我们就比较清楚了，一个叫作联通，一个叫作移动。但是联通当时手上抓了一张没那么好的牌照，他做的通讯制式叫作CDMA，而移动玩的通讯制式叫作GSM。如此一来，两家在通话质量上的差别也就显现出来了。当年的联通和移动，由于在通话质量上的巨大差异，网络上充斥了各种关于联通信号差的段子，至今记忆犹新。所以，这两家竞争的格局就是移动强，联通弱。电信、网通、移动、联通四家之外，当时的全国范围内，还有另外一家固网运营商，一度也想在固网运营方面分一杯羹，这家公司叫作铁通。

所以，对于华为来讲，一度在国内需要对口一堆客户。比如，如果是南方的代表处，就需要配备电信系统部、移动系统部、联通系统部，三大系统部之外，网通和铁通这样的系统部一度被归类为综合系统部。那么很显然，有系统部也就有对应的系统部主任，华为的领导干部团队也很壮大。大概最苦的应该算是区域客户经理，区域客户经理一般都要同时对口几个地市，而每个地市都有网通、电信、移动、联通、铁通的配置，如此一来，区域客户经理的日常工作，就真的是忙成了一锅粥。

但是不管怎么说，中国移动通信用户的数量，后来是呈几何级数往上增长的，与之相反的是固网用户江河日下。到最后，电信和网通两家成了中国国内最大的"窦娥"，两家纷纷吐槽钱都被中国移动和中国联通给赚走了。而电信和网通空守着偌大的固网摊子，盈利模式却越来越少，企业已经到了入不敷出的地步。在这个时期，小灵通、大灵通作为固网业务架构下的移动通信模式，一度风靡全中国，成为那个时代中国人的独特记忆之一。

所有以上所说的，只不过是2G时代，而当我们的通信技术演进到3G时代的时候，国家准备在全国范围内发放三张移动牌照，这个时候，对于长期在抱怨与崩溃边缘徘徊的网通和电信来讲，终于迎来一个彻底改变命运的好机会。最终五个运营商在国家的监管之下进行了重组，电信拿到了CDMA2000的3G牌照；联通与网通合并，拿到了WCDMA的3G牌照；而移动与铁通合并，则拿到了TDSCDMA的3G牌照。

需要特别说明的一点是，这样的重组方式其实还是相对比较公平的。

电信虽然没有合并其他公司，但电信拥有曾经全国最好的固网基础设施建设，在这个基础上再给一张移动牌照，真的是如虎添翼了。所以，电信当年的3G叫作"天翼"，大家是不是明白了点什么呢？而联通和网通，虽然是一家移动网和一家固网的联合，但实际上算是弱弱联合的属性。因此，3G牌照发放的时候，合并后的新联通拿到了当时全球最为成熟的WCDMA牌照，算是照顾了联通人的情绪。所以在后来新联通选择了"沃"作为自己的3G品牌，这个"沃"其实就是"W"，也就是WCDMA。电信、联通之外，原本移动网络最强的中国移动，和固网实力最弱的铁通合并，并且拿到了三大3G牌照中国产的，也是最弱的TDSCDMA牌照，算是国家对另外两家的一个交代，也是对中国移动的一个希冀与挑战。

2009年开始，3G领域的电信、移动、联通三家一起进行3G网络建设，这就是当年中国地区部华为人口中的"三大战役"。三大战役结束，才有了后来的国内三大运营商，也就有了后来的三个大T系统部的大T运作。

话题扯得稍微有点远了，我们再拉回到考评文化。

年初的任务分解，一开始是层层往下分解，再之后是针对现有目标的PK，也就是任务再调整的意思。如果觉得任务拿多了，你就把冤屈喊出来；如果觉得任务很轻松，上级领导也不是吃素的，有可能还会给你加任务。所以，华为的年初任务分解，包括了自上而下的下目标，也包括了自下而上的任务PK。最终版本的任务目标，又要在产品部做齐，这就是一个完整的下目标全流程。

有了部门KPI，接下来就是拆分到每个人的PBC。

同样，每个人的PBC加起来，其实就是对应部门的KPI，同样需要任务分解和目标PK。因此，华为的考评文化背后，就是特点鲜明的自上而下再自下而上的双向调整过程。

这样的任务下达方式或许仍然得不到最优解，但是在某种程度上，这已经算是一种最好的保证内部公平的方式了。

双负文化：精细化运营时代的前奏

在本章之前文字的讲述中，我们一直在强调一个观点：早期华为领导干部个人英雄比较多，粗放式发展还是主流。那么到了AT会议，道德遵从办公室等一系列措施出台之后，华为的发展已经明显开始转向，由粗放发展到了集约经营。

对于领导干部的要求，也顺势进行了比较大的导向转变。

关于这一点，我们简单讨论一下。

华为在2010年前后的时候，提出来一个"双负代表处"的说法。也就是说，如果一个代表处经营一年下来，其利润是负数，现金流是负数，那么这个代表处的代表就要面对下课的命运。

如此一来，所有的之前很多年里关于一个代表处代表人设的假定，似乎突然一下就都不成立了。原来最优秀的代表处依然必须完成销售任务，这是作为一名代表处代表考评的下限。但是与之相对的，如果只懂完成销售目标，而不能够为代表处带来可持续发展的指标，那么这名代表处代表一定是不合格的。这是对代表处代表要求的上限。

所以，工作了这么多年，代表处代表们突然发现，原来代表们已经不是超级SALES了。华为对代表处代表们的要求，已经是从代表本人一直到下面的系统部部长（系统部主管名称开始叫主任，后来改叫部长），再到下面的系统部客户经理，都必须熟悉财务三张表，都必须明白一个销售组织存在的意义是能够为该组织盈利的，并且时刻想着怎样才能活下去。

由超级SALES化身经营者，这就是对新时代代表们的要求。

具体来讲，对代表要求的下限，代表处利润和现金流这两项，至少要有一项是正的。如果经营者忙活了一年，结果到年底一看两个指标双双为负，这样就要面临被挂红灯通报批评的危险，而且还必须向全球片联做出解释。最为严厉的惩罚，可能就是这位代表处代表就地下课，以此作为对新时代代表处代表们的警示。

利润和现金流双正，最差不能双负，这样的话，说出来容易，做起来难。

实际上，很多财务指标是相互关联的，甚至是互相掣肘的。就拿利润来说，利润最简单的算法是给代表处按照子公司的运营模式建模，所有财务指标单独拆分，最极端的时候，甚至每个代表处的系统部也都可以作为一个经营单元（Business Unit）进行财务指标的单独剥离核算。如此拆分之后，利润就是BU的收入减掉成本。比如原则上讲，要想使利润指标无限拉高，就必须拼命增加收入。

但是如果无限拉升收入指标，那问题又来了。对于财务指标来讲，收入越高同时也意味着应收账款越多，应收账款的居高不下，最后就会影响一个经营组织单元的现金流指标。

所以，财务三张表以及双负代表处这两个说法，就把代表处代表们的紧箍咒箍得死死地。要想不被秋后算账，就必须学会迅速转身，来适应新时代华为对于代表们的经营素质要求。

换个角度，精细化运营时代的全面到来使代表们成了最大的受害者。

看上去综合要求渐次提升，实际上单兵作战能力却被组织有意地忽视了。

后备干部文化：后浪的力量

华为对管理者的考评之中，有非常重要的一项，就是培养后备干部。

华为的后备干部培养，不仅是说说而已，而是要白纸黑字写进绩效考核中去的。

正常情况下，华为的后备干部一定是出自某个部门的骨干员工群体内的。就拿系统部主任这个角色来讲，正常情况下的部门组成一定有老员工和新员工之分，或者有资深客户经理与普通客户经理之分。要想完成上级给出来的培养后备干部的指标，平时就要注意观察，以备不时之需。比如系统部主任升迁了、调任了，或者最极端的情况，被末位淘汰了，那么就需要马上有人接过原系统部主任的位子。当然正常情况下这个后备干部最好出自原部门。只有这样的提拔，才能够把班子的动荡重组效应降到最低。

但这只是正常情况，还有极其不正常的情况。

比如某个代表处系统部的绩效长期挂红灯，系统部主任自身难保，其下面的兄弟的绩效也都是老大难。那么在这种情况下，很有可能后备干部根本就起不来，反而是外来的和尚空降过来把本地的经念了。如果是这样一种后备干部培养方式，毫无疑问就是最失败的。

但是，无论最后完成组织班子轮替的人是谁，一般情况下现任的系统部主任也都会培养一名候补。这样的话，拥有首先推荐权的人，其实就是客户经理的直接主管。这样一来，如果一名资深客户经理平时没有跟系统部主任搞好关系，到了真正有人要推荐上去，甚至是能够异地调任升职的时候，机会就会白白流失掉。

尤其是在客户经理的圈子中，大家都是搞关系的高手，都是人精中的人精，往往一个闪失下来，你就可能从此沦为部门内部被边缘化的那个人。既然端了客户经理这碗饭，就要接受这样残酷的职场竞争，这同样是宿命之一。

渔夫在华为的很多年，亲眼看见了大量出类拔萃的客户经理最后反而郁郁不得志愤愤离职的怪现象。不得不说，"造化弄人"这句话放在很多场合都同样成立。

对于很多管理者来讲，他们的绩效考核中还可能会有一条比较显眼的——培养和提拔女干部。华为的各个体系之中，有大量的女干部。

但从古到今，男权社会才是人类发展的主流，对于很多女权主义者来讲，她们其实并不太明白"女权"这两个字的真实含义。在古代社会，当时的避孕条件和医疗条件十分落后，对于一个女人来讲，她们对意外怀孕这事几乎没有抵御的方法，而一旦怀孕，分娩的死亡率相当之高，尤其是生第一胎的年轻女人。正因为如此，在中国的很多特定历史阶段，人们为了早点实现娶妻生子的目的，经常刻意去找一些大龄熟妇结婚，这其实是一种现实需求，而并非生理意义上的猎奇。

在古代社会，怀孕会让女人有长达半年以上的行动不便期，而分娩又给女人带来各种不可预测的危险，就更不用说，在机器大工业时代开始之前，不管是农业还是手工业，女人的体力跟男人根本就不可同日而语。所以，男权社会在历史上的长盛不衰，是顺理成章的一件事。

女人地位的空前提高，得益于第一次和第二次工业革命，由于蒸汽机的出现以及电气时代的到来，之前只适合男人干的活，女人也可以做得很好，大家不需要比拼体力，这样双方就被拉到了同一个起跑线上公平竞争。并且随着避孕措施以及医疗条件的日新月异，人类终于能够自由地控制怀孕并且极大程度上减少分娩死亡率，于是在硬件条件上，为女权崛起创造了亘古未有的可能性。

所以，基于如上的各种判断，华为内部才做出了培养女干部的要求。

实际上，对于华为一线来讲，女干部的出现弥足珍贵，尤其在海外。女人即便在今天获得了前所未有的社会地位，但依然要承担一些工作之外的生活负担，很多女人的成功都是以舍弃家庭至少是部分舍弃家庭为代价的。正因为如此，如果一个女人愿意做出一些牺牲，一心一意投入在事业上，她就会表现出一种破釜沉舟的大无畏的工作精神。这样一来，她们身上所迸发出的能量，将会是非常巨大的。

华为正是看到了这一点，才最终确认了半强制培养女干部的要求。

如果一个男权社会中的女人，能够克服这个社会带给她的一些自然属性，并且在工作强度和精神压力的双重紧绷之下，跟其他男同事一起付出，确实应该被提拔成干部。

从人性的角度出发理解公司管理，这是华为的哲学。

这样的管理智慧，又一次闪现在了华为文化之中。

第七章

收入文化：加成

讲完干部文化，其实有一个问题已经呼之欲出了，就是华为员工尤其华为管理层的收入问题。

　　2010年之后，华为高调进入智能手机领域，此前已然被炒得沸沸扬扬的华为高收入的传言，似乎在智能手机时代一下子被发酵了。各种关于华为收入的传说和段子层出不穷，似乎就在一夜之间，那些此前还默默无闻的华为员工，一下子就成了全国人民心目中的"金领阶层"。而且，当年没有大张旗鼓搞智能手机的华为，对这些所谓"高收入"的坊间传言，多半采取低调和息事宁人的做法，然而在需要树立品牌形象，搞噱头的"手机时代"，华为也乐得接受来自各路媒体的揣测与传颂。

　　毕竟，对于华为品牌来讲，未必是坏事。

定岗定薪文化：华为财富坐标系

要想解码华为高速发展期的薪酬之谜，我们先从基本结构入手。

2010年之前华为中方员工的年薪包主要涵盖了三个部分：基本工资，年终奖金，以及股票分红。对一个入职超过两年而又不是当年创朝元老的普通华为老员工而言，这三大部分的组成基本是"三一三剩一"的，也就是各占三分之一。

其他我们先按下不表，这里先看基本工资。具体而言，基本工资水位是按照"定岗定薪"的模式进行评定的。

"定岗定薪"是华为不同于任职资格"发展坐标系"的另外一套"薪酬坐标系"，只不过这套坐标系所标定的并非你个人的任职能力或者专业能力，而是你的岗位与薪酬的匹配。简而言之，华为为自己的所有员工建立了一个从13级到22级的岗位级别体系，每一级中间也像任职资格一样分了三等。这样算下来，从13级到22级，就跨越了10个级30个等的岗位区分。当然，22级并没有封顶，从22级往上还有成长空间，但22级以上的干部，在华为已经是整个华为大厦的天花板，其成员凤毛麟角，并不属于普通员工范畴了。

定岗定薪的意义在哪里呢？

首先，一个人的任职资格只是你在华为发展的职业通道，代表的是你在华为公司个人发展的精神需求。但是光有精神还不行，还必须有实惠。这个实惠任职资格给不了你，你的任职级别再高，也只是代表了你的业务水平，并不能如实反映你把自己的能力变现的水平。那么定岗定薪，就是体现你将自己的业务能力变现的水平的。

此外，如果没有定岗定薪这个约束，仅仅是靠绩效或者入职年头长短来评价一个人，会出现两种极端情况。

第一种极端，如果严格按照绩效进行工资匹配，那些常年默默无闻、与世无争的老员工就会被埋没。毕竟绩效衡量的仅仅是一段单位时间内的业务表现，并不能够长远考察一个人对企业的忠诚度和劳动态度。特别是在一些非销售类的岗位上，你并不能够用销售数字来衡量一个人的硬指标，绩效考核很多时候也代表了直接主管的个人好恶。这样一来，一些有能力但却并不擅长与领导沟通的员工，一定会成为最吃亏的那一个。

第二种极端，如果严格按照入职年头长短来进行工资匹配，就会出现论资排辈的现象。事实上，老革命未必能够经得起战争考验，新兵蛋子也未必不能迅速成长为董存瑞、黄继光式的作战英模。如果说因为入职年头比较多，就一定能够拿到比别人更多的薪酬，这个从根子上就可能会挫伤一些年轻人的积极性。因为他们看不到自己薪酬跨越式增长的希望，只能够默默地盼着岁月的流逝给自己带来增加收入的机会。

两种极端情况，都会造成"薪酬倒挂"现象。

第一种情况的薪酬倒挂，是一个部门的老员工久而久之成了部门薪水最低的那个人，甚至他的薪水可能还不如刚刚入职一两年的年轻人；第二种情况的薪酬倒挂，是一个部门最有本事的人拿着最低的薪水挑大梁，而那些悄悄地躲在角落里敷衍了事的老员工，却偷偷地享受着年轻人拼搏奉献带来的部门红利。两种情况无论哪一种，都会造成人员的积极性下降，第一种会赶走老员工，第二种则会赶走新员工。所以，定岗定薪这套标准在华为也就应运而生。

定岗定薪的不同级别不同等之间，会体现出比较明显的薪酬差异，从原则上讲，13级的员工，基本工资一定会小于15级。只不过，为了让级别之间也充满赛马文化，华为会特意设计一个小细节。一个级别的末等，与下一个级别的最高等，会出现基本工资相同的情况。举个例子来讲，当年15A的基本工资可能是月薪14500元，而上一个级别中的16C，则同样是14500元。

如此一来，就有了对员工的激励作用，当你拿到15A的时候，也就知道自己已经升到了实际上的16C的水平，那么只要稍微努力，就能达到16B的门槛了。因为，定岗定薪的升等，跟任职资格是相类似的，一般情况下每次升一等，但是如果表现优异，则可以跨等升上去。所以，如果你本来已经是15A了，但定岗定薪的结果是升一等，对你来说是一点意义都没有的，因为左右都是这个工资水平。你的选择只有加倍努力工作，争取一次升两等，这样才算对自己的荷包有个交代。这样周而复始，一个人的积极性也就被充分地调动了起来。

当然，光有基本工资还不够。华为是个灰度文化无处不在的公司，即便是这样的定岗定薪的薪酬体系制定出来，华为内部依然设计了一些弹性。这些弹性指标，则掌握在你的直接主管手中。

弹性指标分成两个：一个是岗位胜任系数，一个是地区差异系数。

比如你的主管认为你的岗位完全胜任，系数就是1，基本胜任是0.9，而暂不胜任的系数就掉到了0.8。换言之，同样是15A这个岗位级别，大家所拿到的薪水也可能是不一样的。

在此基础上，还有地区差异系数，用来调节地区之间的消费水平差异带来的不平衡。在较长一段时间内，地区差异系数中的一级城市系数是1，二级城市系数是0.9，三级城市系数是0.8，其他城市是0.7。

如此一来，一张相对比较清晰的华为基本工资分配方法论也就最终成型了。

定岗定薪的"薪酬坐标系"其实在很大程度上，其光芒会盖过所谓的任职资格所标定的"发展坐标系"。因为人都是实际的，尤其是在聚集了大量"寒门二代"出身的华为。官阶上的高低有时候可能并不能准确反映上下级之间的天然鸿沟，而等到定岗定薪出来，一报自己的名头，就知道大概能够每个月拿多少钱。在钱面前，所有解释都是苍白无力的。

正因为如此，不同于部队上的自报军衔，比如"我是少尉吴老二""我是少校王老五"，华为人自报家门的时候几乎没有人报自己的任职资格，大部分人都直接报自己的定岗定薪级别。

于是，才有了我们前文出镜过的所谓华为"十八级以上干部"的说法。

其实对于岗位技能来讲，这种说法并不准确，只不过是约定俗成了而已。

年终奖文化：业界良心

基本工资一旦确定下来，年薪包中的第二项年终奖也就有了参考坐标系。年终奖并非新鲜事物，今天的很多公司都有所谓的年终奖制度。

然而，在中国所有企业的年终奖之中，华为的年终奖则声名远扬。之所以在江湖上有非常大的名头，无非是因为华为的年终奖确实数额较大。

不过，在此基础上，华为的年终奖还有其他几个特点。

第一，华为年终奖的发放时间特别晚，在很长的一段时期内，华为的年终奖都是延后到了第二年的六月才能发下来，个别的甚至拖到了第二年的七月。那么实际上，如果拖到了七月份，你当年就已经工作了半年之久，并且已经在为当年的年终奖而打拼了，这显然是对劳动者非常不公平的一件事情。与其说是"年终奖"，倒不如说是"年中奖"，或者说是永远被抵押"半年年终奖"的年终奖。这样一来，你无论在什么时候提出辞职，都会对自己的年终奖造成非常大的伤害。

当然，期间华为曾经对年终奖的发放做出过政策上的调整，比如春节之前先发一半，另外一半第二年七月份发。又或者是所有年终奖一次结清，时间就在春节之后的3月份。然而，尤其是后者，仅仅执行了一次就寿终正寝了。事实证明，这样的年终奖发放形式在华为是不合时宜的。

第二，华为的年终奖，各部门的主管或者一线代表处的代表有非常大的发言权，这种发言权有时候大到了一手遮天的程度。尤其是后者，一线代表处的代表们。因为"天高皇帝远"，总部很大程度上没法监督年终奖的公平与否，往往取决于代表们的个人好恶。

虽然华为的年终奖在考虑当年绩效的同时，也在匹配定岗定薪体系进行正态分布，但其弹性却大得惊人。

比如同样是15级，拿得少的可能只有5万元左右的年终奖，而拿得多的可能能够达到15万元；而到了17级，少的可能能够拿到12万元，多的可能就能够拿到25万元了。所以，如果你是17级里拿得比较少的，就可能还不如一个15级里拿得多的。所以，就造成了同样级别的年薪包落差，以及不同级别之间的年薪包撞车。当然在大原则之上，还要考虑到两个小原则：市场的比研发的多，海外的比国内的多。

如此一来，一个非常负面的情况也就出现了，如果这个代表对你个人有所成见，在HR根据当年绩效和岗位系数提交初版年终奖草稿之后，代表审核后给你多两万还是少两万，都不稀奇。这样一来，也就在相当长一段时间内，造成了华为代表处代表们的地方诸侯割据一方的态势。自代表以下，歌功颂德与投怀送抱，乃至朋比为奸的情况屡见不鲜。

第三，华为的年终奖固然数额庞大，但员工个人所得税却一分钱都不能少。华为的灰度仅仅是就内部而言，就特定岗位的特定区间时间和区间空间而言的。对于外部，不管是对政府还是对代理商，华为往往是一碗水端平。而且更进一步，这碗水不仅是端平的问题，而且还清澈见底。

所以，华为的所有内部奖金和分红，都是严格按照国家规定的个人所得税20%进行扣税。就像我们已经提到过的，代表处的那些小小激励，五百块钱的小奖金，也一定要扣20%之后发放到员工手中。这样一来，华为的年薪包往往理论上看起来很大，员工自己计算起来也暗自窃喜，然而实际到手的部分，未必有外界所揣测的那样高。

总而言之，虽然有各种跟外界揣测所不符的现象，但华为的年终奖依然可以傲视中国绝大部分的高科技公司。华为的年终奖数额，从4个月基本工资乃至16个月基本工资不等。

如此巨奖，堪称业界良心。

配股文化：华为战车上的忠勇之士

华为内部股票，在华为内部的标准称呼为"虚拟受限股"。

这个虚拟受限股不同于单纯意义上的股票期权，股票期权强调一定时间内股票本身的增值，关联兑换条件以及兑换时间，也就是说，他的主要收益来自增值，强调长期效益。另外一种现代企业融资手段叫作"内部股票"，内部股票同股票期权的明显不同是，内部股票代表对于未来企业分红的权力，强调企业短期效益。

华为"虚拟受限股"，综合了股票期权和内部股票两种融资模式，一方面有长期的股票价值增益，另外一方面每年从营业利润中扣除一部分用来分红，兼具了两种模式的特点。

换个角度说，华为的股票收益分成了增益和分红两部分。

如果第一年购买华为股票的股价是3块钱一股，你一次性掏出了3万块钱现金，购买了一万股，到第二年，华为宣布当年股票增益为每股5毛钱，分红为每股1块钱，这样一来，你第一年的股票投资，到了第二年就是（10000×0.5-股票增值税-个人所得税）+（10000×1-个人所得税）。但是要注意，增益的这部分你肯定是拿不到的，因为只要你一直在华为，你的股票以及股票背后所代表的现金，就会安安静静地待在华为的股票账户上。除非有一天你离职了，才有机会让华为公司回购你手中持有的全部股票。当然，当初你购入的股价可能已经涨到了每股6块钱，这样你就可以小赚一笔了。

所以，你能够看得见的每年的内部股票净收入，其实就是（10000×1-个人所得税）。然而尴尬的地方在于，假如你的绩效够好，第二年就又要配新内部股。新增发给你的内部股票，你当然可以选择不要，但是这个配股本身，就意味着组织对你的肯定，并且能够转化成实打实的金钱。所以，绝大部分人依然还是选择继续购买内部股。

我们接着上面的案例继续分析。

因为你表现优异，公司决定给你增发股票，这次给你一次性配了两万股。但因为第二年的股票出现了增益，原来的股价已经由每股3块钱上涨到了3块5。如此说来你要想买下这两万股票，就需要掏出七万块钱的现金。但是我们已经计算过了，当年的股票分红，扣掉个人所得税之后现金只有八千元左右，所以就不够再买新股，只能再掏出自己手里的一部分年终奖来补差值，甚至要动用自己原来的储蓄，凑够剩下的六万二，这样才能购买新股。然而，这样一番折腾下来，很可能你干了一年之后发现手里没几个现金了。

这样的窘境，华为也已经替你提前想到了。

在华为内部股票运作的巅峰时代，各大银行纷纷向华为内部员工放贷，你就可以不用动自己兜里的工资和奖金，只是向银行签署一张贷款函，这个差值的六万二，就会由银行来帮你出，实际上是支援了华为公司内部的现金流。你只需要按时还清银行贷款和利息即可。

如此一来，华为内部股票和银行商业贷款相结合，联合经营了多年。

然而，如此操作，社会上也有不同的声音。比如，庞氏骗局论。

然而这个理论实际上是站不住脚的。

首先来讲，庞氏骗局是典型的皮包公司，用的是拆东墙补西墙和空手套白狼的方式牟利。然而我们可以看到华为至少在几十年的发展中，自身的产业利润率是非常高的，而且关键是股票自身的投资收益比也很高。虽然华为并非上市公司，但我们所说的利润率与投资收益比，都是经过了国内"四大"的严格审计之后的结论，并非信口开河。

此外，庞氏骗局的一个典型特征是非法集资。也就是说，在法律允许的范围之外，向受害人募集了大量款项，前门借款后门分红，以钱生钱。虽然华为的内部股票在形式上很像"非法集资"，但实际上，华为的这些内部商业行为是向深圳市的上级单位备案过的，往小了说，符合《深圳市公司内部员工持股规定》；往大了说，也符合《中华人民共和国证券法》。

当然，即便是退一步讲，华为当年也并非违法违规，充其量算是贴着政策的红线在走。这样的踩钢丝找临界点，华为内部的很多高层管理，其实是十分擅长的，不仅仅针对虚拟内部股。

无论外界的风评如何，华为的"虚拟内部股"确实成了华为不同于其他业界和行业外很多企业的旗帜性指标。虚拟内部股出现之后，华为内部基本算得上是全员持股。值得一提的是，任正非本人只持有其中的1%左右，而其他的99%则全部由华为在职员工共同所有。这样一来，华为员工既是公司的劳动者，同时又是公司股权的持有者，等于个个都是小股东，那么华为的公司盈利能力，也就绑定了小股东们的切身利益。

如此一来，华为的战车上也就牢牢绑定了各种抛头颅洒热血的忠勇之士。这样的队伍，战斗力可想而知。

虚拟受限股在华为的发展经历了三个时期。

第一个时期，是从1990年到2001年，这个时候的股票价值为每股1块钱，当时的收益率高得惊人，动辄70%乃至100%，而这种高投入高收益，也强有力地保证了华为在第一个十年的飞速发展。

第二个时期，从2001年到2010年，这个时期，虚拟受限股理论上臻于成熟，进一步阶梯式激励员工；外部则成功地规避了法律风险以及审计风险。高潮时，甚至多家银行争相提供商业贷款对华为的公司员工进行贷款协助。只不过在这个时期的后期，因为股票增发的风险，华为公司在各个级别岗位上规定了一个配股上限，也就是饱和配股，用来抑制不断增发的股票。

第三个时期，从2010年至今，这个时期，华为开始了对虚拟受限股的内外反思。随着通信业界运营商基础网络侧高速增长时代的终结，这种制度的进一步发展陷入大讨论。与此同时，银行不再接受公司担保，对于个人贷款三年到期的不再续贷。在没有办法的情况下，华为设立内部虚拟银行账户，进行内部贷款。当然，现在看当时的政策，也是权宜之计。

到2010年时，每次配股，员工都要签署所谓个人承诺，对于内部股票制度，明显心虚了很多。模板如下：

"员工要理解每年的奖金和分红不是一定会有的逐年增长的福利，而是大家奋斗的结果。如果公司出现绩效不佳甚至亏损的情况，对相应形成的奖金分红金额的下滑甚至取消，员工不能有怨言，要服从统一管理等。"

当然，随着时间的不断推移，增发虚拟内部股带来的负面效果越来越明显。比如新老员工的收入差距越来越大，随着股值增加新员工认购难度越来越大，投资收益比越来越低，并且即便能够新认购股票，其所带来的经济负担也会越来越重，搞来搞去真的像是"庞氏骗局"的架势了。于是2013年之后，华为又出现了一种虚拟内部股票的变种——TUP，也就是Time Unit Plan（"时间单位计划"，或者"奖励期权计划"）。

TUP并不占用员工现金流，它仅仅算是一种虚拟的增益与分红单位。TUP虽然不占股本，而且是虚拟存在的，但仍然具备增益和分红的功能，其作用跟"真实的"虚拟受限股是一样的。只不过，TUP不会像虚拟受限股那样直接放在你手中，它给出了一个"五年计划"。TUP被分成三份，第一年没有分红，第二年1/3分红，第三年2/3分红，第四年全部分红，到了最后一年参与全部分红，计算增益并回收。

TUP的出现，缓解了此前虚拟受限股尾大不掉的现实窘境，为华为的新一轮业务增长添加了活力，一直到今天。

回首过去的几十年，无论遇到何种沟沟坎坎、风风雨雨，"虚拟受限股"理论都支撑了华为在特定历史时期的高速发展，为华为的开疆拓土、攻城略地起到了不可替代的后方保障作用。

OTE文化：夷狄入华夏

行文到这里，可能有人要问了，虚拟受限股，也针对外国人吗？

答案是否定的。

华为历史上的虚拟受限股，是没有把外籍员工列入可以认购股票的范畴之内的，一方面是因为操作流程上的不便，一方面则是因为法律风险。因此这个在国内百战不殆的利器，来到国外就要面临水土不服的风险。

当然，2013年TUP的横空出世，已经初步解决了这个问题。但是在华为的野蛮生长期，TUP并没有参与其中。换句话说，如今华为外籍员工能够从容享受TUP的增益与分红，其实已经是在华为名满天下之后的事情了。

那么在华为的野蛮生长期，起到重要作用的是什么呢？

首先，外籍员工同样是有年终奖的，只不过这个年终奖的额度跟中方员工不能同日而语。而且，这个年终奖一般要按照本地所在国的法律下发。所以有时候，还经常会有"必须不能低于两个月的工资"这样的限制条件。所以，虽然华为的外籍员工也有一个象征性的年终奖，也就是Annual Bonus，但无论从形式到内容，都并不是真正驱动外籍员工冲锋在前的力量。

真正能够起到国内年终奖和股票分红作用的东西，叫作OTE（On Target Earnings），也就是超额奖金提成，或者干脆叫作"激励薪酬包"。

老外的OTE也有一个固定的算法，如果能够顺利完成任务，应该也会有两个月到五个月工资的一个追加奖励。这样的奖励额度，实际上已经超过大多数的外企类公司了。

然而，这并非最核心的问题。

实际上，华为外籍员工能够忠心耿耿地辅佐华为还有一个重要的原因。当年华为在通信设备商这个领域内属于后来者，由于前面的爱立信、阿尔卡特等厂家已经早于华为很多年就布局成功了，所以大量优秀外籍员工都囤积在这些老牌西方通信设备厂商手中。华为作为追赶者，要想超越别人就必须舍得花大价钱挖人。如果做不到这一点，就没法撬动客户关系占到非常大影响力的运营商市场，尤其是大T运营商市场。

所以，在早期的华为挖人过程中，不惜血本投入是一个阶段性的公司策略。那么从结果倒推回去看，华为的策略毫无疑问是成功的。

不仅是基本工资高，还有其他很多福利，比如用车。

华为在很多海外子公司，经常以公司名义租赁一些车辆，或者干脆购买一些车辆作为固定资产，之后再把这些车辆给外籍员工开。如果外籍员工不需要公司车辆，对于燃油费的报销，华为也给予了非常大的支持力度。由于早期开拓市场的艰辛，华为在外籍员工的管控方面相对比较开放，在福利方面予取予求，这就给了外籍员工非常大的自由度，也最终促成了华为在世界各地运营商市场上的遍地开花。

若说弊端当然有，很多代表处的创朝元老居功自傲，恃宠而骄。这个问题后来在很多华为海外子公司都出现过，问题严重的代表处一些老一辈的骨干员工还曾经同华为对簿公堂。华为因此而交的学费，所蒙受的损失，也是相当大的。包括一些早期帮助华为拓展市场的本地华人，很多依靠语言优势早早成为海外子公司行政平台的管理人员，期间不管是在本地找食堂、租宿舍、外联采购等，统统都有华人圈子里面特有的猫腻，后期也都是一个个进行改造，慢慢替换干净的。

所以，华为的海外代表处，跟国内早期的代表处没有什么两样。

最开始是无限授权，权力向代表处集中，代表处又向客户侧集中。对于各种资源的投放，最开始也都是粗线条的。华为的这套打法，在国内成功的基础上，又在海外取得了成功，最终使其成为一个庞大的、成功的跨国企业巨头。

华为慧通文化：华为人中的"林妹妹"

华为人的收入，不管是过去还是现在，都是业内人津津乐道的一个话题。

为此，华为内部甚至专门下发过一份FAQ指导员工如何面对这个问题。也就是如果你作为销售人员或者售后人员到了运营商客户办公室，客户突然问你："我是你的客户，可是为什么你的工资比我高这么多呢？说白了是你们华为赚我的钱，我养活你啊。"关于这样的问题如何回答，华为会在自己的培训中公布标准答案，以免工作在一线客户侧的华为人遇到类似的尴尬状况。

然而，是不是所有华为人的收入都很高呢？答案显然是否定的，至少在历史上，并非所有的华为人收入都很高。

在华为发展史上，"华为慧通"这个名字是不可缺少的一个存在。慧通是华为的一个全资子公司，其实质是正规军"华为技术有限公司"的一个外包公司，担负了很多华为本来需要外包给其他外部公司的活儿。

华为慧通主要招聘对象是合同专员、人力资源、会计、文秘等，当然也包括一部分研发人员。表面上看，在早期华为坂田基地里面，除了工卡的不同，华为和慧通还是非常平等的，工作地点和工作性质区别都不大。然而仔细观察会发现，差别不仅大，而且是天壤之别。

首先体现在进入门槛上。慧通的进入门槛相对华为较低，因此方便了很多应届生直接应聘进入。也就是说，进入华为慧通的应届毕业生并不一定是研究生，也不一定是211或985的名头。只要个人能力摆在那里，就有可能被招入华为慧通。当然反过来也成立，有一些重点大学研究生背景的应届毕业生，因为并不熟悉华为与华为慧通的区别，在华为招牌的吸引之下，一头扎进了华为慧通的怀抱。

因为华为和华为慧通员工之间，当年存在非常严重的同工不同酬的现象，个别素质不高的"华为技术"正式员工，经常把这一点优越感挂在嘴上，有意无意体现自己的小高贵，很多时候会伤及慧通同事们的自尊。当然，这个世界上没有什么尴尬是不能用自嘲来解决的，如果一次不行，那就两次。慧通员工们的群体自嘲，也是那个年代的特殊产物之一。

然而自嘲归自嘲，薪水上的鸿沟真的是实实在在存在的。慧通员工的起薪同华为技术没办法相比，至于年终奖和股票分红更是没法奢望。因此，虽然与华为人一起上班、一起加班、一起摸爬滚打，但是慧通的收入问题，每每让很多慧通人如鲠在喉，尤其华为慧通因为工作岗位设置的原因，女生的比例非常高。这些涉世未深的小女生，经常会因为这样的差距黯然神伤，怨念丛生。

当然，矛盾和心结既然不可避免，慧通人如何改变自己的命运，就成为华为慧通内部比较热门的一个话题。大概来讲，内部改变命运的方法有两个。

第一个，发奋努力转华为正式员工。

转华为，是大多数慧通员工的奋斗方向。慧通内部，对于员工的职业发展路径，有一个异于其他公司的地方——在慧通工作年满一定时间，并且符合相关条件的员工，便可以择机转华为。加入慧通仅仅一年，就有改换门庭的机会摆在眼前。这样的机会在慧通内部总是十分火热。当然，慧通可以转华为，这个噱头也是慧通在招聘市场上的一个独门武器。很多职场年轻人，也正是抱着这样的憧憬才下决心加入慧通公司的。

改变命运的第二个方案——嫁给一个靠谱的华为男。

前面说过，慧通公司由于其工作性质的关系，招聘性别比例中女性占比较大，因此"慧通妹妹"成了很多华为男耳熟能详的称呼。实际上，包括"慧通"这个名字本身，也带有非常浓厚的女性色彩。所以无论从哪个方面看，华为和慧通都有点像哥哥与妹妹的关系。嫁给一个成熟稳重的华为哥哥，是很多慧通妹妹的终极梦想。

不过，收入的差距固然会造成矛盾和心结，但在华为的野蛮生长期，这种在公司内部又设立一个公司的行为，的确起到了特定历史阶段的特殊作用。首先是将华为用工成本空前地降了下来，并且不用被华为人高收入的大帽子所绑架，也不会在大帽子下面被压得喘不过气来。有华为慧通这个挡箭牌，华为尽可能地搜罗了在头衔与证书之外的职场遗珠。这些被网罗的人才物美价廉，并且华为慧通相当于为华为增加了一个可供选材的"人才资源池"，或者说增加了一个"培训基地"。而一旦慧通人踊跃加入华为，则华为慧通又起到了一个"筛网"的作用。在筛网的筛选之下，其中的佼佼者就会脱颖而出。

这个办法，可谓是高明极了。

此外，华为将内部员工划分不同等级的做法，的确是有点不近人情，但这种做法却抓住了人性深处的一些只可意会不可言传的东西。一方面，华为员工再苦再累，因为有慧通这个苦孩子在身边，每次都能收获一点心灵上的巨大慰藉，从而甘于继续出大力、流大汗为华为冲锋陷阵；另一方面，因为有了华为技术这个极致诱惑，很多慧通人也就有了向上奋斗的动力，从而在自己的岗位上兢兢业业，斗志昂扬。

这样的御人之术，是管理哲学中的最高境界。

山东华为文化：华为人中的"焦大"

除了华为慧通之外，类似的内部外包公司的机构还有一个——山东华为。

山东华为，也曾经是华为的全资子公司，性质和慧通是一样的。不同之处在于，慧通外包的工作一般是平台支撑部门，而山东华为外包的则是工程以及售后服务部分。

"山东华为"这个名字很有欺骗性，很多人都对山东华为进行了顾名思义的理解。不过实际上，山东华为并不坐落在山东，而是包含落地到各个省会城市的本地服务机构的集合体。这就好像是当年落地在各个代表处的异地化的销售兄弟们一样，他们的关系统统挂在"上海华为技术有限公司"这样一个组织下面。实际上，遍布全国的华为销售人员，恐怕连这个公司长得什么样都不知道。

在华为发展早期，华为的知名度在业界之外还普遍不高的情况下，很多路人经常这样问我："你们公司是上海的公司？"同样的困扰，当然也出现在了山东华为兄弟们身上。

同慧通一样，山东华为的招聘门槛低，工资水平也低；同慧通不一样，山东华为的员工大部分是男生，这是由工作性质决定的。

华为员工与慧通员工同时出现，主要在华为总部基地。而"华为技术"与"山东华为"成对出现，则主要在华为全国的各个代表处。两者之间，同样有一些不可言说的心结。

首先，华为技术与山东华为同工而不同酬的问题，也是显而易见的。

山东华为早期招聘的员工，主要分布在各省地方代表处的基层，属于本地化员工。比如，沈阳代表处的山东华为人，主要在辽宁招聘，而昆明代表处的山东华为人，则主要在云南招聘。但是与此同时，各省代表处的中高层则是来自华为技术的"空降派"。这些"空降派"领导，隶属于全球技术服务部，即GTS部门。事实上，他们虽然称呼完全不同，但是如果我们抛开管理岗和技术岗的差别，其工作内容其实几乎是一模一样的。这样的不平等，带来了大量山东华为人员的流失。

不过，相对于华为总部基地的华为与慧通之间的异性相吸的那点小情愫，华为技术和山东华为在代表处层面的关系就没有那么温和了。华为技术异地外派到地方代表处的，除了GTS领导人员之外，大部分是市场部的客户经理或者产品经理。于是华为技术之于市场部，山东华为之于技服部，居然成了在地方代表处层面上完全割裂开的两个阵营。这两个阵营之间的暗自较劲，不仅体现在工作分工的不同上，甚至还延伸到了工作之外的生活圈子，乃至代表处层面的篮球、足球活动的组织上。

此外，早期外派的大量华为代表处市场部兄弟，很多都是刚刚毕业的青瓜蛋子，这些人的教育程度不缺，工作热情不缺，但可能唯独缺乏为人处世的经验。于是，华为技术的年轻人，很多时候对山东华为同样属于年轻人群体的同事们有那么一点小歧视。

尤其是，我们后文会讲到的华为的工号文化，当年华为为山东华为员工预留了"9"开头的工号字段。这样一来，单单通过工号，就给你打上了鲜明的"山东华为"标签。此外，在相当长的历史时期内，华为人和山东华为人的工卡颜色也不同。华为的灰色卡带是华为技术，代表白领；蓝色卡带是山东华为，代表蓝领。

当然，这种人为造成的等级划分，可能在代表处层面上还稍微有那么一点不同之处。因为在代表处层面上，有大量华为的工程合作方，这些合作方本身也在从事关于华为的工程项目。而这些公司的员工，则往往视山东华为人为自己的甲方。这点小差别，也算是为当年的山东华为兄弟们找回了一点点在公司内部的小自尊吧。

当然，在代表处层面，华为技术与山东华为的一些矛盾，究其本质其实是本地化和异地化的差异造成的，而不仅仅是收入和地位所造成的。

众所周知，山东华为人都是在省内招聘的本地人员，只是名义上啸聚在"山东华为"这杆大旗麾下。所以，但凡是山东华为的兄弟，几乎都是本地人。而我们也知道，严格执行异地化策略的华为技术，则几乎清一色是外地人。这种分类方式，天生就带着一点地域黑的节奏。一个经常看到的场面是，在本地运营商客户的办公室里，山东华为的员工可以同客户讲方言，华为技术的员工则都讲普通话。如此这般下来，大家虽然同是中国人，但私下里在省内的圈子却截然不同。

当然，也正是因为这种山东华为人同本地客户的天然亲近感，造成了对山东华为的各种内部审核更加严格。比如客户招待费用，对于异地化员工相对宽松，而对于本省员工则要多加几个心眼儿。这种心照不宣的默契，是看破不可说破的一点潜规则。

不过说到底，山东华为算是特殊历史时代的特殊产物。

华为高层在权衡设置山东华为的利弊之后，早在2007年就开始将山东华为的员工分批转到华为技术。直到今天，除了从工号上判断，你已经很难看到所谓山东华为和华为技术之间的差别了。

工号文化：华为员工收入金字塔

前文我们已经提到了山东华为的工号问题。

实际上，在华为的历史发展中，工号曾经代表着一名员工的华为坐标，仅从工号出发，你就能够大概猜出这名员工在华为的身份、地位、影响力等背后所隐藏的故事，从而形成极具年代特征的"工号文化"。

华为的工号，首先是只增不减的，哪怕是老员工离职，他的工号只是在系统中被注销，被永远封印，绝对不会有后来入职的员工重新使用这个工号。

如此一来，根据华为人工号的大小，就可以判断这位华为人进入华为时间的长短。比如任正非本人的工号是00001，当年的研发功臣为华为赚到第一桶金的郑宝用，工号就是00002。多年以后，郑宝用因为得了重病暂时离开华为。病愈后他又重新加入了华为，这个时候就不能再用00002这个工号，而是随机生成了一个00233755的工号。

由任正非和郑宝用，后面的人员依次排列，慢慢形成了华为工号金字塔。

华为工号金字塔的基座，就是广大的后加入华为的新员工。中间是工号稍小一点的，相当于中高层主管。这个金字塔的塔尖，则是华为的高管。如此，一直到华为EMT（Executive Management Team）成员。

我们在前文曾经不止一次地讲到过，华为文化是以老员工为主要载体一代代往下传递的。尤其是有了跟级别严格匹配的基本工资+年终奖金+股票分红+年度配股，很多已经升上高位的华为管理层，不到万不得已，是不肯从华为轻易离职的。所以，很多华为职业经理人可能能力不怎么样，但是因为加入华为的时间较早，手握大把华为股票。而且他们当年购买股票时候的股价还非常低，在每年股票分红市场属于年年投资收益比比较高的那个特殊群体。因此，华为内部也慢慢形成了既得利益者集团。

这些人，可能离开华为的平台就完全没法存活，个人能力已经完全跟华为平台相绑定，甚至他们心里也门儿清，知道如果辞职加入其他企业就是死路一条。这些人参加革命时间较早，辈分比较大，工号也自然比较小。所以，别看华为的离职率居高不下，实际上很多老革命是打死都不肯离开华为这个平台的。说白了，尤其是一些刚毕业就加入华为的老臣子，除了做华为职业经理人，已经失去了自我谋生的能力。所以，华为的离职实际上是"铁打的老臣子，流水的青年军"。当然也有一些离职出来的高层职业经理人，但这些人往往是实在混不下去了才出来的。也就是说，他们的离开多半是组织选择，而并非自我选择。

当然，历朝历代的老臣子，尤其经过早期创朝的不断沉淀，某种意义上其实也是华为所乐见的。因为华为的艰苦奋斗等企业文化，就必须由这些老臣子一代一代往下传。

一个现实情况是，这些老臣子的年薪越来越高，而且只要没有犯原则性的错误，这些人的职位也是比较重要的岗位。换句话说，在早期的华为，工号小首先意味着收入高，或者在收入高的同时还职位高。于是，大工号的员工尊重小工号员工的风气，也就在华为慢慢形成了。

这种风气发展到极致，也就形成了华为工号文化。

早期的华为人，普遍对工号在"0"开头和"1"开头的人，也就是工号在两万以内的老臣子充满各种猜测。到了2007年，为了规避"新劳动法"对企业连续工作八年以上的老员工默认成为永久员工的条款解读，华为公司针锋相对地搞了一个"大辞职风波"（当年外界又叫"万人大辞职"），将排名最靠前的7000个员工统一换了工号，将工龄归零重新签订合同，并且统一发放了"N+1"离职补偿金。但是这些老臣子的新工号，依然还是相对集中在了11万多到12万出头，等于还是保有工号带来的光环。

这样的特殊光环，可能会给很多老员工带来意想不到的红利，甚至大家可能会联想到，这位老臣子是不是在华为耕耘多年，树大根深，于是，他们比其他人更容易得到来自下属的阿谀奉承，来自上级或者同事之间的高看一眼。

当然，这也不全是坏处，比如只要有一位工号比较小的华为老臣子在场，大家无论头脑风暴、项目策划，还是竞争讨论，就会迅速找到主心骨，大家知道这位老大一定经验丰富。哪怕这位老员工并非身居高位，但显然他在华为即便没吃过猪肉，也一定见过猪跑。于是围绕这位老大哥，就很容易在办公室内部迅速形成一定的凝聚力和战斗力。

此外我们要明确,当年的工号也并不是一直按照数字的增加而存在的。

比如我们前文所说的,山东华为的工号,当年就是预留了"9"开头的工号群;海外外籍员工,则预留了"7"开头的工号群;而华为印度,则预留了"8"开头的工号群。所以,我们口中所说的真正的"华为技术"中方员工,是从0到69999号,然后又从100000号开始,一直往下排。

华为的工号从2007年开始一直到今天,由于连续使用"N+1"买断工龄的方式重签合同,工号已经换了一茬又一茬,如今已经很难讲清楚谁是当年的小工号老臣子了。于是,华为的工号文化告一段落。

但在工号文化盛行的岁月里,工号就好像是一位军人肩上的军衔一样,在华为内部让人过目难忘,从而也成为一段时期内华为内部特殊的文化现象。

收入差距文化：重赏之下，必有勇夫

所谓的"工号文化"能够流行，其实还因为华为内部收入差距之悬殊。

当年的华为，在2001年之前入职的华为人，普遍被认为工号在两万以内。这些人手中拥有大量股票，同时还占据了很多公司重要部门的关键岗位。退一步讲，即便不是公司高管，也一定是腰缠万贯。后来随着"华为的冬天"到来，出现了华为历史上著名的吃尽苦头的"新四军"（2004年、2005年进华为的应届毕业生）。

于是从"新四军"开始，从经济回暖之后华为的大规模扩招开始，当然也随着华为内部股票面值的飙升，创朝老臣子和后来者之间的收入鸿沟就越拉越大了。这种收入差距，成了后来华为历史发展中不能回避的一个重要课题。

这种收入差距，当年究竟大到了何种程度呢？

我们把时间轴拉回到2007年，看一看当时已经愈演愈烈的收入差距问题。

我用当年天涯社区的一份旧资料来分析（渔夫并不保证其真实性，但根据经验判断，这份资料具备一定的可信度）。当时的华为管理金字塔被分成六个等级，分别是零级高管、一级高管、二级部门总监、三级部门主管、四级部门正副经理，以及基层员工。按照当年的这份旧资料的显示，我们以收入为标尺，为六级人员做一个简单的收入画像，如下：

零级高管

共30人，平均年薪为6000万，6000万 × 30=18亿

一级高管

包括产品线总裁、机关一级部门总裁、地区部总裁、各个子公司的一把手等。

共120人，平均年薪为1500万，1500万 × 120=18亿

二级部门总监

包括大代表处代表、机关大二级部门总监、机关小一级部门总裁等。

共600人，平均年薪为350万，350万×600=21亿

三级部门主管

包括PDT经理、小代表处代表、地区部功能部门主管等。

共1500人，平均年薪为100万，100万×1500=15亿

四级部门正副经理

包括小部门机关三级部门领导、研发的开发部经理、副经理等。

共5000人，平均年薪是50万，50万×5000=25亿

基层员工

包括拿20万股票以下的老员工和没有股票的新员工，以及海外赚补助的普通员工等。

共60000人，平均年薪16万，16万×60000=96亿

仔细分析一下收入，基层员工的收入（96亿）和管理者的收入（18+18+21+15+25=97亿）几乎是相等的，但是管理者占了总人数的12%，而基层员工占了总人数的88%。

按照当年总共发行的内部股票100亿股票算，每个基层员工平均有4万股（有的老员工有，有的新员工没有，只是个平均值），那么基层员工的股票分红大概在4万×40000=16亿，而管理者的分红在44亿。也就是说，管理者的分红收入和基层员工的非分红收入大概是相等的。

这样的收入差距，至少说明了问题的两个方面。

第一个方面，华为在长期的发展中，明确了自己的发展原动力，以及华为文化这个核心竞争力传承的载体，就是老臣子。经过层层遴选并且经过华为内部大浪淘沙坚持下来的这些管理层人员，才是华为最珍贵的非物质文化遗产。而对于那些尚未融入华为文化，或者刚刚进入华为，或者还没有迈过华为内部高收入门槛的迟疑观望类员工来说，华为要让你看到你的收入同华为老臣子之间的巨大差距。

当然，有一点需要明确澄清一下。

说到底，华为发展真正不可或缺的，一个是任正非，一个是体系。

在此基础上，老臣子们，只是负责把这个体系的纲目撑起来的一块块砖石而已。这些砖石虽然重要，但并不是不可或缺。老的砖石如果撑不住了，随时会有新的砖石过来顶替你的位置。只要不是所有砖石一次性塌方，华为这个大厦就会坚如磐石，稳如泰山。

所以，老臣子们固然重要，新鲜血液同样重要。

由此，我们会谈到收入差距所说明问题的第二个方面——收入差距的现实存在会刺激新员工们奋发图强，只要能够成功跻身于老臣子们的行列，高薪就在向你招手。这样的收入增长并非线性的，而是跨越式的。这样的刺激，对后来者堪称打鸡血一样的存在。那句耳熟能详的"两年混资历，四年混收入，八年混管理"绝对是金科玉律，绝对是经验之谈。

因此，抛开我们前面所谈的很多任职资格、定岗定薪这些条条框框不看，只看收入，当年（2007年左右）在华为的发展路线很清晰：

基层员工→四级经理→三级主管→二级总监→一级总裁→零级高管

16万→50万→100万→350万→1500万→6000万

黄澄澄、白亮亮的华为发展之路，就摆在你的面前。不努力更待何时，不奋斗又更待何时呢？

应该是时不我予的感觉才对。

所以，任何成功都不是无缘无故的，华为的收入更是起到了激励军心的重大历史作用。

不过，我们这里还是要问一个问题：华为的高收入以及有意拉开收入差距的做法，果真就没有瑕疵吗？

当然有。不仅有，还不止一个。我们不妨分别来看看这些弊端。

弊端之一：公司的所有权与管理权模糊不清

要是华为还是1987年时的一个小企业，这个问题就不算问题。比如，一家小包子铺的所有人是你，而经营人也是你，你就是老板，谁都说不出什么。

不过，公司慢慢变大之后，尤其实行了员工内部持股，问题就来了。大量的华为公司中高层领导，既是华为大宗股票持股人，同时又是内部高层管理者。这些人对于内部的管理所采取的各项措施，毫无疑问是对大股东们有利的，而没有股票的赤贫新员工，以及少量持股的员工，其利益显然会受制于程序上的非正义。

弊端之二：内部配股到底是投资还是激励

华为公司内部的每次配股，都可以看见员工们对于股票数量的翘首以盼，尤其2010年之前的配股。伴随而来的是内部管理者对于基层员工的高压控制态势。看起来内部配股似乎是一项激励措施。不过，同样的投资购股，同样的自我承担风险，在A股上任何一只股票，都没有要求持股人跟随这家公司一起艰苦奋斗。并且，也并没有要求持股人去通过自己的绩效来争取更多持股数。

那么反过来看，内部配股是一种投资吗？

首先要明确一点，正常情况下任何人的投资，除非自己开公司，都不会以收入中的绝大部分为抵押来做所谓投资。因为在个人承担投资风险的情况下，这种倾家荡产式的投资，会给自己的未来带来极大不确定性。不过对于华为广大基层员工而言，他们几乎每一次的购股，都要付出自己当年相当大一部分收入，有些人甚至另外借钱来进行投资，当然，面对每年的配股，你可以选择不购买，不过每年的收入一定会受影响。这个结果，当然也是你来承担。

弊端之三：外来的中高层管理者难以立足

正常来讲，任何一个企业，尤其是大型现代企业，如果仅仅依靠本身的自我繁殖，很难进行可持续的发展。引入外来中高层精英，一方面可以横向竞争，另外一方面他山之石，可以攻玉。不过，华为的这种累积多年形成的股票分红制度，使得"外来的和尚"很难立足。中高层管理人员的收入之高，以及在此基础上从股票分红中所得的占比之高，两厢比较，外来人难免眼热。在注定拿不到跟内部高管一样薪酬的情况下，就很难吸引外来活水加入华为。

弊端之四：股票表决权和所有权分离

我们从前面的论述中可以看到，其实在华为的这种虚拟受限股的制度之下，每一个华为普通员工都是公司的主人，应该拥有整个股票分红的来源以及产生分红的过程知情权。但是，华为的基层员工基本不会参与此过程。

如果基层员工不行，那么华为高管呢？

事实上，高管们所持有的股票虽然数量巨大，但是仍然不足以让他们成为合法的董事会股东的代表。要想真正代表大部分股东行使权力，必须得到大部分股东的授权。然而，华为并非是靠持股大股东组成的董事会运作的一家公司，所以除了少数核心成员，其他人都不清楚分红来源及过程。

弊端之五：大量持股的老员工沉淀导致组织僵化

这一点，其实不用赘述。

华为的基本工资、年终奖金、股票分红的三元收入来源并立，会造成很多老臣子拥有旱涝保收的一些基本收入。在这些人中间，并不排除一些确实在混日子的老员工。所谓的混日子其实有很多技巧，并非具有四体不勤、五谷不分的外在表现。恰恰相反，在华为内部，很有可能混日子的老员工是那些擅长汇报、擅长写

PPT的人。

原因只有一个，他们太知道如何在华为内部生存了。

关于这些细枝末节，我们会在后文陆续涉及。

华为的收入差距，是华为历史长期发展的一个必然产物，当然也是一种不断激发内部斗志和士气的利器。尽管存在这样那样的弊端，但不可否认的是，如果我们从结果反推，当年的那些举措，一定是利大于弊的。

今天的华为俨然已经对于收入差距这个现状进行了有效调节。比如我们前文所说的TUP就是这些调节措施之一。这样一来，调节收入也就成了新时代的利用收入激励员工更趁手的一件武器。这件武器，弊端越来越少，同时操作更加灵活，使用更加方便。相信在新时代，华为的这件武器一定会起到更加深远的作用。

再过十年，我们回想起来今天，一定又是一个时代传奇。

涨工资文化：钱散人聚

之前的小节，基本上把特定历史阶段华为人的年薪包分析清楚、分析明白了。在基本工资、奖金、股票分红之外，华为人其实每年还有涨工资的机会。

华为的涨工资有两个特点。

首先，基本上每一次都是普调。

在一般情况下，只要是调工资，一定不是厚此薄彼，基本上能够保证大家都有份。在公平这个大原则下，才按照绩效或者级别进行微调。也就是说，涨工资还是都要涨的，但在雨露均沾的基础上再实行差异化。当然，也有极个别比较倒霉的孩子，别人都涨工资就他没涨，这种情况也是存在的。当年刚刚参加工作的渔夫，就遇到过这样的情况。当然从事后来看，应该是当时的直接主管在中间做了手脚。但是对于初入社会的我来说，未尝不是一次挫折教育，回想起来还是受益良多。

此外，华为的涨工资并不会拘泥于每年一次，效益好的时候会追涨工资。

在我本人的记忆之中，曾经有一年连续涨过三次工资，那样的盛况当然并不常有，迄今为止也就那么一次。除了追涨工资，华为还追发年终奖。也就是说，年底第一次统计年终奖奖金包的时候是按照预估来发放的。到了后来实际盈利数字大大超过了预估，于是多出来的部分，还是给员工们继续发下去。

其实不管是追涨工资还是追发年终金，体现的无非一点——在钱上，华为不会亏待自己的奋斗者。因为偌大个公司，创始人任正非并没有把个人利益放在最重要的位置。他作为一位忠厚长者，拿到自己非常有限的那部分钱即可。在他之下，他把更多的钱分给了自己的追随者，激励他们不断枕戈待旦，奋勇杀敌。正因为他的这种处世态度，使得华为人在薪水的刺激之下不断奔跑，而任正非本人则能够在一众喧嚣之中静下心来研究空间上的格局和时间上的节点。

然而，"钱散人聚，钱聚人散"的朴素真理很多人懂，但很多人做不来，尤其是那些早年出身贫寒，没有见过多少钱的所谓"创业成功"的小老板。

说到底，任正非是一个有信仰、有理想的人，他要的不只是从华为捞点钱，也不只是为自己的子孙后代打造一片基业。他想做的，是让"华为"这个名字青史留名，在中国历史上乃至世界通信发展史上都留下辉煌的一页。如此，也正应了任正非的那句名言——资源是会枯竭的，唯有文化才能生生不息。每个人的生命是有限的，百年之后，今天的那些有钱的小老板，绝大部分都变成了茫茫宇宙的一粒尘埃，而"华为"这个名字将为后世传颂。这样的境界，恐怕很多人连想都不敢想。

一句话，有信仰的人看淡金钱，也就具备了成大事的最可贵的东西。

灰色收入文化：大胆用人，秋后算账

华为的灰色收入，其实很多人都不愿意谈。华为人不谈，是因为敏感；外人不谈，是因为不想伤及华为。

实际上，华为的灰色收入是一直存在的，尤其是在一线和市场口。

但是灰色收入在华为灰度文化的包裹之下，有时候显得并不是那么重要。大家都在集中精力谈艰苦奋斗，谈以客户为中心，至于灰色收入的问题索性先放一放。这一放，也就成了一个默认的存在。

也就是说，华为人的收入分成上限和下限。下限是正常劳动所得，上限是非法所得。在非法所得之下、正常劳动所得之上的所有可能的收入来源，都算是灰色收入。

提到灰色收入，很多人自然而然想到了采购部门。

实际上，华为的采购部门反而是最不容易出现问题的。虽然华为是一个把灰度文化用到极致的公司，但华为在同时还是一个做事极端的公司。也就是说，在应该有灰度的地方，华为把灰度做到极致，但是在不该有灰度的地方，华为会把防微杜渐、严防死守同样做到极致。至于什么地方该有灰度，什么地方不该有灰度，也很容易判断。一线部门和打粮食的部门可以有灰度，只能消耗利润而不能创造利润的部门，就不该有灰度，否则就会出现"前方吃紧，后方紧吃"的情况。

如果我们把应该有灰度的部门单列出来，渔夫可以提几个名字——一线的销售部门，一线的工程部门，一线的终端部门。

一线销售部门的情况，通过我们前面很多章节的分析，大家其实已经心中有数了，有些话不必说得那么直白。一线的工程部门呢，其实前面也已经大概涉及。这个部门容易出现情况的点，在于分布在各省代表处的合作方。对于合作方来说，华为的地方工程部就是他们的甲方和上级管理部门，这个关系天生就决定了可能出现的利益关系。最后一个终端部门，是最容易理解的。终端的发展离不开代理商，离不开公开渠道。在一般的渠道面前，厂家又是一个天然的甲方。

所以，灰色收入，渔夫只是点到为止，不展开讨论。而且，华为的高层也对灰色收入的广泛存在心知肚明。于是，每年的内控和内审，一样会揪出很多"黑典型"。这样的秋后算账的措施，和灰色收入文化的存在并行不悖，同时构成了华为文化的特色。

其实大原则很容易掌握，在倒掉澡盆里脏水的同时，不要把孩子同时倒掉，如此即可。

解约文化：离别盛宴

只要在华为的平台上，钱这个事情是不用多费心思的。前面讲过，你只需要埋头干活，所有其他的事情都可以由华为的HR或者财务等各种平台部门来帮你打理。

这种情况，也包括你离开华为的时候。

华为的离职解约，和业界以及中国其他企业比起来，已经算得上是一个传奇了。首先不管你是因为自己主动离职，还是被华为末位淘汰，都能够获得"N+1"的补偿。所谓的"N+1"很容易理解，N就是代表你在华为曾经工作过的年份数。比如你工作了三年，N就是3；工作了六年，N就是6。而如果你工作未满一年，但是已经超过了六个月，那么就按照0.5来计算。如此一来，"N+1"这个系数就算是确定了下来。

"N+1"这个系数所要乘以的另外一个基数，原则上是"解约前一年的年收入/12"，但是在很多公司里面，你应该是拿不到这么多基数的，绝大部分公司在解雇员工的时候，都是按照"解约当年的月工资"来作为基数的，而你在解约前一年的年终奖或者其他收入被有意忽略掉了。即便如此，大部分被裁员工依然是敢怒而不敢言。因为老板能够给你点遣散费已经相当够意思了，你还"要啥自行车啊"？万一打起官司来，你时间和精力耗得起吗？

转过头来看华为，华为的前一年的年收入，在公司定义上是指"基本工资+年终奖"，而在很多时候年终奖又大于等于你的基本工资所得。这样一来，华为解约时候的"N+1"基数，就要比正常公司多一倍。

所以我们总结一下华为为什么被称为"解约界的业界良心"。

首先，不管你是主动离职还是被裁员，都可以有"N+1"补偿款；

其次，补偿基数是按照"前一年总收入/12"，而不是按照基本工资。

这样给自己员工解约的公司，你在中国找不到第二家。

当然，这还并不算完。

前面不是已经说过，华为为了规避员工们拿到年终奖之后的离职潮，特意把年终奖的发放时间放在了每年的六七月份吗？所以，读者们肯定都在考虑一个事情：华为这样做，是不是就克扣掉了一部分的年终奖？比如如果在六月份拿到前一年的年终奖走人，那么当年从一月到六月就一定是白干了吧？

其实不是这样的。

在你离职之后，华为还会把你当年工作的这六个月的半年年终奖如实计算，并且在第二年的六月份之前，如数发到你的个人账户上。至于这个账户，就是你辞职时备案给华为HR的专用账户。

当然，需要说明的一点是，这个年终奖虽然依然有些分量，但你不用指望太多。给你发这笔钱，只是为了说明华为在钱上不会亏待你。不管你在职，还是办理离职，还是已经离职，一如既往。

当然，广义的"解约文化"之下，还有一个在华为效力满八年的老员工重新签订合同的事情。其实，就是相当于给老员工办理了一次离职再上岗。前文说过了，这个华为内部规定，其理论来源是2007年的"新劳动法"出台。在具体操作模式上，只不过相当于把"N+1"的"N"换成了"8"，其他跟正常离职补偿没有任何区别。对于老员工最大的直观感受，只不过是工号变了，工龄清零了，此外就是白白得了一大笔钱。

如此操作方式，依然可以称得上是"业界良心"。

不过如果说到"良心"，很多人可能要反驳渔夫了。因为，就在2019年，可是出了一个沸沸扬扬的"华为251事件"。

当然，渔夫也有注意到2019年横空出世的"华为251事件"。我们不妨跳出这件事情本身，先不管谁对谁错，平心静气地分析。

渔夫想说，华为员工离职的"N+1"，以及华为内部的"八年补偿"，已经正常运行十几年了，期间我没有听说过多少类似事件，即便是听说过的，也大部分是想要在临走时多拿华为一笔钱。说得不好听点，有人觉得华为对钱不在乎，很大方，并且自己的离职有委屈的成分在内。他们不想好聚好散，想趁着解约走人，能敲一笔是一笔。

我们分析得出这样的心态有两个特征：一个是这样的员工往往钻了牛角尖，他们把这些年在华为打拼，结果还要十分悲愤地离职，归结到了华为对他们不公，或者把对主管的满腹牢骚或者满腔怒火，转嫁到了华为公司身上；另外一个是这些员工往往是刚毕业或者年纪轻轻就进入了华为，多年的华为内部平台工作使得他们依然停留在学生思维，并不太清楚华为之外社会上的职场行情。他们会片面地觉得，华为是在压榨他们，并且透支了他们的青春，而并不会想到华为能够用这么仁义的方式跟他们解约，是整个中国都不多见的一种现象。

在信息获取出现不对称的时候，对华为的误判和对华为离职补偿的误判，就不可避免地出现了。

当然，渔夫并不熟悉这个事件的来龙去脉，也没有时间去细细研究，我只是用自己在华为的经验，来大概说一说有可能出现离职补偿纠纷的几种情况。所以除了以上的分析之外，还有其他的可能。

比如，员工是因为在华为内部严重违纪而被开除的离职。这种严重违纪，有可能涉及腐败，有可能涉及重大信息安全泄密，等等。这样的解约，是绝对不会拿到离职补偿金的。

不过，这依然只是我所提供的一种可能性。总而言之，华为的离职补偿，是最不需要被妖魔化的一个环节。

在职的和离职的华为员工，可能对华为的指责和成见包括了千般不是，但是能够堂而皇之地骂华为的离职补偿不公平，并且最后闹到刑事案件这种程度的，渔夫还真是闻所未闻，也觉得完全没有必要。

在已经拿到华为离职补偿的那些解约走人的群体中，绝大多数都是非常安静地走人，甚至是非常开心地走人。离开之后，他们中的大部分人，包括渔夫在内，也基本上不会对华为有经济方面的怨言和纠纷。

当然，这里面也有情感成分在内。

对于已经离职走人的老员工而言，华为是一所大学、一段记忆，是个人在职场上的一个里程碑，同时也承载着自己年轻时代不畏艰险、奋发图强的峥嵘岁月。

这就是华为的解约文化，一场对于个人而言早已策划多年的离别盛宴。

第八章

沟通文化：共赢

如果你能够成功进入华为干部行列，并且在此基础上也有了不菲的收入，那么接下来需要考虑的事情，就必须是沟通问题了。对于基层员工来讲，沟通或许不是那么重要，至少是还没有摆到最高的优先级上。但对于中基层管理者来讲，沟通的意义非常重大。尤其是在华为这样一个拥有各种部门、各种资源、各种接口人的平台上，如果不能够将所有信息汇总并为我所用，那么很有可能会出现相反的一种倾向。

　　你会为平台所累，你会被当成资源呼来喝去，疲于奔命。

　　很多人觉得沟通很简单，会讲话，会打字，难道就不会沟通吗？

　　实则不然。

　　华为固然不是国企、央企那样的传统企业，当然也不是官僚主义横行的大公司，但华为发展的这些年中，业务发展的边界越来越广，人员的增加也越来越多。与此同时，不同部门之间，同一部门的不同分工之间，不可避免地会出现部门墙。作为中基层管理人员，如果不能够捋清楚、看明白这些阻碍业务开展的羁绊，你将会在华为这样一个公司中迷失自我，并感到力不从心。

　　总而言之，有效沟通是一门艺术、一项修炼，当然也是挑战。

胶片文化：华为"易筋经"

华为内部沟通最为常用的一个工具——胶片。

很多人对"胶片"这个名词非常不理解。对于华为人口中的"胶片"，中国的大部分企业都会用PPT或者Power Point来称呼。退一步讲，用中文翻译的话也应该是"幻灯片"，华为人为什么会用"胶片"呢？

实际上，这个名字背后，大有深意。

众所周知，华为创建于1987年，这个年代确实是有点久远了，导致早期的华为人拜访客户所用的工具可谓是五花八门。尤其是今天职场上喜闻乐见的笔记本电脑在当年还并不普及，而且即便是普及了也没有什么用。因为世界上第一款划时代改变电脑人机对话界面的操作系统是当年的Windows 95，这个操作系统出来之后，才有了我们后来所说的"即插即用""所见即所得"等等。

所以，早期的华为人拜访客户，真的需要带着投影仪和"胶片"。这里所说的投影仪，是纯粹意义上的"古董"投影仪；这里所说的"胶片"，是真的要在投影仪上进行投影的"幻灯片"。如此场景，跟现在的职业经理人带着笔记本电脑，一键打开幻灯片在客户办公室侃侃而谈的场景，简直是风马牛不相及。

正因为如此，早期的华为人口口相传，顽强地将"胶片"这个词汇传承了下来，并且成为华为内部职场上最为叱咤风云的几个常见词汇之一。"胶片"这两个字，承载着华为人对那个年代的铭记，也代表着一种对自身历史发展的自豪。

在长期的历史发展中，胶片慢慢成了华为内部的一种文化。在华为数以万计的内部员工之中，能够写得一手好胶片，成了在华为内部江湖闯荡的一个好武器。注意我们这里用到的词是"写胶片"，而不是"讲胶片"，能够把胶片讲好的大有人在，但能够把胶片写好的人，才真正有自己的一技之长。好的胶片能够体现自己清晰的思路、准确的逻辑，也能够给自己的主管或者上级部门留下一个深刻的印象。

虽然，在华为经常会有抵制胶片成风的倡议或者文件出台，但实际上每一次的抵制之后，都会带来又一次的胶片文化的报复性成长。

一个好的胶片，到底有哪些要素呢？

其实很简单。

第一是言之有物，逻辑清晰；第二是数字翔实，图文并茂。在此基础上，如果还有其他要求，那么可能就是从美观度上下功夫了。比如你需要调整文章格式，统一字体，优化颜色，对齐文字和图表，等等。

渔夫在华为的这些年中，看过无数的好胶片，细品起来，大概可以分成几个层次。

第一，天衣无缝。此类胶片以年终汇报居多，有固定模板。这样的胶片往往需要比较全面的数据支撑，这是最基本的。此外就是必须能够体现你的全局观和宏观战略意识。在此基础上，如果还能够抖一点自己的小机灵，就更加完美了。

第二，妙笔生花。此类胶片多是对自己的个人总结，因此能够最大化地体现自己的过人之处，除了业务能力，就是写胶片、讲胶片的汇报能力。写一个好的胶片，往往能够夺人眼球，会很容易从一群人中脱颖而出。

第三，进退自如。此类胶片多是针对新业务或新市场，因此需要体现你的探索性和前瞻性。但是需要注意的是，这类胶片千万不要把话说老了，一定要注意留白，一定要记得最后拍板定案的是领导团队。在此之外，充分表达自己的能力和观点即可。

第四，无中生有。此类胶片最难写，因为这种胶片往往是程序性和程式化的一些胶片，但是又不得不写。在缺乏数据支撑的情况下，又不能胡编乱造，这就体现了你的说话能力和说话艺术。可能不太好理解，我们举个例子，如果渔夫去代表华为公司开发某空白市场，比如某个海外的小国，在前期人生地不熟的情况下，必须对公司提出来的胶片进行填空，而且必须用华为销售的逻辑做自身分析、客户分析、竞争对手分析等等，一个原则就是在不胡编乱造的基础上，尽量把这个故事讲完整，甚至讲精彩。

这就是学问。

其实说到这里，很多人会发出这样的疑问：如此写胶片，难道不会出现形式主义的问题吗？

这个问题问得很好，过分强调胶片文化，最终会陷入汇报方式的方法论中不可自拔。胶片写到极致的时候，其最终归宿就是诡辩，或者说是文字游戏。所以，华为在这些年中也是一直对胶片文化进行修正和扬弃。每隔一段时间，公司就会有抛弃胶片的倡议或者文件下发。"全员用一页纸汇报""尽量用Word文档汇报"，这样的一些口号，带着鲜明的时代特征，并且隔段时间就会再次出现在大家的视野。

然而最终没有什么工具能够替代胶片在华为内部的重要地位。

胶片所能够表达的东西太多了，你的总结能力、业务能力甚至你的领导才能，都包含其中。在此基础上，华为出现了很多写胶片起家的"胶片主管"，有的甚至熬成了"胶片代表"乃至"胶片总裁"。

正因为如此，很多人哪怕在华为离职之后，都还保留着非常强的写胶片的功夫，这个并不是偶然。所以，这也恰好印证了我在前言中的说法，离职之后到职场上谋求工作的华为人，真正体现他们价值的其实是实操能力。因为在平台之上，他们的胶片能力非常强，但在平台之外，能否将这些纯理论化的东西落地，能否转化为最接地气的业务打法？这个必须经过项目验证。

总而言之，胶片文化是华为内部最为流行的一种沟通模式。

这种沟通方式，既是历史的，也是时代的。

汇报文化：说话的艺术

胶片实质上只是一种载体，在大部分情况下是服务于汇报工作的。

汇报这个事情，在华为同样是个技术活儿。

因为部门设置的种类极其繁多，很多时候还需要跨部门的协调工作。华为内部的汇报之多，会议之多，让很多身处关键位置的领导分身乏术，每天不能说是文山会海，基本上也是疲于奔命了。

所以，对于下级同上级之间的汇报来讲，必须能够明白这种现实情况。

就拿渔夫所在的一线业务部门来讲吧，我们简单看看其组织架构。

中国区，根据省份的不同，历史上的华为长期保有28个代表处（早期叫办事处），代表处以每个省的省会来命名，比如黑龙江就叫哈尔滨代表处；全球，华为共有100多个代表处，分别以国家的名字来命名，比如荷兰代表处。

具体说来，国内小的省设立办事处，隶属于大省所在的代表处，比如拉萨办事处就隶属于成都代表处；海外小的国家设立办事处，隶属于大国所在的代表处，比如纳米比亚办事处就隶属于安哥拉代表处。当然，也有比较大的代表处下设办事处的，比如澳大利亚代表处下面就有阿德莱德办事处。

华为全球所有代表处，隶属于各自所在的"地区部"。地区部以上，设置了专门的管理机构——片区联席会议（即所谓片联，Joint Committee of Regions），当年直接向片联汇报的包括十二大地区部（东南亚地区部、南太平洋地区部、西非地区部、东南非地区部、中亚地区部、中国区、中东地区部、北非地区部、东北欧地区部、西欧地区部、南美南地区部、拉美北地区部）以及五大代表处（日本代表处、印度代表处、美国代表处、加拿大代表处、俄罗斯代表处）。

如此一来，一线的业务活动，客户经理向上汇报起来，就有一条非常清晰的汇报途径。清晰固然清晰，但是这些所有节点加在一起，汇报结构会非常烦琐。这还不用说，很多项目决策光凭客户线根本就无法拍板。举个例子，一个涉及同中兴竞争的运营商类项目通常还需要有运营商大T参与决策，重大项目部参与决策，产品部参与决策。如果碰巧这个项目发生在办事处层面，那么还会增加一个代表处决策，往上还有地区部决策，甚至是片联决策。而如果这个项目碰巧又是个融资项目，则需要参与的决策方就更加复杂了。

所以，汇报能力的必要性，在华为内部也就无以复加地凸显出来了。

汇报的目的，一般有两种：一种是常规汇报，多半是部门日常早会、周会、双周会等形式；另外一种是资源申请会，多半是项目分析会、项目通报会，这样的会议一般会不定期召开，召开的节点就是项目需要。

如此一来，第二种会议就显得无比重要，也就是调动资源。

用汇报的形式调动资源，大概也有三个必须掌握的技巧：一是如何让胶片数字翔实，简明扼要；二是如何设置亮点打动百忙之中的领导；三是如何用会议结论的方式及时输出备忘录，汇报之后进行资源调配。

如何处理好汇报，是华为人在内部运作中的必修课。

拉通文化：打破部门墙

汇报处理好，会对手中业务的进展起到临门一脚的作用，因为很多时候项目迟迟打不开局面就是等米下锅。上级领导搞不定，就拉着相关部门一起研究，如果联合决策没法落地，就找上级部门搞定。

如此一来，找人或者找人开会、找人汇报还是需要技巧的。

这个技巧我们用一个词来描述——拉通。

拉通，是华为内部使用频率比较高的词汇之一，这个词的背后，体现的是你的综合协调能力，以及项目推动能力。

我们从根子上将一将，其实只要是能够进入华为内部的员工，除了华为慧通和山东华为出身的员工之外，大部分人的学历水平以及上学期间所受到的教育大体都处于同一个水平线上。此外，由于华为特殊的选材模板所限，华为人往往还拥有相似的家庭背景、成长经历，还有差不多近乎半封闭的华为职场成长环境。

说白了，对于华为员工来说，大家水平真的基本都是一个档次的。很多时候你一个眼神、一个动作，对方就已经能够领会你的意图。因为大家实在是太像了。那么如何才能够从一众华为员工之中脱颖而出呢？强大的拉通能力是必须的，不仅是现在沟通和汇报的需要，也是将来你能够成功扮演干部这个角色的岗前锻炼需要。

事实上，相当一部分的华为干部都是从那些能够拉通资源的人中挑选的。

说这句话可能大家觉得不可思议，一个干说不练的人有那么重要吗？

答案是，确实很重要。

首先，长期以来，外界眼中的华为充满狼性，不管是对客户侧，还是对竞争侧。看上去，似乎华为人把所有精力都用在了对外上。实则不然，华为从历史到现在，哪怕是跟客户交流最多的客户经理这个行当，其对外和对内的精力分配一般都是三七开，尤其到了现在这个阶段，可能这个比例还会被拉大到二八开。

我们不妨举个例子。

对于客户线来讲，他长期以来就是负责拉通的那个角色。大量的销售项目任命，客户线一般都会被没有悬念地任命为项目组组长。这个组长听起来比较拉风，但能够起到的实际作用只不过是一个资源协调员。你的主管有很多，需要协调的部门有很多，需要内部推动的资源又有很多。你不动就没人动，只有你全速运转起来，这个项目才能够有序地运转下去，直到项目成功。所以我们可以看到，客户经理只有在把内部都安排妥当之后，才能够带着大家的共识走到客户面前。而在客户面前所呈现出来的，不过是冰山一角。

其次，就"拉通"这个动作的具体实现方式来讲，也不简单。

比如说开会，很多时候需要华为"大领导"参加，而且大部分情况下都是电话会议。华为的"大领导"虽然都很接地气，可以和兄弟们同吃同住同加班，但接地气并不意味着华为的领导很和气。恰恰相反，华为的大部分领导都有脾气。反过来说，他们如果没有脾气也不会在华为熬到"大领导"这个位置上。而且要命的是，华为的"大领导"基本上已经脱离了实操层面，不是在开会，就是在听汇报：不是在开内部的会，就是在开外部的会。因此，他们的时间又很难约。在大部分情况下，你也只能约到"大领导"的秘书这个层面，然后再由秘书代为转达，或者是由秘书安排会议日程。

问题是，如此安排，你又如何才能保证你的会议材料及时有效地传递到"大领导"手上呢？对于你来说，你的项目十万火急，但是对于"大领导"来说，他手上可能同时有五十个十万火急的项目，你又如何才能保证你的会议的优先级呢？如果不能让"大领导"提前熟悉会议材料，又如何才能保证你的会议质量呢？会议时间、会议议题、会议议程、会议材料、会议结论，这些项目的每一个细节，都必须由你来把控，一个环节出问题，会议就白召集了。

如此一来，除了"拉通"，你还要会"推动"。

如何推动？

这就要考验你的情商和处理事情的能力了，因为你就是未来的"大领导"。

实际上，以华为现在的平台和实力，以及这几年逐渐在终端市场累积起来的品牌号召力，华为的外部工作越来越顺风顺水。这几年加入华为的新员工们，天生就有一种光环。这种光环部分是华为自带的，但是也有很多是外界舆论强加给他们的。所以，当外部尤其是客户界面的工作越来越容易的时候，华为需要考虑的事情就慢慢由当年的粗放式发展转变为现在的精细化运营。对于运营安全性、合规性、合法性的要求，也就空前超过了之前的所有发展阶段。所以，需要"拉通"的事情反而是比以前更加多了。正因为如此，华为设置了很多负责在关键事件和关键节点召集会议的专门人员，他们统统被冠以"项目经理"的称呼。

比如说，今天的很多销售项目分析会，就不会总是把客户经理推到阵前做"拉通"的第一责任人了，这个角色被系统指派给了iSales中所定义的销售项目经理。于是，"拉通"作为一项技能，也就在华为内部有了正式编制。

其实这只是看得见的"拉通"，那些看不见的"拉通"依然存在于华为人工作中的方方面面，点点滴滴。

一句话，懂得了拉通文化，才算是明白了华为内部的工作奥义。

骂街文化：文弱书生的保护色

前文讲"拉通"，我们提到一点，很多华为的"大领导"是老虎的屁股摸不得，很多时候"官威"也是大得吓死人。

这一点，似乎我们尤其不能理解。

按照常理来说，华为是民营企业，而且讲求的是实事求是、艰苦奋斗、以客户为中心等等。华为的很多领导，又怎么会有这么多的官僚主义习气呢？

其实，这并非官僚主义习气。这件事说来话长。

如果渔夫不在这里爆料，可能外界的很多人无法想象，华为集中了IT行业精英，并且这些人大多都是出身211或985等名校的高才生。这样的一个高学历、高素质的群体，无论如何也不会有出口成"脏"的现象出现吧？

恰恰相反，华为内部尤其是市场部，说话带脏字几乎成了一个群体行为。

实际上，这样的"骂街文化"训练，早在应届毕业生加入华为的时候就已经开始了。骂街文化盛行的原因，恰好跟华为大部分领导都是应届毕业生的身份有关系。因为很多人都忌惮别人说自己是应届毕业生出身，也害怕别人说自己毕业就进入华为，根本不懂社会。怕被人说不"社会"，就努力让自己变得越来越"社会"。因为害怕被扣上一顶"文弱书生"的帽子，或者被扣上一顶"百无一用是书生"的帽子，就拼命向"书生"这个单词的对立面靠拢。尤其是在华为这样一个宣传狼性文化的公司内，如果你被扣上"手无缚鸡之力"的大帽子，恐怕就很难被这个群体所认同了。所以，那些刚刚离开校门加入华为的应届毕业新员工，纷纷捡起了"骂街"这个百试百灵的武器，用表面上的张牙舞爪，来保护自己实际上涉世未深的职场现实定位。

所以，我们就看到了一种怪现状。尤其是市场口，尤其是市场口的客户线，哪怕是新员工也气势很盛，说话间不管话题如何，都像斗鸡一样竖起浑身的羽毛，只要半句不如意，马上就问候别人的家人，甚至是拍桌子、砸板凳。根本原因，依然是老员工带新员工，一代代群体选择的一个过程。因为你不这样做，别人就会觉得你不堪大任，就会觉得你不会拉通资源，甚至会怀疑你是否适合弱肉强食的市场口工作。新员工不管工作能力如何，先用这样的保护色来自保，是极端正确的一件事情。

新员工这样做，很大程度上也是因为新员工的直接主管这样做，而细究起来，直接主管这些老员工年轻时候也是这样一点点过来的。尤其是做到了主管这个位置，更不能丢了"骂街文化"的传家宝。

渔夫记得，当年某代表处数通产品线一位主管的往事。

这位主管，我们不妨称之为Z君。Z君岁数不大，是那种在华为年轻有为的领导，此君经常梳着一个前额斜头发帘的"一九分"的小分头，看上去也算是文质彬彬。但是，这位Z君不开口则已，一开口就脏话连篇，哪怕是跟女生说话。而且岂止是出口成"脏"，简直是每句话都不离脏字。有一次，有好事的文员妹妹参与此君参加的一个电话会议的会议记录工作。工作之余，文员妹妹对Z君的脏字进行了清点和记录，结果让人叹为观止——短短一个小时的会议，Z君用了37个"我×"，用了55个"TMD"。

不这样狠歹歹地说话，就不足以体现自己是最革命的华为人，也不足以证明自己是最有狼性精神的年轻主管。如此发言，上可以取悦领导，下可以震慑下属，兄弟部门也都让其三分。

说白了，这是一种华为内部的传统，也是很多人的生存之道。

拼命让自己摆脱"书生"标签，这只是事实真相的一部分。还有一个原因也起到了推波助澜的作用。

华为内部一般会有这样的江湖传说，那就是"做人要低调，做事要高调"。华为内部，多年以来提倡一种精神，就是开会不准"一团和气"，不准"排排坐吃果果"。只有那些碰撞激烈的会议，才会有效果。所以，做事要高调，很多人都理解成了剑拔弩张。

此外，做事要高调，很多人都认为高调最直接的表现就是说话带脏字。在华为内部就慢慢形成了一个不成文的规定，一名"成熟员工"一定要有骂人的口头禅。而一名新员工迅速融入华为部门内部的一个最快的途径，就是适应这种骂街文化，从而尽快摆脱学校里面带来的温良恭俭让的样子。华为最常用的骂街口头禅包括但不限于"我×""NMD""WTMD""NTMD"。

如此脏话连篇，多半是指年轻的新员工，或者年轻主管。

在华为内部继续升迁，随着年龄的增长、职位的升高，骂脏字多半就不太合适了，但是当年新员工期间积攒下的脾气、性格还在。于是，华为内部就出现了大量的"一唬二凶三骂人"的领导。也就是说，先唬，唬不住再凶几句，凶不住再骂街。

而对于"一唬二凶三骂人"的领导，华为历年来也是不断发文，要求此类领导改变作风，或者是要求组织气氛调查的时候检举此类领导。不过事实上，这样的纠错，似乎力度不大，效果也不好。

进入新时代，华为"一唬二凶三骂人"的领导干部似乎是越来越少了，但华为传统意义上的骂街文化还在，很多年轻员工或者年轻干部说话虽然没有脏字，但用一身带刺的护体盔甲，将自己包裹得严严实实的现象依然存在。

历史上曾经广泛存在过的骂街文化，似乎并不值得提倡，但渔夫必须忠实记录。

尤其要紧的是，这种对于应届毕业的文弱书生进行矫枉过正训练的做法，实际上在特定的历史时期，起到了它应有的作用。如果不是这样，又有哪个公司能够在最短的时间内，将一名带着学究气息的应届毕业生，迅速变成能够快速融入职场生涯的"社会人"呢？俗话说"秀才遇到兵，有理说不清"，而华为则是"秀才变成兵，无理闹三分"。

如此强制转型，未必不是一种最佳方案。

不管功过是非，谤誉得失，华为的野蛮生长期，这个另类的骂街文化也功不可没。

吵架文化：没有矛盾，制造矛盾也要上

既然我们谈到了骂街文化，那么再谈吵架文化也就水到渠成了。

其实这一点，前文我们刚刚谈到。因为信奉骂街有理的并不止一个人和一个部门，实际上你周边的人、周边的部门也很强势。所以，当所有人都大概秉承一个价值观的时候，在一起的碰撞就会火光四溅。这样的会议，就必然不是一团和气的。

火星撞地球的会议场景，正是华为内部所提倡的。

于是，"对事不对人"成了华为内部会议剑拔弩张时最常用的一句话。

这种在公司文化和群体价值观保护下的"吵架"，是必要的，也是需要技巧的。很多人并不理解吵架的真谛，有些年轻人看到开会的时候战况激烈，经常没有看清楚实质就加入战团。然而要知道，在大部分情况下"对事不对人"这句话都是虚的。年轻时冲动说过的话，做过的事，都会付出相应的代价。多年以后你才会发现，职场上的仇人记住的永远是你这个"人"，反而早就忘掉了因为什么"事"而恨这个"人"。

当然，还有那么一些人，他们性格上或者认知上出现了偏差，认为有必要吵架则吵，没有必要则尽量避免。其实不然，一次风平浪静的会议，可能能够让会议气氛其乐融融，会议结论也团结胜利。然而，如果你长时间无法接受"吵架"这项基本修炼，在华为职场上只能从一个失败走向另一个失败。应该这样讲，凡是这样想的人多半是实诚人。但他们抱着就事论事的态度，却没有想到低调攒人品的做法，天生就是逆传统企业文化而行的。在华为内部，吵架是一门学问。吵架吵得好，才证明有狼性；吵架吵得恰当，才证明懂企业价值观；吵架吵得领导关注，才会获得决策层的资源，更进一步可能才会为自己赢得提拔的机会。

当然，会议期间的吵架不能乱吵，是必须要掌握SOP的。

SOP分成五个阶段，解读如下。

阶段一　长恨人心不如水，等闲平地起波澜

谁说不能无事生非，谁说不能主动挑衅。企业的本质是赚取利润，而不是让你当老好人。尤其是在华为这样一个行业老大内部，不管是行业地位还是文化基因，都要求你一丝不苟。精益求精的结果来自吹毛求疵的态度，尽管我们知道这两个成语前者是褒义，后者是贬义。因此，但凡有一点点可能，会议上一定要亮明你不达目的誓不罢休的态度。

阶段二　操吴戈兮被犀甲，车错毂兮短兵接

吵架，首先要立场正确，是操吴戈还是楚戈，自己心里要有数；其次，有攻有守，需要去打击对方的弱点就"操吴戈"，需要去防守自己的命门就"被犀甲"，如此这般便能立于不败之地。此外，兵对兵，车对车，将对将，部门员工对上部门员工，部门领导对上部门领导。部门领导如果想扮红脸，部门员工则更需要出来先扮白脸。

阶段三　千磨万击还坚劲，任尔东西南北风

吵架，有时候未必是因为事情的正确性而吵，很多时候都是因为立场而吵。即便你知道这个事情是对方占理，也一定不能先服软。否则，你是无法体现你自己的工作价值的。而且关键是，你如果是财务、是供应链，却站在市场销售的立场上说话，本身也不利于拿出最佳解决方案。

阶段四　我有迷魂招不得，雄鸡一声天下白

即便是已经基本同会议其他成员达成妥协，或者同兄弟部门已经有了心照不宣的最终方案，这个时候依然不能随随便便地退缩，要能够准确地观察会场上的形势。这个议题是不是最终需要部门领导出来说话，或者对方领导出来做总结性陈词？如果有必要，大家就必须心照不宣，把这个最后的决策时刻留给领导。千万不要以为这是玩手段，实际上能够将会议开得圆满，既能解决问题，又能亮明立场，还能欢喜收场，真的很不容易。

阶段五　渡尽劫波兄弟在，相逢一笑泯恩仇

虽然我们开宗明义说的就是企业不是要"做好人"，而是要"办成事"，但即便不是在华为公司，在任何一家企业都要记住，这里毕竟是打工的地方，所有事都是为了工作，一定不能真的得罪人。哪怕吵架吵得脸红脖子粗，也一定不要上升到个人恩怨层面。如果最后的大会是团结的大会、胜利的大会，一定不要忘了保持绅士风度，为自己刚才在会场上的火力全开说声抱歉，或者跟与会人员来个礼节性的

握手或拥抱。在同一个屋檐下，这样的会议一定不是第一次，也不会是最后一次，大家低头不见抬头见，抱着玉碎的心情跟人吹胡子瞪眼，最后万一真伤了和气，哪怕打胜了这一仗，你又怎么知道有一天不会落在别人手里呢？

所以，懂得了吵架SOP，最后才能够将会议工作做好，把沟通做到极致。

懂得了SOP，也就懂得了吵架文化在华为的存在即是真理。

吵架也是艺术，这就叫"吾生也有涯，而知也无涯"。

邮件文化：穿越时空的沟通密码

有很多沟通，其实未必发生在会议场上。

面对面的会议，其实已经是一种十分理想的沟通模式，在很多时候，尤其是今天的通信手段这么发达，大量的会议已经用不着一定要走到跟前才能讲清楚、说明白。

如果说沟通载体，在华为内部比较经典的大概有三种：电子邮件，电话会议，Espace。

我们先来看看电子邮件。

电子邮件，应该是职场群众比较喜闻乐见的一种现代通信工具，而且历史也比较悠久。为了保证信息的绝对安全，早期的华为曾经长时间使用IBM的Nodes系统收发邮件，但因为Nodes的种种天然缺陷，后来又逐步转为Office自带的Outlook。当然，有很长一段时间华为的信息安全没有如此严格的情况下，还曾经开放过Web邮箱登录，后来被统一关停了。

和任何华为的子文化一样，华为的邮件也要讲技巧。

首先，一封邮件发出去，你想要的效果是什么。究竟是通知大家知道，还是要求大家回复，还是希望能够得到领导的同意或支持呢？这个问题想明白了，也就能够保证邮件定位的准确性和高效性。比如你想要大家知道并且要所有人记住，那么你的标题就不能平铺直叙，要用狠辣惊悚的标题来吸引眼球，也可以用感叹号或者"紧急""重要"等字眼强调语气。总之，你的邮件一定是服务于你的工作目的的，否则就事倍功半。

第二，无论你的邮件目的如何，并不影响你把邮件的内容写好。当然，你可以说从小语文成绩就不好，写出来的作文从来就狗屁不通，但这并不妨碍你写一封内容出彩的好邮件。邮件内容是整个邮件的核心，一定要层次突出，必要时可以将内容选择性加黑加粗，如果有必要全篇标红也不是不可以。此外，就像胶片一样，多使用图表，让形式服务于自己的内容，这个也是一个好习惯。

第三，华为内部机构设置非常庞大，一封邮件的抄送名单可能涉及很多幕后人员。所以，要想清楚自己手一抖就发出去的利害关系。发送之前，要在脑子里再斟酌十秒钟。你的对象是外国人，你就需要用英文。如果是中国人夹杂外国人，重要邮件最好用双语。此外，投诉的邮件不要点错了，渔夫有一位老同事H君，洋洋洒洒写了一封投诉信来向领导揭发Y君，结果这封邮件原封不动地发给了Y君。因为心里想的谁，就把谁的名字放在了发送名单第一个了，后果可想而知。

第四，如果你已经做了华为领导，一定要注意甄别你的下属是否在发邮件这件事情上做手脚。很多华为老员工，他们熟稔华为文化，就好像是今天的渔夫一样。自然，这些人收发邮件也高度体现了华为文化，这是好事。但是有些人为了体现自己的艰苦奋斗，经常将已经写好的邮件放到晚上去发，体现加班时间。更有甚者，他们半夜睡觉起夜的时候，顺便点击发送邮件，甚至是定闹钟起床发邮件。这些人如此"用心良苦"，所以谁是真奋斗，谁是假积极，做领导的一定要心中有数，眼睛雪亮。

第五，一旦坐在了领导位置上，你对邮件的反应一定要讲究，比如很多人的邮件是要求批复，你大笔一挥可能就OK了。但是你的一个OK，可能就会成为他们的备忘录，很多事情就这么执行下去了。此外，还有很多带感情色彩的邮件，一般不要在这样的邮件里面循环往复讨论问题，一是说不清楚，二是容易绕进跟工作无关的状况中去。这个时候索性拿起电话，或者面对面解决问题，是最好的。

华为发展史上，邮件文化长盛不衰。

参透了邮件文化的精髓，哪怕对于华为以外的职场也大有裨益。邮件文化穿越时空，至今还在深深影响着华为的新时代发展。

电话会议文化：手机是手雷，铁律出铁军

历史上，华为内部常用的第二种沟通工具是电话会议。

这些年来，电话会议系统在各个大公司应该是最普通的办公工具，基本上每个公司在早些年都曾经经历过用电话会议系统终端召集会议的情形。

在华为发展史上，电话会议终端同样陪伴了大家很多年。事实上，华为的电话会议终端使用的频率和涵盖的范围，恐怕要远远大于其他普通公司。究其原因，是华为早期的一条不成文的全员要求——手机二十四小时开机，并且三次呼入接不到电话就要记过。这项规定曾经陪伴了渔夫很多年，在早期的功能机时代，渔夫本人的手机从来不关机，哪怕是晚上睡觉，而且也从来不调静音。这样的习惯，是在大队培训时候就已经被灌输并且真正养成的一种职业习惯。正因为如此，时至今日，渔夫的很多旧日客户再次看到我，能够发自肺腑说一声，渔夫是一个靠谱的客户经理，就是我心目中的最高评价了。

然而，在华为稍显极端、稍显左一点的公司文化之下，这种二十四小时随时准备接入电话会议的待机模式，全员枕戈待旦的模式，曾经却让人觉得有点神经紧绷。

举个例子吧，华为内部Web平台上，有个电话会议主席台，而这个Web电话会议主席台有一个设置，就是强制拉人入会。换句话说，即便是已经以手机短信或者邮件通知了会议时间、会议ID和密码，但是如果你没有准时入会，就可以直接呼入电话会议现场。这个概念可以延展开来，如果某一次电话会议并没有召集"员工甲"，但是会议开着开着又需要紧急接入这位"员工甲"，那么就可以使用Web电话会议主席台强制呼入。不论你当时在做什么，你都必须接电话。并且，这种情况的危险之处在于措手不及。你完全不了解会议议题、会议议程，还有与会人员都是谁，有没有敏感人物或者上级领导在场。

所以，在这个电话会议主席台的操作之下，很多人的手机几乎变成了随时可以爆炸的手雷。很多人，在厕所里被突然拉入会议，在公共汽车上突然被拉入会议，挤地铁时突然被拉入会议，半夜睡觉时突然被拉入会议，甚至跟自己的另外一半郎情妾意的时候，也突然被拉入会议。渔夫后来加入某海外代表处，当时跟国内有着不小的时差，有一次深夜"午夜凶铃"将我拉入会议，真的是骂人的心都有了。后来跟自己的上级主管商量，终于改掉了自己多年手机二十四小时待机的状态。

当然，在电话会议的基础上也有视频会议，但后者一直并非主流。

电话会议或者视频会议在华为历史上只是比较原始的一种远程接入会议形态，后来的华为公司出现了智真系统。这个智真系统不仅能够实现正常的视频会议效果，并且还能够实现与会者眼神之间的交流。这个神器早期售价不菲，当年的海底捞曾经最早购置过华为的智真系统，当时的宣传语是，可以实现分布在北京、上海、广州的一家亲戚同时在海底捞吃火锅。

有了智真系统之后，商用条件还不太成熟的那段时间，内部试用成了华为内部比较风靡的一股热潮。

总而言之，华为的电话会议系统之繁荣代表着一个时代，尤其是能够让员工把手机终端当成手雷的那段历史。

铁的纪律锻炼出来的就是铁军。

Espace文化：华为"尊享版"QQ

2010年前后出现的华为内部常用的第三种沟通工具是Espace。

Espace，一种华为内部即时通信工具，也就是华为的企业内部QQ。编写Espace的本意是非常好的，可以丰富内部员工的沟通与工作。出现的背景是因为华为的内部沟通越来越频繁，不过由于信息安全的这个限制，华为内部不允许使用所有的外部即时聊天类的工具。包括当年大名鼎鼎的MSN、SKYPE，以及国内的QQ，统统在封禁范围之列。

所以我们看到，在一段历史时期内，华为员工在办公室动不动就抓起手机一顿讨论，这件事情细究起来也是没有办法。

随着时代的发展，华为人的即时聊天的需求越来越旺盛。而且在电脑即时通信工具出现的基础上，智能手机的普及甚至还带来了手机端的即时通信工具的繁荣昌盛。如此历史形势下，如果再逼着全体员工回到功能机时代，回到邮件决定一切的时代，已经不现实了。

所以，华为内部符合信息安全规定的Espace系统应运而生。

然而，需要补充的是，Espace的出现改变不了华为无法上外网QQ的实质，因为你的所有联系人，都是华为内部员工。但是值得欣慰的是，Espace当年开通了打电话的功能，可以用电脑"软电话"打到对方"硬电话"上。这样的话，也就空前提升了交流的便利性，尤其在那个功能机与智能机新旧更替的时代。

不过，需要指出的是，Espace的出现，也极大改变了华为人的工作状态，乃至生活状态。

首先，Espace的出现使你的上班状态更加无处遁形，因为Espace并没有隐身功能。只要你出现在了电脑前，自动连接Espace，就会显示你在线。只要你在线，你就有及时处理邮件的义务。

此外，Espace的出现固然改变了没有QQ可用的尴尬处境，但也更加变相地将你封印在更加狭小的内部同事圈子之内。因为那个年代的人们，打开电脑还非常习惯用QQ联系朋友和同事。既然用不了QQ，打开电脑第一时间看Espace，已经成了很多华为人的工作习惯。但Espace里面的"网友"都是你的同事，久而久之，不管是物理的还是虚拟的圈子，会更加固化。

而且，如此固化也导致了另外一种倾向。

因为Espace的出现，圈子会越来越小，最后会让一部分华为人彻底地融入华为圈子之内，甚至出现办公室恋情。也就是说，Espace的留言方便了很多原来就在办公室内有暧昧的异性同事。

当然，更加直接的是，Espace出现之后，由于其打电话的免费特性，还有在设计上的方便性，内部工作电话变得更加频繁和随心所欲。平日不管什么时间、场合，很多Espace电话或者电话会议会突然出现，让人防不胜防。

所以，Espace当年算是一个加强版的电话会议终端，而且还有效地补充了物理状态下布置与安排电话会议的麻烦，随时随地想拉会就拉会。

Espace的兴盛，同样代表了一个时代。

和稀泥文化：老员工的沟通心法

前面所讲到的沟通文化，提到很多东西都是讲强势的。

不强势，在华为文化的大氛围之下就很难生存。但是，是不是不强势就没有活路了呢？

这话其实有点绝对了。

华为发展的这些年中，很多佼佼者脱颖而出，被提拔成了干部。还有一些人因为尝试了各种方法，依然无法融入华为文化，最终还是离开了华为。这两类之外，其实还有一种人，这种人既没有彻底融入华为文化，但也没有选择离开，而是慢慢找到了自己在华为这座大厦中的定位。这些年下来，其实也算是过得有声有色，并且也为华为的发展贡献了自己的力量。

如果我们按照很多华为人的说法，"忍""狠""滚"三种状态下，这类人算是广义上的"忍"的范畴。其实也不尽然，"忍""狠""滚"三种状态，后两种算是终极状态，而只有"忍"算是过程状态。也就是说，这个状态极其容易转化，转化成"滚"，或者转化成为一种比较舒服的姿势活在华为，而如果是后一种情况出现，则已经不属于"忍"的范畴。公平点讲，算是自得其乐，而且还能够如鱼得水。

这种状态，我们称之为"和稀泥"状态。

和稀泥的员工，他们服从于广义上的华为文化，但却无法做到在公司内部强势和狼性十足。然而，离开华为也不是他们想做的事情。所以，在长期的自然选择之中，他们只能用"和稀泥"的方式来保护自己。

和稀泥并不意味着业务能力不强，恰恰相反，这类员工往往是有能力的，但因为不擅长沟通，也不擅长骂街，就没有让领导们眼前一亮的闪光点，于是只能在自己的业务方面慢慢钻营，而没有提拔和主动选择调动的机会。这类员工往往工作的年头很长，性格偏柔弱或者随和，在华为内部人缘会比较好。他们往往能够看透在华为的生存之道，但即便如此，他们没法改变自己的性格与行为，因此一般不会身居高位。这些人一般能够熬到代表处副代表的，已经是凤毛麟角了。接下来哪怕再往上走一步，都需要付出比较大的代价。

所以讲到这里，大家也就明白了，这里的"和稀泥"并不是贬义词，而是带着一种无奈的褒义词。这是一种沟通方式上的"和稀泥"，而不是业务能力上的"和稀泥"。

实际上，华为的发展基石中，这样的员工是十分宝贵的财富。

这类员工往往不急功近利，但他们一样能够把华为的文化传承下去。这类员工早已在华为走过了过程状态中的"忍"的这个阶段，因此他们会对华为公司表现出无比的忠诚。在此基础上，他们的业务能力往往还不错。

所以，从实际表现来看，很多时候在华为内部的各种沟通之中，这类员工经常能够说一些真话、实话，而少了很多套话、大话。但是，这类员工往往很聪明，如果真话、实话不好听，他们会用一种更加让人能够接受的方式转达出来。这样的员工，恰好成了华为公司内部很多血气方刚的年轻人以及骂街吵架文化盛行之中的润滑剂。

在华为这些年的发展历程中，无论基层员工还是基层主管，"和稀泥"型的员工大有人在，并且，这些人至今还工作在自己的本职岗位上。

渔夫想说的是，这样的员工，华为更应该去珍惜与呵护。

沉淀文化：甄别无效沟通

渔夫之所以要专门为"和稀泥"文化点赞，是因为他们只是换了一种方式为华为添砖加瓦，发光发热。

其实还有一种员工，他们不算是"忍""狠""滚"中的任何一个，而且他们也不是"和稀泥"型的员工。这些人就是混日子型的员工。这类员工的共同特点是，在业务上已经没有任何追求，也无法融入华为文化。但是这类人往往还逆来顺受，华为怎么折腾都可以，就是不离开。拿高工资的生活很爽，万一出去了该怎么办？如果凑巧还常驻海外，猫在一个地方待着，混高额海外补贴的日子则更爽，能多混一天都是赚的。

这样的员工，其实已经完全不是华为公司想要的了。

这样的员工，在日常的沟通中可能会出现几种情况：要么是照本宣科，反正能说的就说一些，说不出来的就编一些，编不出来就胡搅蛮缠；要么是消极应付，对任何事情提不出任何见解，反正安排了活就干，干不出来就找理由；要么是装傻充愣，看到会上谁的观点比较好，就跟着喊一嗓子，别人说过的话也照猫画虎来两下子。

其实，这类员工有点像"鸵鸟"——头埋进沙子，管他身后洪水滔天。

如此混日子，有时候因为华为公司太大了，很多人也能混好多年。

渔夫有一位老同事，此君在海外某代表处待了六年，级别也到了十七级。靠着这点资历，出来之后应聘到南方某公司做高管。然而，令人啼笑皆非的是，华为的这些年把他养成了一头大肥猫，连最基本的行业术语都不太清楚，更不用提实际的操作能力。挂着一个高管的名头，以为能够像华为高管一样，每天开开会、玩命加加班，再喊几句艰苦奋斗的口号就可以再混几年。岂料小公司需要有实操能力的人，且一个萝卜一个坑，没有一个滥竽充数的人能够从容混下去。

这样的员工在华为，有一个专业名词来形容，叫作"沉淀"了。

沉淀了的老员工，有时候熬不下去了会自己走人，但是有时候这些人手上的股票分红太多了，他们但凡能够找个位置赖赖巴巴地活着，就都不肯离开华为。

在华为发展历史上，也集中清理过很多"沉淀"员工。而且，这样的清理与净化内部的运动，隔几年就会来一次。

我们用列表的形式，看看这些年来的一些"运动"，如下：

市场部大辞职——账面上逼走了六个办事处主任；

内部创业——借机清理若干不符合华为公司文化的冗余人员；

末位淘汰——部门以5%的硬指标来赶走不符合部门需要的人员；

赛马机制——通过部门之间、个人之间的赛马，筛选出沉淀人员；

自我批评——通过各层级自我批判达到对沉淀人员防患于未然的目的；

后备干部总队——将沉淀人员放入资源池学习，美其名曰"后备干部总队"；

BCG（商业行为准则）宣誓——通过宣誓带动全体员工自查自纠经济问题并坦白承认，找到意志薄弱的沉淀人员；

双负（负利润、负现金流）代表处代表下课——通过严格财务指标实现代表处盈利，淘汰沉淀类的干部。

此外，华为的个人劳动合同正常来说是三年一签。每一次签约，都会对沉淀人员进行一次普查。如果发现并确认为沉淀人员，华为有权选择不续约。这样一来就不仅仅是运动了，而是实打实每年都有大量沉淀人员被清理。

沉淀文化，也是沟通文化的一种。不过，沉淀文化是最特殊的沟通文化。

因为沉淀了，所有的沟通也就都是无效沟通了。

工作交接文化：华为沟通文化的"无上密"

对于离职员工来说，在华为的最后一次沟通就是交接工作。

交接工作，在华为也是一项技术活。

涉及离职的交接往往算是比较单纯的。离职交接的时候，往往华为的HR会列出一个长长的交接清单，由交接人和被交接人一起来确认。既有线下确认，也有线上确认，最终完成这个清单，才算是交接完成。而且在离职员工离开华为之前，往往还是带着一种轻松心态来交接的，因此这种情况下的交接反而很彻底。最不单纯的交接，发生在日常的换部门或者换区域之中。

华为的换部门或者换区域，往往涉及很多背景故事。比如，主管的个人好恶造成的走马换将，重大项目失败造成的末位换岗，因为个人不适应该组织或部门而暗自私下运作的弃暗投明、改换门庭。

如此一来，交接的时候，交接人就难免会有一些私心，尤其是一些敏感岗位的敏感工作。

比如，渔夫以前所从事的市场一线的客户经理工作，有些东西看破不说破，只管做不能说，是没有办法通过正常交接来实现事无巨细如数奉上的。如果所有事情都拿到太阳底下来晒，本身就是对这个岗位的不够尊重。如此一来，就需要被交接人能够同交接人有个人上的一些互动与沟通，而不能单单通过行政指派，这样才可能在交接中拿到一些真正有价值的东西。

实际上，我们在看待这个问题的时候，需要洞察到人性的弱点。交接人往往希望尽快离开原部门和原区域，因为此前的过往跟他将来的发展已经没有太大关系了，在原岗位留下的烂账越少越好，最好是没有。然而对于被交接人来讲，那些一眼能够看到的交接程序实际上对他没有什么用。被交接人最希望知道的是水面以下的东西，有没有历史遗留问题，有没有明规则、潜规则，有没有此前做过的各种不靠谱的承诺。

当然，更重要的是，华为太大了。工作调动之后，交接人和被交接人以后很可能就"大路朝天，各走一边"了。这次帮了你对他没有任何好处，反而可能因为多帮了你那么一点，以后惹上各种不可预知的麻烦。

这些东西属于人性深处的阴暗面，也不好用制度来约束，也不适合把话全部摊开了说。反过头来，即便说了，恐怕也只能起到反效果。

所以，有经验的交接人和被交接人，往往形成了比较特殊的沟通方式。

交接人好比是土拨鼠，在冬天来临之前，把所有粮食都藏进洞里，秘不示人；被交接人好比是警犬，用警犬一样的灵敏嗅觉，嗅出暗藏的毒品或管制刀具。

当然，这种情况还是比较理想的一种情况。如果遇到交接人是老油条，而被交接人是个刚刚入伍的新兵，那么问题就来了。很有可能交接人只把一些水面之上的东西递到你手里，而且他还会在上级领导面前摆出一副忠厚长者的样子。然而实际上，一旦交接工作被官宣认证完成，以后爆出来的定时炸弹都要你来处理，到时候哭都来不及。

所以，工作交接，在华为同样是一门文化。但毫无疑问，在所有沟通模式中，工作交接的挑战性是最高的。

工作交接的学问，其实就相当于沟通文化中的至高体验——无上密。

第九章

关系文化：升华

在华为内部，即便已经掌握了沟通的艺术，也并不意味着你就能够左右逢源地一直开心地走下去。如果你已经坐到了一定的位置，华为内部的关系文化，是必须了解的。这个不是你想不想、愿不愿意的问题。

说白了，华为毕竟是一个中国公司，哪怕已经努力做到非常不像一个传统的中国公司了。华为讲规矩、讲契约、讲能力，但并不意味着华为内部一点人情都不讲。只要有中国人的地方就有江湖，只要有江湖就必然会涉及那些只属于中国文化的关系与圈子。

只有悟出了这些东西，你才能够更加适应华为文化，并且发挥更大的作用。

称呼文化：含蓄的华为人

华为的关系文化，我们先从最简单的称呼来认识一下。

正常情况下，我们在每个公司的上下级和同级之间，会有比较固定的一些称呼，这些称呼实际上不无戏谑，但只要在公司办公室内听着无伤大雅，基本上怎么叫都可以。不过在华为内部，平级之间多半会互相称呼"×总"。那么，既然平级之间都可以称呼"×总"，如果是下级对上级呢？多半会称呼"领导"、有点社会的"×哥"以至略带江湖气的"老大"。

为什么会出现这种情况呢？

因为在历史上的多个不同时期，华为都曾经内部发文，严禁下级称呼上级为"×总"。之所以这样三令五申，是因为我们前文已经解释过的，由于公司文化使然，华为的很多领导很有官威。长期以来华为内外的各种巨大压力，有时候会让领导们感到极为局促，并且会有一种压抑感。压抑感太大了，就会表现在外部，让他们自然而然地带着"瘆人毛"。

在这种情况下，如果还要让下属纷纷喊"×总"，就完全在管理层与基层员工之间竖起了一道高墙。

既然下属不准喊上级"×总"，那么上级喊下属呢？

多半会称呼为"兄弟"。

千万不要以为这个"兄弟"是一种亲昵的称呼，华为人有时候会自黑，所谓的"兄弟"其实就是"小弟"。如果一个上级直呼自己的下属名字，反而会让人觉得踏实。但如果这位上级称呼你"兄弟"了，那么很多时候你就需要想一想了，是不是大家之间的距离拉远了呢？"兄弟"不仅是"小弟"，而且还有可能是"马仔"。这样的情况频繁出现，就一定不是什么好事。

以上所说的，还都是口头的称呼。如果我们再看书面称呼，也有很多学问。

比如平级之间，依然是以"×总"相称的居多，而如果是上级称呼下属，则只是去掉姓氏即可。比如下属叫孙悟空，称呼为"悟空"就可以了。但是如果反过来，孙悟空是你的上级，而你是孙悟空的下属，那么在邮件中备注为"孙总悟空"则最好。当然，这样的方法可以推而广之，和客户的邮件往来中，也可以用这个称呼。比如，值此春节之际，华为公司长安代表处代表"孙总悟空"特邀请长安电信公司总经理"牛总魔王"参加华为公司春节客户答谢会。

就是这个套路。

其实说一千道一万，这些都是用在中国人和中国人之间的，如果在海外代表处跟外籍员工或者国外客户打交道，就不用考虑那么多弯弯绕，直接喊名字即可。但是如果是写邮件，则不要忘了在开头的时候加上"Dear"，在邮件的中间提及某人，不要忘了在前面加上"Mr./Mrs./Miss/Ms."。

如此就好。

抽烟文化：最苦的官威

谈关系文化，怎么突然把抽烟文化摆在了第二位？很多人不理解，当然初出茅庐时的渔夫也不理解。参透这一切的时候，已经是多年以后。

其实如果我们不看巨额年薪，论劳动强度和精神压力，华为的领导们真的算是全中国的独一份。换个角度，华为的领导们是最不像领导的一群人，单从观感来看，他们是中国管理者这个行当中最苦的一群人。

有人要问了，前面还在说"官威"，怎么这里又在说"苦"了呢？

其实这两个词语并不矛盾。

华为的文化是实事求是的文化，也是稍微有点左的文化，因此所有事情都必须做到极致，甚至走向了极端。而所有这些动作的传达者，就是华为各级别的领导。

比如加班，普通员工可能晚上十点就能够回家或回宿舍了，但是领导们往往需要加班到十一点，总之是要比普通员工还晚。我们前文也分析过了，不是因为有干不完的事，而是他们必须杵在那里给大家立标杆。

再比如说开会，普通员工已经被各种电话会议终端强行拉入搞得神经兮兮了，各级领导们的手机更是忙个不停，他们那种紧绷的战斗状态只会比普通员工更持久。因为加班文化的长期存在，华为的各种培训或者会议还往往避开正常上班时间，要么安排在晚上，要么安排在周末。所以很多华为领导的会议日程安排得满满的。普通员工周末还可以抽个一天半天时间休息一下、运动一下，但是大部分的领导都必须周末加班开会。极端的时候，周六、周日两天都不得休息。

更重要的是，在华为"官"当得越大，受到的各种折腾也就越多。除了年薪不菲，这样的领导，单单是想一想就觉得很累了。

所以，长年累月积累下来的精神上的疲惫，会导致领导们的脾气和性格有点暴戾、压抑、古怪，这些特点都符合一个标准的华为领导的画像。所以，前文所说的

"官威"，在外人的角度看来也就成立了。

然而，曲高难免和寡，英雄难免寂寥。

华为的领导们纵然背负着如此巨大的精神压力，但是他们却没法跟人说。跟自己的下属没法诉苦，怕影响士气；跟自己的上级没法诉苦，怕被认为精神懈怠，丧失革命斗志；跟自己的平级没法诉苦，因为大家都有暗自较劲的竞争关系，万一哪天被人记录在案，倒打一耙怎么办呢？

所以，很多人并不理解"官威"大得吓人的领导们的内心世界。

我们看到的只是他们在华为大把赚钱，颐指气使了，却没有看到他们在背后的辛酸。通俗一点说，我们只看到了"贼吃肉"，没看到"贼挨打"。

所以，忙忙碌碌的一天下来，领导们什么时候能够稍微放松一点呢？

坐飞机的时候，手机一关，他很放松；上厕所的时候，清空身体内的所有不畅，他很放松。但是这两个场合，外人非常不容易接近。

其实还有一个场合我们都忽略了，就是领导抽烟的时候。尤其是华为的老一辈奋斗者，往往都有抽烟这点小嗜好。

一天下来不管多忙，抽出十分钟抽根烟，就是他们精神上最为松弛的时候。如果你凑巧也是烟民，或者你并非烟民，但是总是在抽烟区域活动，这个时候接近华为领导，他们才会稍稍卸下一点平时"官威"的伪装。没有谁的内心总是坚硬如铁，没有谁能够昼夜都穿着一身带刺的铠甲。凡人都有七情六欲，都想有个知心朋友。所以，抽烟成了很多华为人交流感情、交流思想的方式。哪怕不是和领导，只是几位平级之间，烟民们也可以建立超出普通同事关系的友谊。

所以，在华为的关系文化中，抽烟是非常重要的一个环节。

酒桌文化：智商和情商的无间道

讲完抽烟文化，就不得不提喝酒文化了。

华为公司内部、外部的餐桌礼仪非常讲究，尤其是市场口。

为什么一定是市场口呢？

因为市场部无论产品经理还是客户经理，都是经过二营培训出来的，前文我们说了，二营有专门的客工部实习，有专门的点菜技巧训练。所以，对于华为市场口人员来讲，点菜不仅是礼仪，还是专业。

正常来讲，平级之间吃饭尽可以放松一些，大家吃吃喝喝、吹吹拍拍，都没什么忌讳。最怕的就是上下级一起吃饭，上级必须端着，还要观察下属，而下属则必须会察言观色，必须懂端茶倒酒。

从点菜开始，一般来讲"N+1"的点菜方式最不容易出错，也就是说如果是五个人吃饭就点六个菜，七个人吃饭就点八个菜，在此基础上再加一个汤，这样肯定不会出错。但是点菜之前，征求领导的意见是必须的，不过往往这个时候领导们会跟你说"我很随意的"。这个时候你要注意，这句话不能信。因为华为领导多半都是白面书生出身，白面书生是最挑细节的一个人群。换句话说，如果和梁山泊好汉一起吃饭时点菜，黑旋风李逵跟你说随意，你就真的可以随便点菜了，但是如果是智多星吴用跟你说"随意"，你还真不能那么随意。这要是随意，他嘴上不说，心里也会给你记上一笔的。

酒宴开始，注意端茶倒酒只是最基本的要求。如果遇到不能喝的领导，相对比较简单，只需要注意餐桌礼仪，不犯错误就好。但凡是遇到那些酒量还不错的领导，万一被领导灌多了，千万注意不要失态，比如一口酒呛到喷了，或者喝得上头了一口吐了，这样的"现场直播"就是失败中的失败。如果出现这种"车祸现场"，你的市场部职业生涯也就到头了。

酒宴期间，一切都尽在掌握，推杯换盏，其乐融融，也未必就不暗藏杀机。尤其是，当领导借着酒劲拍着你的肩膀跟你大喊"兄弟"的时候，你更要多几个心眼儿，千万不要鼻子一酸、头脑一热就把所有心里话往外掏。很多年轻人容易冲动，容易轻信，但是这样的感情用事，在华为这个高智商人群聚集的地方非常危险。你的领导能够在一群高智商人群中走上领导岗位，更是人精中的人精。那些喝点酒就竹筒倒豆子，把自己实底都交了的兄弟看上去又实在又义气，但往往得不到领导的赏识。

因为，你真的靠不住。

这还只是在华为内部场合的酒宴。如果涉及外部尤其跟客户之间的酒宴，尤其是高端酒宴，则更加复杂。

对一个客户经理的炼狱级别的挑战是什么呢？就是参与一次华为高层领导和客户高层领导之间的高端酒宴。这样的酒宴走一遍下来，客户经理不死也要脱层皮。因为你首先要应对好客户，其次还要伺候好领导。首先要考虑的就是安排宴席时间、宴席地点、安排点菜，这些都是考验一名客户经理的组织协调能力。其次开席之后，如果领导不胜酒力，你就必须跳出来挡酒。如果赶上女领导出席，很可能还要多挡酒。而且就算是你挡了酒，跟客户之间要谈的事情也必须记在心里，最后要记得推动有希望促成的会谈成果，也就是无论脑袋怎么晕，都不要忘了这次宴席的主旨。在此基础上，你还得坚持到最后结账。结完账还要送客户，送领导。

即便如此，依然还有防不胜防的事情发生。

渔夫就遇到一次。话说渔夫的这位领导，通常情况下酒量是可以的，但是如果他感到酒量顶不住了，就要吃海王金樽，那天凑巧酒喝到晚上十一点，他说不胜酒力，往兜里一摸，没有海王金樽，于是就要求渔夫去买。要知道当时的时间已经是晚上十一点左右了，渔夫逛遍了整个城市，最后才在一个非常遥远的药店买到这位领导要的解酒药。最后回来的时候酒宴已经结束了，当时渔夫被大吼大骂了整整二十分钟，没有允许我还一句嘴。

类似这样的极致体验，在华为内部的职场生涯并不是唯一的一次。

不过，不管委屈不委屈，憋屈不憋屈，当年的华为酒桌文化确实相当锻炼人。哪怕是已经离开华为多年，当年自己的职业精神、敬业态度，都还在深深影响着渔夫此后的职场生涯。

迎来送往文化："做好人"还是"办成事"

华为人普遍很累，华为的领导更加累。

累的根本原因，是因为华为兼具了私企的求真务实精神，以及大型企业的关系复杂这两个特点。

在华为，没有业绩就不会有人赏识你，没有业绩也不会有人跟你做朋友，更加不会得到提拔的机会。也就是说，所有一切的基础是必须有干活的真本事。没有金刚钻，别揽瓷器活。首先要有金刚钻才行。

但光有金刚钻还不行，你还必须懂得在大公司的生存之道。跟领导抽个烟、喝个酒，这其实不算什么，也就是个基础。领导同样有自己的私生活，他的私生活里有没有你，你有没有能够跟领导真正推心置腹呢？这些问题解答不了，就不利于你在华为管理层的长期发展。

在华为，有一种文化是每隔一段时间就被要求杜绝的。三令五申要求杜绝的"歪风邪气"里面，迎来送往是最难的。

普通小兵之间，干部与干部之间，小兵与干部之间，迎来送往文化几乎是渗透到了华为的各个层面。

很多人说了，迎来送往不就是大吃大喝甚至是公款吃喝嘛，从某种意义上来说，是的。

但是如果只是把迎来送往简单理解成"吃喝"，也不完全准确。华为虽然是个非常实事求是、艰苦奋斗、与众不同的公司，但华为同样是个超大型的中国企业，属于中国企业关系文化中的那些小套路，你也可以在华为找到蛛丝马迹。因为华为最终能够存活下来的"老人"非常多，很多"老人"之间可能曾经在华为大学做过同学，在培训中心进修过，早年打项目曾经共事过。因此，这样的内部环境特别容易出现一大批"门生故旧""好友同窗"。

很多人被华为表面上的公平公正公开、一碗水端平的表面给迷惑了，以为华为公司确实是中国企业界的清流。对这样的企业，我们不能吝惜最能够表达我们内心真实感受的溢美之词——这是一家不徇私情、任人唯贤、民主平等的公司。事实上，这些都是假象，要想在华为获得更高层面的发展，光拥有这些溢美之词还不够。

很多刚出校门的大学生或者自诩清流的卫道士，可能会有精神洁癖，以为拉关系、走后门的现象一定就是丑恶的，所有的打虎亲兄弟、上阵父子兵也是不够民主、不够自由的。

实则不然。

扯得太远就没有意义了，我们单看古代官场。古代官场其实一样存在着一大批官僚，这些官僚之间会因为"乡谊""姻谊""年谊"等关系，组成官僚集团。过度的官僚拉帮结派自然不好，结成朋党、朋比为奸，就是从拉帮结派开始的。但是如果所有官僚都是油盐不进、两袖清风的"不粘锅"，那同样不行。那样的官僚即便业务能力出众，也无法为自己的业务开展获取更好的资源，更无法保证自己能够更上一层楼，到更高层面上"为天地立心，为万民立命"。如果事业越做越狭隘，空有一身本事又有什么用呢？这还是说的业务能力出众的那群人，如果是业务能力不怎么样的一般官僚，那也就只剩下一个铁骨铮铮的"清官"人设了。最后，就成了"百无一用是书生"。

所以，要想在更大的平台上发挥自己的能力，赚取更多的报酬，说高尚点为华为做事情，就必须参透在华为生存的真正密码，在此基础上，才不枉费自己的一身本事。所以，华为这么多年来屡禁不止的"迎来送往"，自然有其存在的理由，更何况华为的高管也并非想将"迎来送往"一棍子打死。既然存在，那就索性顺水推舟，时不时调下舵，让其更加合理地存在。

这是正道。

当然，我们必须指出的是，过分的"迎来送往"一定是错误的，有时候甚至是违法的。渔夫所知道的，很多企业内部都有此类现象。很多人可能平时见不到领导，但是逢年过节就一定会"上供"，甚至是登门"上供"。还有很多人，听说最近有提拔干部的需求，就马上开始到处打点，四处撺掇。更有甚者，即便是"上供""打点"，他们也不会花自己的钱，只要坐到了一定的位置上，有的是机会、有的是漏洞可以"借花献佛"。尤其是市场部销售线的老兄们，恐怕不少人都精通此道。换个角度看，你的领导不就是天天给你批报销的那个人吗？以客户的名义送出去，又有谁知道到底是"客户"还是"领导"呢？这样的"迎来送往"，已经超出了我们讨论的范畴，显然属于违法乱纪了。

渔夫说的是"很多企业"，至于华为内部呢？只能说，谁做过这些不干净的勾当，谁心里一定有数。

迎来送往就是"吃喝送礼"，这只是狭义的，背后可能还有别的招待方式。

当然，这依然是狭义的，广义的"迎来送往"一定是超越了马斯洛需求的最底层需求的。所以我们看得到的是物质上的"迎来送往"，看不到的可能是精神上的"迎来送往"。在华为内部升迁了，临走时给老领导送本书行不行？多年以后，提拔自己的老领导来到自己所在的城市，请他吃碗麻辣烫行不行？多年以前的一起刀头舔血"打26"的老同事、老战友来到自己的地盘，大家一起喝碗茶、吹吹牛行不行？

从这个角度说，"迎来送往"并不可怕。要相信，情商高的人才能做成事。

放心大胆地打开窗户让新鲜空气进来，再把苍蝇拍死，就能达到两全其美。

站队文化：危险的游戏

这又是一个非常敏感的话题。这个话题，可能比"迎来送往"更加需要"看破不说破"。因此，我们简短地说，点到为止。

在任何组织内部，不仅仅是华为，如果想要在更高的平台上做得更久、做得更稳当，站队是必须的。有时候，就算自己没有想明白，也不能不站队。宁肯乱站队，也不能不站队。组织内部死得最快的就是不站队的人，因为无论从哪个方向看，都是自己的对立面。这样的人，你提拔了他，他却不领情；你得罪了他，他会反咬一口。如果你是高层领导，这样的人你敢碰吗？

当然，所有假设都是在你官至高位的基础上的。

基层员工不要轻易参与这些危险的游戏，一是你没有玩这个的资格，二是你还不具备玩这些的能力。对于基层员工来讲，先踏踏实实把自己的业务做好，东方不亮西方亮，是金子总会发光的。况且华为的平台够大，此处不留爷，自有留爷处；留得青山在，不怕没柴烧。所以在华为当小兵，第一不要过早参与政治，第二不要对自己的想象力设置边界。

如果把站队文化的概念外延继续拓宽，有一样倒是普通一兵可以参与的——表态。

表态实际上也属于广义上的"站队文化"。

什么场合下怎么表态，高端场合下表态的艺术是什么，领导和其他部门领导在一起开会的时候你怎么表态，领导的领导碰巧也在场的话你该怎么表态，这些都是学问，渔夫不点破，大家可以充分拓宽自己的思路，好好想一想。

想好了，有备无患。

喜报文化：吃水不忘挖井人

说一千道一万，华为内部的晋升和长期发展，最基本的还是业务能力。

业务能力不行，业绩不能出类拔萃，搞再多的弯弯绕都没有意义。

前文说过，华为的评价体系有两套：KPI和劳动态度。也就是说，这两套评价体系的存在，就要求优秀员工或者优秀管理者首先必须有业绩，在有业绩的基础上还需要长期保持艰苦奋斗的态度。然后在这个基础上，才是沟通能力以及关系文化的熟稔于心。这样的上下求索，孜孜以求，才能修成正果。没有经历这九九八十一难，谈其他的太过奢侈。

所以，我们本章开始就讲到了，华为高管个个都挺苦的。

在华为做管理人员，"苦"是普遍现象，而业绩和关系的拿捏，则是自选动作。正因为如此，我们本章提到了如此之多的关系、套路，还有圈子。但是我们不能忘记，无论什么时候，我们的业绩都必须出类拔萃。

有业绩的基础上，吃水不忘挖井人，就需要我们懂得给"挖井人"以回报，这在华为是一个惯用套路。

最能体现对挖井人回报的事情，莫过于W3平台上的"喜报"。

在我们前面提到的华为内网W3（http://w3.huawei.com/）首页上，各类热情洋溢的"喜报"每天都在滚动播出。喜报文化是华为的老传统，因为兄弟部门以及兄弟代表处的"他山之石"，很多时候能够激励所有华为人时刻保持战天斗地的革命意志。所谓榜样的力量是无穷的，在喜报文化上体现得尤为明显。与此同时，能够荣登喜报的个人或者集体，也是将来提拔干部的一个参考项。

喜报的内容，多半是项目成功，尤其是重大项目成功。换句话说，这类项目一般来说有几个元素，首先是金额大，其实是意义重大，再就是一般情况下都涉及同主要竞争对手的竞争，比如中兴。

所以，华为内部的很多老员工都保持着一个习惯，就是每天只要是工作间隙或者茶余饭后，都要打开W3看一看各类喜报。这样的工作习惯，是华为所独有的一种现象。

喜报来了，但不能冲昏了头脑，如何草拟喜报措辞，是个技术活。

首先来看，项目虽然成功了，但是主要功劳一定是领导的。因此，需要感谢的人，一定要如数放在"鸣谢"的名单里。这就像是电影或电视剧的最后部分，把所有能够想到的人都写进去，这样的项目喜报才更有意义。

此外，对于具体措辞来讲，光包括主要领导还不行，还需要认真推敲这份喜报的语气以及立场，也就是说，需要考虑喜报最终要达到的目的是什么。因为对于一个完整LTC项目来讲，销售项目成功可能还只是第一步，后边很有可能的一个难点问题是交付。因此，喜报可以是对自己的大鸣大放，可以是对领导的歌功颂德，但是不要忘了接下来申请战略资源的问题。这些，都十分考验一名合格华为后备干部的关系把控能力。

所以，在华为即便是实打实的业绩出来了，也要时刻保持谦虚谨慎的做事态度。所谓"小心驶得万年船"，所谓"世事洞明皆学问，人情练达即文章"，这些话放在任何时代都不会过时。

干部输出文化：华为江山永不变色

在中国的很多企业中，输出干部是个很大的问题。

因为大量的企业流动性很差，尤其是好单位的好岗位，很多都是万年不变的老面孔。一潭死水的局面之下，近亲繁殖的现象十分严重，舅舅提拔外甥，师傅提拔徒弟，到最后搞得业务能力越来越差。更加严重的，就是拼关系了。与此同时，对于很多企业的很多领导干部来说，他们手下能力最强的未必是最入他法眼的那一个，因为如果这样的人经常出风头，那么做领导的又应该如何应对这个局面呢？所以，非常遗憾的是，职场上主管压制优秀下属的现象是普遍的。

然而，在华为，大部分场景不是这样的。

华为的各位领导，各位主管的PBC中，都有输出干部这一项。你今年能够培养几个干部，培养几个女干部，培养几个后备干部送进后备干部资源池，都是能够给你个人绩效加分的。况且华为的输出干部很少是就地提拔就地使用的，所以华为的领导完全不用担心"教会徒弟，饿死师傅"的情况发生。华为提拔干部所遵循的原则，基本上是"本地提拔，异地就职"。这样的提拔方式，决定了华为的主管在选择后备干部的时候，能够做到基本的不徇私情。

这种做法，又何尝不是华为洞察人性的又一个典型表现呢？

更加重要的是，华为没有"捞现成的"这个说法。在华为这个跨国、跨种族、跨文化的大平台上，人力资源已经实现最大程度的跨区域调配。某个市场是个产粮区，你不能守着这个产粮区吃香的喝辣的混一辈子，隔几年你就要到其他市场的"盐碱地"试试身手；国内市场待得那么舒服，花天酒地、声色犬马的生活过得不亦乐乎，不好意思，再过几年你可能就要被发配到海外市场搞几年，想不想去由不得你，因为海外还有很多老革命排队等着国内的位子呢。当然，如果在太艰苦的市场上奋斗了多年，华为也不会把一个活雷锋往死里用，再过几年，你就可以带着伤痕累累、疟原虫遍身的光荣去欧洲两个地区部享享清福了。

所以，别看华为有十几万员工，但华为的全球人力资源系统是一股活水。所有人在这个体系中都是流动的，干部的输出也是层出不穷的。这样的大公司，很难有大公司病，也很难让核心成员大幅度流失。

那么反过头来看一看，我们国内的很多其他企业呢？

有多少企业明明是个小公司，却有了大企业的所有缺点，任人唯亲、拉帮结派、占山为王，这些公司属于小富即安，未富先老。此外，又有多少各种亦步亦趋的小公司，"没有华为的命，却得了华为的病"？每天喊着口号学华为，变着花样折腾员工，天天琢磨着跨区域调配人力，逼着主管输出干部，但是看看干瘪的荷包，这种没有体系做保障的单点学华为的片面做法，只能是自掘坟墓。

在长期的历史发展中，华为的干部输出文化是十分成功的，也是非常普遍的。源源不断的干部输出，保证了一代又一代华为优秀员工被提拔到更加高层的位置上，从而保证了华为能人辈出，文化代代相传，华为业务边界也不断扩张。

那么，对于你的上级主管来讲，推荐干部的时候究竟会做何选择呢？

当然不会随便选。

首先必须是有能力的，在有能力的范围之内，一定是选符合自己价值观的。什么叫作符合自己的价值观？简单来讲，就是能够被你的主管定位成"兄弟"的，也就是"小弟"。这样一来，被提拔之后的你，就会成为老领导在华为内部的人脉，因为中国人的官场和职场都要讲究知恩图报，往大了说就是知遇之恩。

如此一来，我们本章之前所提到的种种"关系文化"之下的子文化，也就派上用场了。

行文至此，恰好说到了干部输出。

干部输出文化只要能够发扬光大，就能够保证革命的红旗永远不倒。所以，本文所有章节中提到的所有文化，也都有了继承衣钵的革命后来人。

关系文化番外篇：将权力关进笼子

当然，关系文化不过是灰度文化的延伸，也会涉及不可言说的一些层面。因此，片面强调关系文化，或者对业已发生病变的关系文化视而不见，都是非常不可取的。

尤其是当华为渐渐结束高速发展期，正式开始精细化运营的时候，那些隐藏在组织背后的若隐若现的关系文化，有些已经成为基层员工所深恶痛绝的"官官相护"。

正因为如此，在2012年的时候，任正非在广州代表处进行了基层代表处改革。其目的是为了进一步压缩和分化天高皇帝远的基层代表处一把手的权力，同时对关系文化的影响以及可能的盘根错节进行进一步的削弱。

在进行了一系列改革和摸底之后，华为对这次试点给出了自己的问题解决阶段性答卷——《关于广州代表处试点组织设计与授权管理的决议》，其内容大概可以分成六个部分：

- ·权力分配管理的总体原则。
- ·关于人力资源管理的权力分配。
- ·关于业务管理的权力分配。
- ·关于财务管理的权力分配。
- ·关于试点代表处平台组织的管理。
- ·下一步工作要求。

这一次的试点是成功的，这一次试点的经验为后来华为的发展，以及华为关系文化的进一步规范化，提供了可靠的范本。

后　记

正值本文杀青之际，新冠疫情肆虐我神州大地，大灾大难又一次考验了伟大的中华民族。不过，即便处于特殊时刻，美国主动挑起的关于华为的争端，以及背后包藏祸心的科技战，依然如火如荼。

趁你病，要你命。美国人的热情，已经超出了人类基本的道德范畴。

然而我们知道，产业空心化的美国将来的崩溃会比我们想象的来得更加快些。我们相信，霸权主义的消亡只是时间问题。试看未来之环球，必是赤旗之世界。

祝华为公司冲破封锁，5G时代再展雄风。

祝愿我们的祖国和民族繁荣昌盛，正义的力量万古长青！

唐岛渔夫

2020年3月5日

于海外某国